U0145074

國際租稅入門

INTERNATIONAL

TAX

PRIMER

Brian J. Arnold
Michael J. McIntyre 著

藍元駿 譯

五南圖書出版公司 印行

序

根據一般字典的定義，「primer」意指「關於基本法則的書」（如語音學入門）。另外，Primer也被定義為「特定學科之導讀」（如化學入門）或是「從事某事的教戰守則」（如政治學入門）。本書使用「入門」，則是兼指以上三種意義。

本書的主題為國際租稅。誠如我們在第一章所述，「international tax（國際租稅）」一語經常為人使用，但卻未臻理想。本書所談，實為特定國家之所得課稅的國際面向。其中，我們特別重視租稅條約和其他合作協議，它們是用來促進特定國家之所得稅制與其交易夥伴國稅制的相互協調。

本書的第一版，乃是1990年代初期我們與經濟合作發展組織（下稱OECD）共同合作，為各國稅務員所舉辦國際租稅研討會的成果；而這些國家包含部分的前蘇聯國家。對於這些國家，國際租稅已日顯重要，因為它們正處於從中央計畫經濟體制轉型為市場經濟的階段。儘管閱讀內容便知本書為作者觀點，並不代表OECD的立場，但我們還是在此再次強調。本版新增1995年以來的發展，並深化若干原有的論點。同時我們也新增一章處理新興議題。

我們感謝過去曾與加拿大財政部合作之Alan Short以及雪梨大學法學院Richard Vann兩人對第一版草稿所提供的寶貴意見。同時我們感謝Amy Jacob、Erin Carley，特別是Carol Hargreaves協助本書第一版的出版；感謝Carol Hargreaves與Devin McIntyre在籌備本版次的協助。另外，我們也感謝作者彼此。共著一事本即不易，而我們依然保持聯繫。

Brian J. Arnold, Michael J. McIntyre,

London, Canada Detroit, USA

i

目　錄

國內專業推薦（順序依姓氏羅馬拼音）

各國專文推薦（順序依姓氏羅馬拼音）

張永明[*]

　　在人口與貨物流動頻繁之時代，擁有課稅權之政府，在制定各種名目之稅捐法律規定，作為對於境內人民之經濟活動課徵金錢給付之依據，並積極核實課徵之後，不難發現，實際上仍存在諸多漏網之魚，若放任不有所作為，不僅減損稅收，亦破壞稅捐公平負擔原則，打擊人民誠實納稅之意願。因此，對於權限原則上止於統治權範圍之課稅高權，亦有必要作跨越統治疆域之思考，讓境外之特定經濟活動亦納入課稅系統，此即國際租稅之由來。

　　國際租稅主要探討如何對納稅義務人跨越課稅權區之經濟活動，透過課稅法制之設計，將歷來不受稅法規範之行為態樣，納為國家課稅之標的，以鞏固稅基，基本上是從國家稅捐債權之確保與課稅公平之角度出發，但在國際租稅之內容亦包含雙重課稅之避免，兩個課稅權區透過租稅條約、協議等之簽定，亦能產生保障納稅義務人不被兩個以上課稅權區重複課稅之維護權利效果。

　　納稅義務人跨境從事經濟活動，因而涉及國際租稅之適用者，遍及所得稅、財產稅與營業稅等三大領域：諸如個人境外所得與境外遺產、營利事業跨國營利所得以及透過多方交易、電子商務等模式之營業加值，是否應如同境內之納稅義務人般繳納各該名目之稅捐，均屬廣義國際租稅之涵蓋範圍。

　　本書係以所得稅之國際課徵問題為論述對象，內容主要介紹國際租稅課徵之原理原則、各國受經濟合作發展組織OECD稅約範本影響，對於涉及國際租稅計算理論之運作，尤其是移轉訂價問題之處理，和制訂各項防

---

[*]　國立高雄大學財經法律學系教授。

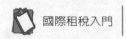

杜藉由跨境經濟活動安排而規避所得稅之特別條款，以及對於惡性租稅競爭、電子商務等新興議題。

　　作者以精簡之篇幅對於所得稅之國際租稅問題，從理論與實務運作層面作完整之導讀，譯者忠於原著，翻譯成淺顯易懂之中文版，有利於讀者快速掌握此領域之現狀與未來趨勢，尤其是對於有跨境所得之納稅義務人，得藉此更了解自己境外所得之納稅義務。

陳衍任*

　　全球經貿的特色在於生產活動的細緻分工，少有單一國家可以獨立完成一項產品的生產與出口。因此，國際上常見的生產模式，原則上是依照「比較優勢理論」（Law of Comparative Advantage），將生產價值鏈有系統地切割，並採取最適化的配置。以iPhone手機為例，其研發與品牌行銷原則上留在美國，零組件來自日本及臺灣，組裝作業則擺在中國。此種生產價值鏈的切割與分工，雖然帶來生產上的效率，卻也同時引發利潤應如何在各國間分配的問題。特別在國際間競相採取「租稅競爭」（Tax Competition）的背景下，各國紛紛制定較低的公司稅率，以吸引外國投資者進駐。由於資金的流動具有高度敏感性，隨時都在找尋下一個符合集團利益的最適稅率，跨國關係企業在國際間的稅基流動現象，因而有日益增加的趨勢。而真正引起各界廣泛關注者，則是由於近年來，許多跨國集團在高稅負國家賺取主要盈餘，卻僅須在低稅負國家繳納少許稅捐，嚴重侵蝕他國稅基。根據OECD估計，全球企業所得稅稅收，至少因而減少4-10%的規模，相當於每年減少1,000億至2,400億美金的稅收。面對這些跨國企業激進（但未必違法）的稅捐規劃，OECD在2015年10月5日，終於提出15個關於「對抗稅基侵蝕與利潤移轉行動方案」（Base Erosion and Profit Shifting，簡稱BEPS）的最終版本，作為解決之道。

　　為了和國際間的反避稅趨勢無縫接軌，我國政府近年來也通過一系列的反避稅措施，當中包含營利事業及個人的「受控外國企業」（Controlled Foreign Corporation，簡稱CFC）課稅制度、「實際管理處所」（Place of Effective Management，簡稱PEM）課稅制度、移轉訂價

----
* 國立臺灣科技大學專利研究所助理教授。

三層文據架構，與執行「共同申報與盡職審查準則」（Common Standard on Reporting and Due Diligence for Financial Reporting Standard，簡稱 CRS）。此外，針對線上交易在「所得稅」及「營業稅」的稽徵實務上，長久存在的許多規範闕漏及不合理現象，財政部也展現積極態度，不僅主動提出營業稅法的修正，同時也發布「跨境電子勞務交易課徵營業稅規範」及「外國營利事業跨境銷售電子勞務課徵所得稅規定」，以供徵納雙方有所依循。

值此之際，這本由國際稅法專家Brian J. Arnold所著，並由藍元駿教授翻譯的新書《International Tax Primer》，足以作為國人在思考、建構一部屬於臺灣的國際稅法時的最佳入門指南。這本書的內容深入淺出，討論許多當前國際稅法上的重要議題。不僅適合初學者閱讀，對於實務工作者或學術研究者而言，更是一本不可忽略的國際稅法寶典。為了方便初學者更容易進入本書的討論氛圍，筆者在此野人獻曝，提供幾個關於國際稅法的思考面向及其衍生的實務問題，希望能開啟讀者探討國際稅法的興趣。

有關國際上的稅捐政策，主要是由各國間不同的經濟、政治及法律觀點所導引。雖然這些政策不必然具有法律效力，因而可以賦予一國人民或政府有所請求，但當中經常存在著某些根本性的決定，足以作為國際間重要稅務決策的討論基礎。這些根本性的決定，就如同英國財政學者Peggy Musgrave所言，當我們在討論國際稅法時，應該區分並追求「個人的公平」（Individual Equity）、「經濟上的效率」（Economic Efficiency），以及「跨國間的公平」（Interjurisdictional Equity）三個重要的目標。

從納稅義務人的角度來看，「個人的公平」不外乎是致力於避免國際間的重複課稅、個人的必要費用及企業的營業費用應核實扣除，以及跨境交易的虧損扣除等與「淨所得課徵原則」有關的重要議題。換言之，「量能課稅原則」不僅適用於國內稅法中，即便在國際稅法上，也應該給予同

等的關注與實踐。

至於稅捐政策應符合「經濟上的效率」，則是指當納稅義務人決定從事國境內的活動或跨國境的活動時，不應該受到任何與稅捐有關的因素影響，進而扭曲其決策意志。因而，有所謂的「資本輸出中立性」（從一個在境內居住的投資者角度來看，不論是境內投資或境外投資，都應該受到公平對待）與「資本輸入中立性」（從一個境外投資者或境內投資者的角度來看，只要是在境內投資，都應該受到公平對待）的區分。由於在追求「資本輸出中立性」的目標時，通常會伴隨著適用「全球所得課徵原則」，此時即應透過「國外稅額扣抵法」，以消除可能的重複課稅；反之，當致力於落實「資本輸入中立性」的目標時，通常會伴隨著採取「來源地所得課徵原則」，此時即應透過「國外所得免稅法」，以消弭可能的重複課稅。

最困難者，莫過於是「跨國間的公平」應如何實踐的問題，亦即課稅管轄權在國際間究應如何適當歸屬。有關跨國境的稅捐稽徵規則是否公平，在當前國際政治上的討論，主要集中在工業化國家、新興工業化國家與發展中國家，以及租稅天堂國家間的課稅管轄權相互衝突的問題。相較於工業化國家傳統上習於捍衛「OECD租稅協定範本」中所強調的「居住國課稅原則」；新興工業化國家與發展中國家近來則不斷藉由「聯合國租稅協定範本」，日益強調對於跨境支付的權利金所得與利息所得，應提高其在所得來源國扣繳稅捐的比例，同時擴大「常設機構」的概念（例如引進所謂的「服務型常設機構」），以增加在所得來源國課徵營業利潤的可能性。至於租稅天堂國家的關鍵問題則在於，當企業將無實體財產移轉至位於低稅負國家設籍的公司時，在何種情況下，可以為國際間所接受；或是應該透過各國的反避稅規定、受控外國企業課稅規定、反自有資本稀釋規定，以及移轉訂價稅制設計，以制止上開行為。

由於各國在稅捐主權行使上，經常採取不同的遊戲規則，各國間不僅

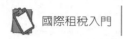

可能競相擴張課稅管轄權，因而產生「雙重課稅」的不合理現象；也可能相互從事優惠性的「租稅競爭」，因而引發「雙重不課稅」的不公平結果。不論是「雙重課稅」或是「雙重不課稅」，都是國際稅法上希望能消弭或改善的終局目標。然而，要達到上述目標，恐怕還缺乏一個全球性的「世界稅務組織」（World Tax Organization），進而將當前各種國際組織（UNO、EU、WTO、OECD）的分支化權限集中串聯，同時制定一套權威性的課稅標準，以徹底避免「雙重課稅」及「雙重不課稅」的情形。其中的困難點在於，財政畢竟為庶政之母，有關稅捐事務，各國在稅捐主權保留的程度及範圍上，恐怕更甚於其他法律事務；此外，當前全球的經濟力量，已持續由先進經濟體轉移到新興市場（例如金磚五國──BRICS），亦即由傳統的工業化國家，轉移到新興工業化國家及發展中國家。凡此，都將使得權力的競逐現象，在國際稅法的場域，勢必更加「風起雲湧」。例如：相較以往，國際間簽訂避免雙重課稅協定的數量，不僅不斷攀升中，其內容也不斷推陳出新；此外，當前的「聯合國租稅協定範本」，也比以往更勇於挑戰「OECD租稅協定範本」的傳統領頭羊地位；再者，國際間日益白熱化的「租稅競爭」，以及在雙邊協商程序中對於國內法規彈性因應的各種需求，都將嚴重阻礙發展中的多邊協商程序。

　　舉凡上述議題，都可以在本書中找到理性、適切的回應與思考方向。藍教授認真、謙和、學富五車，長年耕耘國際稅法，對於外文的掌握更是爐火純青，他行雲流水的翻譯筆鋒，讓本書易讀、易懂，不僅能一口氣讀完，更值得慢慢品味，故願為序而推薦之。

鄭文中[*]

隨著貿易與投資的自由化、國際化、全球化，跨國交易及投資已成為企業營運必須面對之議題。就發展演變之過程而言，國際稅務的重點早期是避免國際間雙重課稅，目的是避免跨國投資交易時，所得者本國和所得來源地國對同一所得都進行課稅造成雙重課稅，從而影響跨國投資交易活動。國際貿易、國際投資及跨國公司交易日益頻繁，各國無不儘量擴張其租稅管轄權，不論是採取屬人原則或是屬地原則，均可能造成重複課稅之問題。因此歐盟、美國、OECD所屬會員國，無不發展國際租稅規範及簽訂國際租稅條約，作為國際貿易及交易之課稅依據。

另一方面，全球化也促使從事跨越國境活動之企業繼續擴大發展。國際租稅制度亦同樣致力於避免發生企業或資本家利用各國稅捐規範之不一致、或利用私法契約或私法組織形成的自由，就私經濟交易之正常觀點而言，欠缺合理依據，而選擇通常所不使用之法形式，於結果上實現所意圖之經濟目的或經濟成果，但因不具備對應於通常使用之法形式之課稅要件，而造成減輕或排除稅捐負擔，甚或雙重不課稅而影響競爭之不公情況。

世界各國稅制原有差異，主權國家本即有權制定該法域內之法律規範。為增加國家收入，各國政府為維持或激化經濟成長，莫不亟思採取租稅優惠制度，企業或資本家必然利用對己最有利之稅制，於是國與國間之惡性競爭逐漸形成，任何國家皆有可能成為潛在之租稅天堂。規避稅捐與逃漏稅僅有一線之隔，為防免涉及租稅規避、逃漏稅捐行為之發生，並兼收防制洗錢之效，從而有關防免稅基侵蝕與利潤移轉之行動計畫，近來亦

---

[*] 中國文化大學法律系副教授。

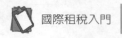

成為重要議題。事實上國與國間監理規範不同，如此極容易造成監理之空白地帶，使洗錢者有可乘之機。我國於2016年修正洗錢防制法，已將逃漏稅行為納入洗錢罪之前置犯罪，稅捐稽徵法第41條至第43條關於逃漏稅、匿報、短報、短徵或不為代徵或扣繳稅捐、侵占已代繳或已扣繳之稅捐，及教唆或幫助犯前述罪行等，積極與國際發展趨勢進行接軌。

　　元駿教授長期浸淫租稅法制之研究與教學，對於此一領域著力甚深，並對於引介國外學者的優秀著作不遺餘力。本書內容涵蓋跨國境投資之重要租稅規劃、不同投資架構或交易模式產生之租稅效果、移轉訂價、稅基侵蝕與利潤移轉、稅務爭議事先預防與事後救濟等。元駿教授以精湛語文造詣及紮實的租稅法知識，將國際租稅之基本觀念與國際趨勢發展簡明流暢地呈現予讀者，能引領欲進入國際租稅法領域之產官學各階層人士，乃至於莘莘學子，一窺其堂奧。本書正值付梓之際，後學不才，蒙元駿教授不棄，問道於盲，個人不揣簡陋並樂之為序推薦。

周泰維、王健安[*]

筆者從事國際租稅與行政救濟實務工作多年，在工作之餘投入國內稅法及國際稅法的研究和教學。筆者長年觀察國際稅法領域，雖不乏有許多學者針對特定議題投入專著寫作，但一直認為國內欠缺一本有邏輯體系，又兼具實務運用案例的入門書籍，作為有心一窺國際稅法堂奧者的踏腳石，導致國內研究國際租稅的風氣與社群一直受限。

眾所周知，臺灣是一個四面環海又自然資源缺乏的國家，在這樣的自然環境下，臺灣人民深知對外投資交易或引進外資對臺投資，才是生存發展的活路。但從事跨境投資交易時，必備的國際稅法人才始終不足，這不能不說是一個遺憾。

如今譯者藍元駿老師苦心翻譯了這本巨作，相信可以大幅解決這種國際稅法書市的旱象了。

國際租稅這門學問的目的，傳統重點在於如何避免或如何解決因為跨境交易而產生的國際間雙重課稅問題。本書從國際租稅的基本概念談起，將國際租稅此核心基礎議題進行了深入淺出的解說。而在科技發展日新月異、商業模式不斷創新的現今環境下，跨國交易間產生的雙重不課稅，也逐漸躍居國際租稅領域的重要議題位置。近年來歐盟也多次對於世界知名的Apple、Amazon等巨型跨國公司的稅務安排，提出挑戰，也公布了BEPS行動方案，約束OECD會員國與非會員國一起投入防堵國際間的不當利益移轉和稅基侵蝕。本書對於各種新興國際租稅規定議題亦闢有專章說明，透過本書，讀者可以掌握到國際反避稅的最新趨勢和議題內容。所有租稅工作者或投資人如果能透過本書而重新思考國際租稅的本質，重新

---

[*] 誠遠商務法律事務所律師。

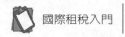
檢視過去和未來一切租稅工作或規劃的合理、適法性，當能面對新時代的挑戰。

將焦點放回臺灣，過去臺商的跨境投資和交易，多採取在境外低賦稅或無賦稅的免稅天堂國家設立紙上公司的模式進行，透過以免稅天堂作為跨境交易之主體，將所得移轉到租稅天堂國家，大幅規避掉國際租稅的複雜問題。但在美國推行FATCA、OECD推行BEPS及各國遵循CRS後，全球金融機構必須配合將客戶資訊提供給各國稅局使用的義務優先於客戶保密義務的方針確定後，目前這種藏錢在海外的作法，恐怕將是日薄西山，已經到了要改弦易轍的時候了。因此，國際租稅問題並不是大型跨國公司的獨有議題，只要涉及跨境交易，無論是透過實體或是網路交易者，甚至是目前最火熱的區塊鏈模式等，都與國際租稅議題密不可分。

由於長年以來能夠清楚闡述國際租稅的體系性教科書付之闕如，所以國內針對國際租稅領域，長年以來都以稽徵機關的命令函釋為主流見解。但細究這些命令函釋的內容，有許多只有結論，而欠缺可以推敲檢驗的理由和推導過程，甚至不乏重複矛盾者。在本書出版之際，筆者由衷希望本書作為一個具有嚴整邏輯體系的書籍，可以提供讀者一個縝密的思考流程，未來能有更多專業人士或學習者藉本書培養出國際租稅領域的獨立思考能力，除能增強對實務見解背後成因的理解外，更能對於不符邏輯或國際租稅原則的實務見解提出反饋和批判。另一方面，稽徵機關如也能配合國際租稅原則和最新趨勢，強化租稅立法品質或深化函釋或命令的理由構成，從而建構對外國投資人可預見的租稅環境，更能讓外商都能安心來台投資做生意，創造臺灣人更多就業和發展機會。

專業領域著作的譯者難覓，導致翻譯出來的作品詰屈聱牙，令人無法卒讀，最後淪落在荒煙漫草間，乏人問津，一直是許多專業翻譯著作在臺灣的命運。本書譯者藍元駿先生為臺灣大學法學博士，專攻領域為稅法及財政法，目前為文化大學法律系專任教授。藍老師除學術上自我要求嚴謹

外，還精通多國語言，其信實、專業又流暢的譯筆，一直是筆者欽佩的對象。因此，這本需要結合語言專才與稅法專業的翻譯重任，除藍老師外，自是不作第二人想。

接下來，就請各位讀者跟著作者和譯者的引導，一起進入國際稅法這個充滿刺激挑戰，又蘊藏著無限發展可能的領域。

許慧儀[*]

　　近三十年來，國際貿易、跨境投資與跨國公司交易快速增長，各國為擴張其租稅管轄權所採取課稅措施已產生重複課稅現象、跨國企業與高資產個人便對其投資收益進行規畫管理並產生租稅規避效果，又各國為因應稅基侵蝕與利潤移轉而發展建構反避稅制度。因此，在國際法層面上，相關國際組織陸續針對國際租稅法規範與原則進行修正、公布新規則與提出租稅協定範本；在國內法層面上，各國對於涉及國際租稅部分之法令亦配合修正。於是國際租稅成為近來熱門的研究領域。

　　租稅係企業經營所必要的法令遵循成本之一，如今，跨國租稅課徵與租稅分配權利義務關係之重要規範──國際租稅，已是企業跨國跨境經營之全球化過程中無可迴避之問題。跨國企業布局全球並在各地從事經濟活動，不同交易模式因適用不同租稅規範而可能產生不同之租稅效果；企業面對快速變化的經濟環境與具差異性的租稅制度，需建立嚴謹的管理機制。企業經營者、高資產個人與從事與稅務法律相關者更應關注變動中的國際租稅議題與趨勢，強化企業經營與資產之稅務管理，提升競爭力。

　　面對現今跨境的國際租稅問題，企業或個人若能從較透明的租稅資訊管道中，理解相關國際與國內層級的租稅制度立法與執法趨勢，便可透過事先規劃之合法交易模式、事後面對稅務機關採取有效之溝通方式，以即時解決跨租稅轄區間之稅務爭議問題；而傳統行政救濟手段已非解決稅務爭議之唯一途徑。

　　臺商企業赴海外投資或外國企業來臺投資所面臨之租稅議題、不同投資架構或交易模式產生之租稅效果、移轉訂價、稅基侵蝕與利潤移轉、稅

---

[*] 　中國文化大學法律系副教授。

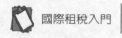

務爭議事先預防與事後救濟等，此書對讀者理解這些國際租稅之基本觀念
與國際趨勢上必有所幫助。此書不但適合在校學生研讀，亦可作為企業界
人士、法學界與實務界等增進國際租稅知識之入門。

黃俊杰[*]

本書譯者藍元駿教授，為熱忱貢獻於稅法思想珍貴領域之當代年輕法律學者，尤其對於財政憲法與租稅國之深入研究，已擁有持續性之權威著作。

譯者藍元駿教授，在臺灣大學即以英文撰寫博士論文：*Tax State and Fiscal Constitution—Comparing 《Discourse on Salt and Iron》 and 《The Crisis of the Tax State》*（中譯：租稅國家與財政憲法—對照《鹽鐵論》與《租稅國危機》），其後並譯有「資本主義經濟學及其社會學」專書。

譯者從國家課稅管轄權及納稅者權利保護的角度，面對國際租稅法制之變遷，國家間租稅協定或條約之簽署，對於國家及納稅者均會產生重大影響，故藍博士善意提醒政府應關注國際租稅之核心議題，期待得兼顧建立友善投資環境，架構移轉訂價協議法制，落實合理常規交易秩序，除避免重複課稅及建立避稅防杜機制以外，並能保護國家之公平稅收。

本書「國際租稅入門」各章節之內容，具體呈現國際租稅之現行重要事項及未來發展之新興事項，並確實見證藍博士之豐沛學術能力及宏觀視野，更精緻掌握財稅法學與租稅規劃之跨領域專業整合。

---

[*] 中正大學財經法律系特聘教授。

黃兆揚*

　　本書譯者藍教授長期投入財政稅法之研究教學，為強化法學教育的國際化與實務性，藍教授非常熱衷於介紹國際重要論著、新穎實務案例、邀請實務人士加入課程研討與模擬，並從系列實務與理論交流過程中，持續發覺法律教學與研究的新方向。在此背景下，藍教授完成本書（不知是第幾本國際名家論著）中譯版，熱心邀約我撰寫導覽前言，並打算將本書納入授課教材，豐富文化大學法學院的學術動能。我非稅法專家，唯從事檢察實務越久，才了解稅法對國家穩定、經濟發展與犯罪防制的重要性。

　　歷史上，不公平稅制經常引發革命、朝代更替，如美國獨立、法國大革命；文化上，西諺有云：「唯有死亡和租稅是人無法躲避的」；西方政治上，不同黨派對租稅經常各持涇渭分明的立場。經濟學上，租稅是財政、經濟發展的重要工具；會計學上，稅務會計與財務會計各成一門、不容混淆。

　　法學上，稅法似乎不是國內主要必修科目（國考僅列為選考、學者不多），但國外，稅法可是重要科目，無論是英美的稅務律師；德國、奧地利的獨立財稅法院，均是專責機制。剛施行上路的納稅者權利保護法，行政法院設置稅務法庭，均某程度在彌補過去稅法教育與研究之不足，也是本書中譯版問世之即時性的明證。

　　稅法極具跨領域、跨專業性。就內國而言，納稅人、扣繳人、稅務居民、來源地的定義？不同商業組織有何不同稅率或免稅待遇？企業或個人的營業、投資、勞務等原因發生之所得稅的異同？合法避稅與違法逃稅、漏稅罰與刑罰之區辨？均涉及公法、民商財產法、刑事法、會計原則之定義交錯與適用，更遑論租稅的核課、徵收、執行、司法救濟之妥善設計，

＊　經貿談判辦公室調辦事檢察官。

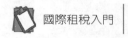

又是很專門的程序法議題。

　　本書的讀者應可了解到──全球化腳步毫不等人。企業、資金、技術、人才跨國移動之頻率不斷增加，所得稅法在國際面向所生的問題及複雜度，即本書的重點──重課稅、移轉訂價、避稅與反避稅、惡性租稅競爭、國際倡議及模範租稅條約的轉型等，對政府法律的挑戰與企業個人的衝擊來得又快又兇猛，以及經濟犯罪手法的掌握，本書正是我們學習、追補研究國際所得稅法的好起點。

　　租稅（含關稅與內地稅）是高度主權行為，國際間為促進貿易而相互約定減讓最早的是關稅，即今日WTO（貨品貿易）法，內地稅不在減讓之列（仍應遵守公平不歧視原則）。儘管各國持續簽訂自由貿易投資協定，放寬政府對貿易投資活動的限制，但這些經貿協定仍多明定，國內租稅措施不受影響。

　　締約國多將租稅措施是否有違經貿協定此類爭議，儘量交由雙方稅務主管機關協商處理，而不適用經貿協定的爭端解決程序。對於潛在的經貿協定與租稅協定之衝突，也多規定後者優先適用，這是保有各國租稅主權的理想狀態。然而，以投資協定中徵收補償條款（地主國政府若徵收他方投資人財產，應予儘速合理補償；制訂法規也算徵收）為例，地主國未來的租稅措施是否對他方投資人構成徵收而負有補償義務？應適用何種爭端解決程序？恐怕不是一句「租稅主權不受影響」這麼簡單。此類內國稅法與國際法衝突，或經貿協定與租稅協定調和的議題，值得法律人持續關注。

　　回到法學教育出發點，稅法擁有跨領域、跨專業、跨國性等多面向，並具濃厚的實務性，是整合式學習的好題材。本書雖主要介紹稅法的國際議題，但任何國際議題必然緣起於國內作為，解鈴還需繫鈴人，國內法的理解永遠是第一步。最後，解決問題要靠各種法律與非法律的溝通、分析與談判，相信這就是藍教授長期在研究著述、教學演練過程中不斷想傳達給同學們的思維與學習目標。

黃士洲[*]

全球數位稅風起雲湧，台灣應注意未來發展

　　十多年前開始流行「電子商務」（Electronic Commerce），到現在可以說已經變成包山包海的概念與口號。近幾年電商的營運結合社群媒體與雲端大數據，由演算法紀錄、追蹤、分析消費者參與互動的資訊與行為，之後再以社群、分享來進行準確、分眾的行銷，從而進化到「數位電商」模式。

　　數位電商的營運大多架構在特定的國際平台，例如Facebook、Google Play、Youtube、Amazon，或如蝦皮、阿里巴巴等跨國網拍平台，也被OECD描述為「高度數位化營運模式」（highly digitalized business models），其特徵為在消費者所在國並不需要相當規模的實體營運處所，且仰賴智慧財產權（如演算法、雲端技術）以及使用者參與貢獻資訊。

　　跨境電商的課稅漏洞來自傳統稅制，把課稅的要件連結到具有營運功能的「固定營業處所」──外商如果在台灣境內有設置實體的辦公室、分公司的話，才需要對台灣稅局繳納營業稅與所得稅。然而，從台灣賺到數十億營收的數位電商並不需要像傳統的外商一樣，在台登記設立子公司並聘雇千百位員工，而是透過寬頻網路連結位於境外的平台主機即可提供服務，當地只需要幾位員工，還可將營運功能分拆外包，消費者線上付款也

----

* 台北商業大學財政稅務系副教授。

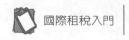

走跨境金流等等，這些在在迴避了向消費者所在國家納稅的要件。

　　跨境電商的課稅漏洞是世界各國共通問題，BEPS 1.0的進程已經告一段落，OECD續推BEPS 2.0推動全球一致的課稅方針。美國拜登政府一改前任川普政府的單邊主義（Unilateralism），改行多邊主義（Multilateralism）之下，助益OECD透過7國與20國集團（G7/G20）的平台推動全球稅務改革。最新動態是在2021年7月的威尼斯峰會上，各國財長今天表態支持整頓對跨國企業課稅方式的歷史性稅務改革協議，約130多國已簽署國際稅務改協議，最終協議可望於10月羅馬舉行峰會前達成，且冀望於2023年以前上路實施。

　　BEPS 2.0的改革包含方針1、2（Pillar 1+2），方針一的重點（全球課稅權瓜分）：全球數位稅門檻為全球年營收超過200億歐元（新臺幣7,200億元）且淨利率超過10%的大型跨國集團，其淨利率超過10%部分會被認定為剩餘利潤。剩餘利潤有兩成到三成的課稅權須重新分配給消費市場國。單一國家消費者營收達100萬歐元（經濟規模較小國家為25萬歐元），當地政府即有權請求分配企業剩餘利潤的課稅權。

　　至於方針二，也可稱之為全球最低稅負：以美國拜登政府提案的15%為基準，門檻確定比照國別報告標準，設定為年營收7.5億歐元（新臺幣270億元）。若跨國企業營收達標且在特定地區實質稅率低於15%，則必須補繳差額稅款給當地國（居住國）。

　　值得注意的是方針一的全球數位稅方案，擬在將來替代各國現行已開徵或計畫中的數位稅制，例如歐盟的數位服務稅（Digital Service Tax）與印度的數位平等捐（Equalization Levy），換言之，等同令各國交出自身針對數位服務的課稅主權。又由於方針一擬設定高額的課稅門檻——全球營收200億歐元，即便將來降低至一半，課稅對象與範圍也相對侷限不少，可能最終形同削減既有的數位稅收，迴護大型跨境電商的稅務優勢地位。

　　全球數位稅看似潮流，個人觀察則是虛實難料，特別是當未來具體化至課稅權的分配與稅基（如剩餘利潤）計算時，正是消費者所在國（如台灣、日本）與跨國企業居住地國（例如新加坡、愛爾蘭）及集團最終母國（如美國、中國）三者之間的利益衝突，未必然有共識三贏的解決方案。

　　雖然台灣不是OECD會員國，也不是包容性框架的一員，仍需密切關注全球數位稅對我國的衝擊。雖然有論者認為，台商多數是中小企業，構不到全球數位稅或最低稅負的門檻，且大型企業多在當地子公司有實質營運，衝擊極其有限。然而，台商利用境外紙上公司調度資金、轉投資，其在地營運活動與其營收、利潤顯然不成比例的情況，所在多有，BEPS 2.0仍會造成其他國家與我國、登記國互爭課稅權的情況，值得關注。

　　「鑒往」才有能力「知來」，欣聞藍元駿教授《國際租稅入門》一書付梓，本書堪為國內學子建構國際租稅知識基礎，並進而了解國際租稅實務最新發展的重要參考書目，以此作序，深感榮幸。

黃仔筠[*]

現今隨著科學技術的發展及各國對外開放程度的提高，通過跨國公司的交叉持股、企業兼併等，展開國際分工，於更大的經濟規模上配置資源、開拓市場，促使產業結構優化與升級，全球貿易早已不是新聞，然而更便捷靈活的貿易方式仍推陳出新。

我於律師實務工作中時常面對客戶提出形形色色的跨國交易模式。通常而言，客戶並不害怕被課稅，而是不希望有超出預期的稅賦，因此對於國際租稅的基本知識應是任何一位處理國際非訟事務律師應具備者。

本書即提供了入門者在國際租稅領域中應了解之概念，以易讀之文句及舉例，帶領讀者按步認識於實務工作中時常發生之議題，如：移轉訂價、租稅條約、電子商務等。即便一位律師認為稅務可交由會計師處理，然而具備問題意識始能與會計師、客戶達成有效的溝通。

本書除了有助於入門者踏入國際租稅的領域外，亦適合已在此領域具實務經驗之財稅從業人員。由基礎概念之複習及議題之探討，重新反思對於國際租稅原則之實踐及運用，並達到租稅公平之目標。

期待本書中文版的問世將造福廣大的中文讀者，以更簡易更迅速的方式學習國際租稅，培養新一代優秀的租稅人才！

----

[*] 黃仔筠律師事務所主持律師。

高汪瑜*

　　國際租稅要處理的重要課題之一即是消除國際雙重課稅。課稅管轄權乃係由各個國家自行劃定、自行定義，因此跨國交易不免產生課稅管轄權的衝突。世界各國通常乃是透過本國法採取扣抵法或免稅法，及與他國約定國際租稅條約來消除國際雙重課稅。從納稅人角度而言，如何透過適當的交易架構規劃，消除或減低國際雙重課稅，達到最有利的租稅結果，乃係降低整體交易成本不可或缺的重要步驟。

　　美國在2017年12月22日川普租稅改革生效[1]以前，對其公司稅務居民採取全球所得課稅制度（worldwide tax system），搭配扣抵法來消除國際間雙重課稅，其中包含對於扣繳稅額的直接扣抵以及外國股利的間接扣抵。川普租稅改革以後，美國為了鼓勵資本回流及提高稅務居民投資意願，自2018年1月1日起，拋棄過去複雜的外國股利間接扣抵制度，對於國外股利匯回一律免稅[2]，實質上走向僅就稅務居民國內所得課稅制度（territorial tax system），並透過保留原有的扣繳稅額直接扣抵，消除對於股利之國際雙重課稅。另一方面，美國為鞏固稅基及防杜避稅，創設了低稅負全球無形資產稅（Global Intangible Low-taxed Income, GILTI）及防杜稅基流失稅（Base Erosion Anti-abuse Tax, BEAT）。原則上，前者對於稅務居民受控外國公司消極所得（Subpart F income）以外之境外低稅

---

* 臺灣及美國律師。

1 川普租稅改革法案〔正式名稱：減稅及增加工作改革法案（Tax Cuts and Jobs Act）〕。大部分修正法案自2018年1月1日起開始適用。

2 美國從全球所得課稅制度轉換成僅就國內課稅制度的過渡條款，即是對特定外國公司（specified foreign corporation, SFC）1986年後尚未繳納稅額的累積外國盈餘，在2017年課稅年度，課徵一次性的國外股利匯回稅（針對具有現金性質之盈餘課徵15.5%稅率；其他盈餘課徵8%稅率）。

負無形資產所得納入稅基課稅；後者則是針對特定可扣抵之支付外國關係企業款項課徵最低稅負[3]。由此可見，美國為了保全其本國租稅利益，實際上無法落實稅務居民國內所得課稅之制度，國際雙重課稅的問題自然無法避免。因此，納稅人在實務上經常面臨的現實問題，往往是如何設法減輕而非消除國際雙重課稅。

　　這本「國際租稅入門」乃是國際租稅叢書中的經典著作，對於國際租稅基本概念深入淺出的介紹，可以成為有興趣學習國際租稅讀者的第一本教科書。藍博士秉持著對於翻譯的熱誠及其稅法的專業翻譯本書，對於增進國際租稅的研究資源，和普及國際租稅領域的知識，深具貢獻。

---

[3] 2021年5月28日美國新任總統拜登行政團隊提出2022年預算案，其中財政綠皮書對於稅法修正方向作出建議，國際租稅將大幅修改並參考OECD 藍皮書第2項政策（Pillar Two Blueprint），包括針對一定規模以上公司按稅前財務收入課徵15％最低稅負；提高低稅負全球無形資產稅（GILTI）稅率從10.5％到21％，改成按國家分別計算，並取消高實質稅率可排除課稅的例外規定（High-Tax Exception）；制定停止惡意稅務倒置和停止低稅負規定（Stopping Harmful Inversions and Ending Low-tax Developments; SHIELD）取代原有的防杜稅基流失稅（BEAT）；擴大反稅務倒置避稅條款（Anti-inversion Rules）適用範圍等。惟須注意者係，此財政綠皮書提出的修法建議仍須經國會審議決定是否列入法案提案，後續發展仍有待觀察。

李顯峰[*]

現代國際間商品貿易、人員、資金、投資活動的往來連結日益密切，無論大型或小型經濟體的交易網路都隨著全球化程度的加深更趨複雜化。雖然國際貿易組織（WTO）規範全球交易的秩序，但多邊貿易協定談判失敗後遲躇不前，代之是小型甚至巨型雙邊自由貿易協定（FTA），形成國際間的俱樂部集團。國際間商品、人員、資金的自由流通交易固然能提高經濟福祉，然而因各國的技術水準、資源稟賦、人力素質及市場競爭程度等的差異使得自由貿易能提高經濟福祉的論述受到修正。各國為保護本國產業的發展、自然資源及就業，常實施關稅、配額等貿易政策措施，另為吸引他國投資，引進管理新知know-how，常藉租稅優惠方式或其它誘因來推展，以促進經濟發展。

開放經濟的租稅制度除了考慮本國稅收的充裕、公平、稽徵經濟、效率原則外，也要考量本國生產者及消費者的利益，兼顧本國產業穩健發展及就業，同時需尊重全球貿易的合理秩序，貿易夥伴的經濟產業的發展等，租稅制度的目標及政策工具日趨複雜。自然人或企業法人為節約租稅負擔，甚至常藉著特殊的租稅規劃及安排，跨國企業更常利用在免稅天堂註冊等等以規避或刻意逃漏本國的租稅負擔，造成租稅不公平、稅收嚴重損失及損害財政穩健。因而了解國際租稅的規範對現代每位民眾及企業的權益變得日益重要。

國際租稅的範疇包括課稅管轄權、雙重課稅、移轉訂價、受控外國公司、資本稀釋（弱化）、電子商務等課題。2016年10月經濟合作暨發展組織（OECD）公布「稅基侵蝕與利潤移轉行動計畫」（Base Erosion and

---

[*] 臺灣大學經濟學系副教授。

Profit Shifting, BEPS）的15項具體行動計畫內容，BEPS對未來全球的租稅規範將發生重大的影響。這15項具體行動計畫涵蓋數位經濟稅負、混合錯配安排（Hybrid Mismatch Arrangements）、減少因利息及其他金融支付所產生的稅基侵蝕、有效打擊有害的租稅競爭、防止租稅協定的濫用、防止人為避稅的常設機構、移轉訂價結果與無形資產的價值一致、確保移轉訂價結果與風險與資本的價值一致、確保移轉訂價結果與高風險交易的價值一致、衡量和監控稅基侵蝕和利潤移轉現象、強制揭露租稅規劃規則、重新檢視移轉訂價文據與國別報告指引、提升爭議解決機制的效率、發展多邊工具以修改雙邊租稅協定等。

本譯著的原書因出版年代較早，尚未將上述OECD公布的「稅基侵蝕與利潤移轉行動計畫」（BEPS）的15項具體行動計畫的內容完全增補納入，但其精簡扼要，能提供認識國際租稅議題基本學理及重要議題的參考。藍元駿教授治學甚勤，修訂原先中譯本的不完備之處，使人們更容易入門認識國際租稅制度，除了可保障自身的權益外，也有助於維護稅制的公平及財政稅收的健全。

林佳穎[*]

　　租稅係各個國家為支應財政支出或達成其他行政目的，強制自人民手中移轉財富為政府所有之行為。基於國家課稅主權獨立原則，各國課稅方式原得獨立行使，不受他國干涉，故所得歸屬之認定原則，究採屬人主義或屬地主義乃至於所得來源之認定，原屬各國立法範疇。惟隨著國際貿易日漸蓬勃發展與全球化，因跨國納稅義務人所得產生之稅收如何於國與國之間分配，屬國際租稅與國際稅法之範疇，亦直接影響各國課稅管轄權之行使。

　　關於國內租稅法令之介紹，無論係理論或實務用書，唾手可得，對於國際租稅內涵之理解，則多藉由我國與他國簽訂租稅條約內容、中華民國來源所得認定原則等內容去理解，針對國際租稅介紹之書籍，亦多著墨於租稅規劃或從跨國經商角度探討國際租稅議題。關於從法學角度理解國際租稅問題之發生乃至於介紹原理原則之書籍，則不若國內租稅法令書籍般眾多，此等書籍在歐美等國際間雖不乏著書，惟因受限於語言隔閡，並非所有有志學習者皆能一窺全貌。

　　本書係由法學教授Brian J. Arnold與Michael J. McIntyre合著之國際租稅入門書籍，以深入淺出之方式，從國際課稅管轄權、雙重課稅之定義與消除、移轉訂價制度之現在與未來、防止避稅機制、租稅條約議題乃至於熱門之電子商務議題皆有完整之介紹，有志學習者不再見樹不見林、不再知其然而不知其所以然，得藉由本書獲得完整之國際租稅概念。

　　本書之譯者藍元駿教授，係財稅領域之法學專家，亦精通各國語言。難能可貴的是，其在學術研究工作繁忙之餘，精選本書作為編譯作品。稅

---

[*]　勤實佳聯合會計師事務所合夥會計師、職業律師。

法用語本身已艱澀難懂，國際租稅相關英文用語更不在話下，經由元駿之編譯，讓語言不再是學習之隔閡，並能使讀者充分掌握原著之精髓精義。無論是法律學系或會計、財政相關學系之學生，或係實務工作者，都能由此書充分瞭解國際租稅內涵，並能藉本書從原理原則之角度出發，充分理解我國消除雙重課稅、租稅條約、中華民國來源所得認定原則以及電子商務課稅模式背後之規則，對於國際租稅今後發展方向亦能獲得啟發性思考之素材。莘莘學子若有意進一步朝國際租稅學門發展，美國亦有國際租稅法律碩士（LL.M.s in International Taxation）可供進修，初期藉由本書獲得基礎概念之瞭解，亦將獲得諸多助益。筆者於赴美研讀國際租稅法律碩士前，尚無類似書籍可供研讀，本書之出版，嘉惠學子，助益良多，元駿此等無私奉獻之精神，亦令人感佩。

　　身為曾赴美、日研讀國際租稅之稅法實務工作者，誠心推薦本書給大家。

蔡孟彥[*]

　　近年來隨著全球化之腳步日益快速，經濟活動的全球化亦屬如此。企業絡繹不絕跨越國境從事海內外進出口交易的事例，亦與日俱增，而在此種全球化的風潮中，就租稅成本（負擔）及產業布局（營業自由）、與財政收入（甚至是租稅公平與租稅中立性）之觀點而言，企業與國家間往往存在著不同的想法。企業在經營、發展階段，甚至於是否繼續維持事業、或與其他企業結合之種種決策中，租稅成本之考量乃是決定其企業活動走向的重要因素之一。而在租稅成本之考量下，對於組織型態、商業交易模式甚或是營運地點之選擇，也都產生相當之影響，尤其是在通訊、移動以及運輸技術之發展下，企業之國際化已更形容易，人流、物流與金流之跨境移動已屬常見。也由於跨國交易與投資現今已屬常見，而在租稅成本與租稅制度設計之考量上，徵納雙方各有不同的盤算，納稅人關心的是如何減少租稅成本之負擔，當然在租稅成本的考量外，也包含著企業發展之策略，甚至因為大環境的因素，例如，在1980年代的臺灣有著戒急用忍的政策，企業要投資大陸不得不經手第三地為之。此外，同時期由於在中國大陸，希望以優惠租稅政策吸引外資赴大陸設廠生產，以增加大陸居民的就業機會，而對於外商企業提供較高的租稅優惠，形成不少國家（其中包括本文討論的日商企業）赴大陸進行來料加工之經營模式，其中也形成先在低稅率國家設置子公司，再由該海外子公司與大陸企業進行來料加工之生產模式。

　　另一方面，在經濟活動全球化的情形下，就有關各國間課稅權之執行，亦產生微妙之互動變化。由於各國各自擁有課稅主權，且各國又有各自制定之各國稅法，就有關跨越國境之經濟活動課稅所產生之所得，應交

---

[*] 臺北商業大學財政稅務系兼任助理教授。

由何國課稅，此乃是課稅管轄權分配之問題。此外，若跨境經濟活動所涉及國家間，都對之行使課稅主權時，對於從事跨境經濟活動的企業而言，又是形成雙重課稅、甚至是多重課稅之結局，也因此，跨境經濟活動經常衍生出國際間之稅務爭議。

在此種情形下，各個國家關心之重點乃是猶如主權行使之課稅權得否發動，或是當納稅人經由租稅規劃而使原應為本國之稅源變成為他國之稅源時，此時稅制上所關心者，乃是如何決定國際間租稅管轄權之劃分、或是如何避免雙重課稅。但若是租稅規劃形成雙重非課稅之結果時，亦即在國際經濟活動中「利用多數國家稅制之差異」進行租稅套利（tax arbitrage）—國際性租稅迴避，亦即，若因為各個國家間彼此稅制間之差異形成漏洞，導致納稅人有進行國際性租稅規避之「誘因」，在徵納雙方不斷鬥智之情形下，僅以一國之力以內國法之規範並無法完全解決此一問題，在國際性租稅規避行為之防杜上，除了要從課稅主權之角度檢討內國稅制設計是否健全外，對於利用各國稅制間之差異所形成之漏洞填補，則是需要各國間之協力始能達成。

由於各國租稅法律之完備性，無法跟上企業全球化與經濟數位化之腳步，因此利用各國稅制間之差異所為之租稅規劃，即常為跨國性企業所使用。2008年金融危機發生後，在許多國家陷入經濟不景氣與財政困難之窘境下，跨國性大企業（例如：Google、Apple、Starbucks等）利用國際性租稅規劃，而得以大幅降低其應納稅額之新聞，引起許多先進國家之重視，甚至演變成社會問題。在國家受制於財政收入不足，不得不採取減縮福利措施以及增稅之困境下，卻有跨國性企業得以利用國際性租稅規避措施而減輕其租稅負擔，自然引來撻伐之意見，除了多國財政首長發表共同聲明呼籲對抗跨國企業之國際租稅規避行為外，進一步演變成國際間檢討課稅規範之行動，由OECD（Organization for Economic Co-operation and Development，經濟合作暨發展組織）於2013年7月所提出之

BEPS（Action Plan on Base Erosion and Profit Shifting，稅基侵蝕與利潤移轉行動計畫），即是近年來受到先進國家重視之行動計畫，甚至已有國家依循BEPS所指示之方向完成內國稅法規範中關於國際課稅部分之修正。

回到我國就有關跨境經濟活動所可能產生國際租稅規避行為之防杜，目前雖有防止資本弱化（所得稅法第43條之2）與移轉訂價之相關規範（營利事業所得稅不合常規移轉訂價查核準則），但在其他國家經常用以做為防止國際租稅規避方法之受控外國公司〔簡稱CFC（Controlled Foreign Company）〕稅制，卻一直到最近才完成立法。

為改善臺灣部分公司利用境外公司做為規避內國稅負之管道，討論多年的受控外國公司〔簡稱CFC（Controlled Foreign Company）〕稅制與實際管理處所〔簡稱PEM（Place of Effective Management）〕，立法院已於2016年7月12日，於所得稅法修正增訂第43條之3與第43條之4，使企業無法再將獲利保留於海外，只要企業實質控制權在臺灣之公司利用於低稅負國家或地區成立受控外國公司，保留原應歸屬臺灣營利事業之利潤，以規避臺灣納稅義務，就須在國內課稅。

之所以會有前述2個條文之增訂，乃是因為就受控外國公司方面，因營利事業可藉於低稅負國家或地區成立受控外國公司（Controlled Foreign Company，以下簡稱CFC）保留原應歸屬臺灣營利事業之利潤，以規避臺灣納稅義務，爰參考經濟合作暨發展組織（OECD）於2015年10月發布稅基侵蝕及利潤移轉（BEPS）行動計畫3「強化受控外國公司法則」（DesigningEffective Controlled Foreign Company Rules）之建議及國際間其他國家規定，建立CFC制度，增訂所得稅法第43條之3規定。

另外就有所實際管理處所部分規定之增訂，則是因為按實際管理處所（Place of Effective Management，以下簡稱PEM）認定營利事業居住者身分已為國際趨勢，旨在避免營利事業於租稅天堂設立紙上公司，藉納稅義務人居住者身分之轉換規避屬人主義課稅規定（即境內外所得合併課稅）

之適用，以減少納稅義務。基此，為符合國際稅制發展趨勢、保障臺灣稅基及維護租稅公平，爰參考國際實務做法，於第1項定明依外國法律設立之營利事業，其PEM在臺灣境內者，視為總機構在臺灣境內之營利事業，應依本法及其他相關法律規定（例如稅捐稽徵法、所得基本稅額條例等）課徵營利事業所得稅，如有違反時，並適用本法及其他相關法律規定，以維護租稅公平。又企業透過居住者身分之認定，得適用臺灣與其他國家簽署之租稅協定（議），有助於保障臺商權益。

前述規定由於遲至2016年才通過，且在立法過程中又受到許多的質疑，讓早已存在於西方國家與日本稅制上，形同國際課稅上反避稅條款之受控外國公司稅制與實際管理處所之認定，在生效日上又受到相當之牽制。在2016年7月的修正結果，依據所得稅法第126條第2項規定：「本法中華民國九十年五月二十九日修正之條文、一百零二年十二月二十四日修正之條文及一百零五年七月十二日修正之條文施行日期，由行政院定之；一百零三年五月十六日修正之條文，除第六十六條之四、第六十六條之六及第七十三條之二自一百零四年一月一日施行外，其餘條文自一百零四年度施行。」

亦即前述2條增訂之國際反避稅條款的正式生效日期，交由行政院決定。此外，立法院於修正所得稅法第126條第2項時，於立法理由中指出：本次修正條文增訂第43條之3及第43條之4條文所增定反避稅制度之施行，須視海峽兩岸避免雙重課稅及加強稅務合作協議之執行情形，國際間（包括星、港）按共同申報及應行注意標準（Common Reporting and Due Diligence Standard，CRS）執行稅務用途金融帳戶資訊自動交換之狀況，並完成相關子法規之規劃及落實宣導，爰於第2項定明施行日期由行政院定之，俾使企業逐步適應新制，兼顧租稅公平與產業發展，並維護納稅義務人權益。

但在臺灣與大陸現行的微妙關係下，兩岸租稅協議何時才能正式生效

屬遙遙無期之現狀中，前述明文規定用以規範國際反避稅活動之具體規定，何時才能生效實屬無法預期。但在國際租稅實務上，最怕稅捐稽徵機關在沒有法律具體規範之前提下，以實質課稅原則做為認定納稅義務人是否應補稅或進一步加以處罰之依據。再者，由於在其中國家例如日本有關受控外國公司稅制中，由於擔心若僅從國家租稅權施行公平性之觀點出發若形成全面管制之受控外國公司稅制恐將影響日本企業之全球布局以及策略規劃因此日本於稅法（租稅特別措施法）中又就那些非基於避稅因素之經營模式排除於受控外國公司稅制之適用範圍內此點可說明日本在租稅制度之設計上對於租稅法律主義之堅持。但相對地我國所得稅法第43條之3第5項規定：「前四項之關係人及關係企業、具有重大影響力、認列投資收益、實質營運活動、當年度盈餘之一定基準、虧損扣抵、國外稅額扣抵之範圍與相關計算方法、應提示文據及其他相關事項之辦法，由財政部定之。」亦即就有關受控外國公司稅制之具體內容（甚至是影響是否適用該稅制之內涵），立法者以具體授權之方式，交由財政部以制定法規命令之方式為之，是以在財政部就此制定子法時，應可多參考外國法制之規範內容與實踐經驗，使日後正式施行的受控外國公司稅制，得以既維護內外國經濟活動之租稅公平（租稅中立性），又不致對於真正從事境外經濟活動之廠商，形成不必要之經濟箝制，甚至改變其原因之產業布局規劃。

在我國近年不斷針對國際租稅之法規範持續修訂之現狀下，更需要透過其他外國法制與理論之介紹，讓我國有關國際租稅之法規範與實務運作更能與國際接軌，值此同時，自研究所時期即為本人同學兼好友的文化大學法律系藍元駿教授出版國際租稅法一書，以深入淺出之方式娓娓道來國際租稅之架構與精神，正是可供我國學界與實務之參考，本人在有幸先行閱讀過後，除欽佩藍教授對於國際租稅研究的長期努力之餘，也樂意向各界推薦這一本新書，相信讀者可以從本書中獲知更多有關國際租稅之精髓所在！

王震宇[*]

　　國際租稅法一直是在法律學門中相當跨域且重要的分支，不但涵蓋國際公法基礎理論、稅務課徵原理、會計與財務分析，乃至於認定跨境交易的國際私法及相關的國際商法原則。聯合國與國際經濟發展組織（OECD）過去數十年來，發展出相當規模的國際稅法原則，作為跨境交易的基礎，然而，卻始終未能有一部整體性的國際租公約，反而將「跨貿易與租稅」的原理原則，轉化為雙邊得避免雙重課稅協定中，如同本書第六章起所介紹的「租稅條約」（Tax Treaties），也稱之為「避免所得稅雙重課稅及防杜逃稅協定」（Agreement for the Avoidance of Double Taxation and the Prevention of Fiscal Evasion with respect to Taxes on Income），即為目前國際間的重要實踐。在歐美各國間，關於國際租稅條約協定及跨境交易租稅的開展，多半是由法學院甚至國際法領域的教授與研究人員投入研究，例如：世界國際法學會（International Law Association，ILA）於2015年成立國際租稅法研究小組（Study Group on International Tax Law），由盧森堡大學的教授領導該小組進行研析，其中很大的原因也是許多跨國企業都將總部設在盧森堡，不但享有非常特殊的稅務節省方案，也透過各種網路方式進行免稅的跨境交易，讓盧森堡獲得企業的「奇蹟仙境」名號。

　　除避免雙重課稅協定外，對於跨境貿易與投資最重要影響的因素，係各國對於其「租稅政策」之定位，究係為「資本輸出中立性」？抑或「資本輸入中立性」？國家在選擇此二種不同趨向時，也同時決定了對於跨境貿易投資的基本法律結構。透過不同的租稅政策選擇，在一般情況下，各國皆以降低企業重複課稅之情況，以利資金流動與資本市場發展，本書第

------

[*] 國立臺北大學法律學院比較法資料中心、國際法中心主任。

一章即開宗明義將此原則加以闡述。

詳言之，在「資本輸出中立性」稅制下，較適合大型經濟體與所得稅率高的國家，在此稅制下，國家稅收制度偏向於保護國內市場，資金流進與流出都會產生較高額之租稅成本，並不適合跨國企業資金流動與管理，此類稅收型態乃要求對本國居民的境內境外投資所得，不論該所得來源地在何處，皆應以相同稅率課稅，而典型採用「資本輸出中立性」稅制的國家，主要是美國。

相反地，「資本輸入中立性」稅制，則比較適合中小型經濟體與所得稅率低的國家，在此稅制下，國家較重視擴展外銷市場，各類資金進出該國之租稅成本低，稅務制度適合跨國企業作資金流動與投資管理中心。資本輸入中立性之精神乃貫徹國際租稅法上的國民待遇原則，亦即地主國不得向外國投資人提供稅收優惠，也不得進行稅收歧視，而應一視同仁，目前採用「資本輸入中立性」稅制的國家，主要是歐盟各國、新加坡等。

本書在上述的脈絡下，深入淺出的讓讀者能了解國際稅法之基本原則，而透過元駿老師流暢的筆觸與精準的翻譯，讓更多想要理解國際稅法的實務工作者，能藉由經典典籍之閱讀而將其原理原則應用於當代的國際租稅實踐。在目前國際貿易法上，無論是WTO多邊談判場域，抑或區域及雙邊自由貿易協定（FTA）或投資保障協定（BIA）等國際文件中，皆少有處理跨境貿易與投資的稅務問題，反而將此議題放入傳統的雙邊避免雙重課稅協定中。我國雖在簽署FTA之成效上不如東亞的其他國家，然而，在簽署雙邊避免雙重課稅協定上則較有斬獲，應可視為未來努力的方向，也期望藉由元駿老師這本內容精彩豐富的譯著，讓更多學術及實務工作讀者投入國際稅法的領域，繼續深耕並尋找我國未來因應之道。

吳光平[*]

　　國際租稅法係針對一國稅法中具有涉外因素的所有租稅課題，而國際私法係針對一國民商事件中具有涉外因素之法律適用、法院管轄及仲裁等課題，一為租稅之公法事件，一為民商之私法事件，二者看似獨立存在而無互涉，實則二者卻有奇妙之互動。

　　公司之國籍影響法律關係之主體是否具涉外因素而為涉外民商事件，使公司國籍之認定標準成為國際私法之課題之一。隨著經貿全球化之發展及公司企業在國際經貿扮演吃重之角色，公司跨國經營已蔚為常態，外國公司對內國無論是經濟、金融、勞工、租稅、環保等各方面的影響力日益加深，對外國公司之規制日趨重要，但對外國公司之認定會因不同領域之法規範有不同政策與規範目的，而採行不同之公司國籍認定標準，於租稅法之領域即針對租稅政策與規範目的，而有其對公司國籍認定標準。國際租稅法與國際私法就在公司國籍之課題有了奇妙之互動。

　　國際租稅法領域公司國籍之認定標準，有設立準據法主義、本公司所在地主義、管理支配地主義三種：設立準據法主義即依據其何國法律設立為標準，美國採此制；本公司所在地主義即該公司之本公司設置於何國於何國登記設置本公司為標準，日本、我國採此制；管理支配地主義即以公司之實際管理處所為標準，德國採此制，而實際管理處所乃公司實際作成其整體營業所必須之主要管理及商業決策之處所，可衡酌公司實際管理及控制地點、公司重要管理政策最高決策地點、經濟及功能觀點之公司最主要管理地點、最重要之會計帳冊保存地點及其他因素綜合認定之，通常為董事會之開會地點；設立準據法與管理支配地擇一主義，即只要符合設立

---
[*]　中國文化大學法律學系副教授。

準據法為內國法或管理支配地於內國其一者即為內國公司，英國採此制。國際租稅法領域所論之設立準據法主義與國際私法領域所論之設立準據法主義無異，本公司主義實則為國際私法領域所論之將公司主事務所認定為住所的住所地主義，而管理支配地主義實則為國際私法領域所論之將管理中心認定為住所的住所地主義。但無論是採行設立準據法主義、以主事務所認定為住所之住所地主義（即國際租稅法領域之本公司所在地主義）抑或以管理中心認定為住所之住所地主義（即國際租稅法領域之管理支配地主義），面對租稅天堂（tax haven）公司規避稅捐現象，仍不免例外依控制主義加以規制。控制主義之抬頭，乃各國關注規避稅捐現象所採取之因應，而針對國際間跨國企業利用國際課稅規則之缺失及各國稅制差異與稽徵漏洞，最大限度地減少其全球總體稅負，甚至達到雙重不課稅之效果，而造成對各國稅基侵蝕與利潤轉移導致所得稅收流失之「稅基侵蝕與利潤移轉」（Base Erosion and Profit Shifting）的防止。

　　後學不才，蒙元駿教授不棄，問道於愚，故乃不揣簡陋，以個人國際私法所學與國際租稅法於公司國籍認定之交流互動情形，加以記錄以代序，並樂於向有志於從事跨國法（transnational law）研究與實務者推薦本書。

Brian J. Arnold

　　《國際租稅入門》始於90年代一項計畫，旨在開發國際租稅基本教材，供OECD於蘇聯解體之後作為與新興經濟體發展合作之用。麥可‧麥金塔（Mike McIntyre）先生與我所共同準備的材料並不被OECD所接受；主要原因是當中諸多議題與OECD所持立場未必一致。不過，OECD還是十分慷慨允許我們使用其資料，如今成為《國際租稅入門》的內容。

　　國際租稅多半被認為是所得課稅中最複雜的面向，充斥著技術性的細節規定、同中有異之各國國際稅制規則，以及一個由超過3,000個雙邊租稅協定所構成的全球網絡。《國際租稅入門》最初意在對國際租稅的基本原則與架構提供淺顯易懂的說明，而且不從特定國家的角度出發。此書也嘗試在技術規則與原則架構的需求之間取得平衡。

　　本書第一版於1995年出版，而令我們感到驚喜的是，它廣為全世界國際租稅學子所接受。第二版於2002出版。遺憾的是，本書的另一位共同作者，麥可‧麥金塔教授，在久病後於2013年離世。麥可作為稅法教師與學者，其洞見在本書各處可見。也在他的連繫與努力下，本書第一版的中文翻譯在2006年問世；此第二版中譯的問世，其如地下有知，必會感到欣慰。

　　在此我應該指出，《國際租稅入門》第三版已在2016年出版，第四版則在撰寫中，預計2019年年初出版。第三版的大幅增訂，反映第二版在2002年出版之後國際租稅的諸多進展，包括G20及OECD關於稅基侵蝕與利潤移轉（BEPS）的計畫；同時新增章節，討論居民境外所得以及非居民境內所得的課稅基本問題。

　　最後，我恭祝藍元駿先生（Martin）將《國際租稅入門》第二版譯成

中文，對於閱讀中文的學生、實務界人士以及政府官員能有所幫助。翻譯
不僅困難也耗費時間，而翻譯一本有著特殊概念與術語的國際租稅書籍則
更是不易。我深信藍教授此一《國際租稅入門》第二版的中譯本，對中文
讀者而言必定十分寶貴。而我只能期待有朝一日，他也能將第三版以及第
四版有幸付梓時翻成中文。

Brian J. Arnold

Ailsa Craig, Ontario, Canada

（本書作者之一）

浅妻章如[*]

同學們為什麼要學習國際稅法？

或許有不少同學會認為，租稅僅關乎算術或會計問題而與法律無涉，此事殊為可惜。法學院的同學基本上更認為租稅爭議與本身課業無關。其實相當可惜！在這裡，我想強調租稅議題在法律上的重要性，任何從事法律相關業務之人都應該關注租稅議題，不只是律師或稅務顧問而已。

以下我想介紹一個日本案例，涉及本書第二章C部分（來源管轄權，頁23）的內容。此為Silver精工的案子，是日本最高裁判所在2004年6月24日的判決，見於判例時報1872号，頁46。

原告Silver精工（下稱「J公司」）是一家製造印刷機與打字機的日本公司。J公司在美國有一間子公司（下稱「J-US-子公司」）。J公司出口其產品至美國，J-US-子公司則在美國銷售該產品。一間美國的A公司（下稱「A公司」），憂心J公司的產品影響自己在美國的市場占有率；遂於1983年，表示J公司的產品侵害自己的專利權；該專利權已在七個國家註冊，包括美國與日本在內。J公司研究了A公司的專利權，研判A公司的專利權即將失效。不過當時美日之間存在嚴重貿易衝突，J公司考量即便A公司專利權失效，美國國際貿易委員會（United States International Trade Commission）仍不免干預其出口。於是在1983年同年，J公司隨即與A公司達成協議，由J公司支付和解金（附帶一提，嗣後A公司的專利權確實失效，但對協議內容已不構成影響）。

本案被告，也就是日本國稅廳，認為J公司支付給A公司的權利金應屬日本的來源所得，因為該產品是在日本所製造，因此J公司必須就該筆

[*] 立教大学法学部教授。

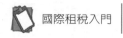

支付款項扣繳10%的稅。此處的爭議是，該筆款項究竟屬於日本還是美國的來源所得。最高裁判所判定該筆款項為美國來源所得，理由是兩公司所爭執的，是關於A公司在美國的專利權。

　　另外，我還想強調一個在本案中並未提及的重點。以現在來看，該筆權利金應由J-US-子公司來支付，而不是J公司；因為A公司在美國專利的侵權人是J-US-子公司。J公司與A公司的法律團隊在法律架構的調整可能未臻妥適。如果在現在，權利金是由J公司所支付，則J公司會被視為對J-US-子公司的贈與。此種贈與會引發另一個租稅爭議：移轉訂價（詳本書第四章）。而在當時，兩公司只關心經濟面向（例如：支付權利金的數額），其實我們更應該關注法律的面向（例如：應由何方支付權利金為妥，是J公司還是J-US-子公司）。

　　因此，同學們不妨從法律的角度來研究國際稅法。

Philip Baker[*]

很榮幸受到藍元駿教授的邀請，為其所翻譯之Brian Arnold & Michael McIntyre《國際租稅入門》的中譯本寫一篇簡短的推薦序。這本《國際租稅入門》在二十多年來一直被公認是研究國際稅法最實用的入門書籍之一。我很高興如今藍教授將此書介紹給中文讀者。

國際稅法曾經是學者、政府官員、稅務顧問及國際組織職員的專屬領域。這個小圈子三不五時在國際研討會碰頭，討論著高度技術性的問題，如常設機構之利潤歸屬以及政府間為稅務目的所為之跨境資訊交換而生的納稅人權利保護問題。然而，國際租稅已不在是專屬於這個小圈子了。如今，在各大報紙的頭版、新聞電視廣播，甚至在社交媒體上都能看到與國際租稅有關之議題。對於Apple及Google這種家喻戶曉公司之鉅額應納稅款，引起了國際間的關注。國際組織近年來的發展如OECD包容性架構，使更多人注意到了稅基侵蝕與利潤移轉（下稱BEPS）以及最近關於數位經濟課稅之提案等重要議題。

國際租稅作為公共議題的討論愈益增多，需求相關知識的群體也就漸行擴大。如今這個群體擴及至政治家、公務員、商業人士以及許多非以稅務為專業的律師和會計師。受過教育的社會大眾現在也希望能有一本國際租稅的入門書籍，以對這些主題的討論有更充分的了解。上述提到的這些人，以及正在研究國際租稅的學生們，會發現本書是帶領他們進入此領域的首選。

藍教授所翻譯的是2002年的第二版，這是來自美國韋恩州立大學的Michael McIntyre教授與來自加拿大的Brian Arnold教授共同撰寫此書的最

---

[*]　Gray's Inn and Oxford University.

後一版。可惜Michael McIntyre教授在2016年本書第三版出版前離世，所以他沒能撰寫其後的版本。因此，第二版的讀者得以一窺加拿大與美國之國際租稅專家合作的成果。

此書籍涵蓋了國際租稅的基本主題，特別是直接稅的部分。第一章以緒論出發，探討如「何謂國際租稅」等議題，並討論國際租稅規則之目的以及稅務顧問所扮演的角色。第二章討論課稅管轄權，著重在傳統的居住、來源之連結因素。兩者間的衝突的緩和則是下一章節所處理的問題，即：雙重課稅之消除機制——扣除法、免稅法及扣抵法。若現代化的國際租稅少了下一章——移轉訂價——的討論則無法完整。這個領域自2000年以來雖然陸續有許多新發展，但第四章的討論足以作為此領域新手的堅強後盾。連結移轉訂價傳統方法的是國內法中關於避稅防杜措施的討論，而是本書下一章之重點在於——資本弱化條款、受控外國公司法則及離岸投資基金。對初學者來說，最重要的一個主題是要了解租稅條約所扮演的角色及其適用，而本書第六章將會專門討論這些問題。最後一章討論的是「新興議題」。在本版次出版當下，引發熱議的主題是惡性租稅競爭、混合實體及電子商務。當然，雖說這些主題自2002年以來一直有所進展，但本章卻為研究最新發展提供了實用的基礎。本書所附之「國際租稅用語表」，就最常使用之相關用語的中譯，提供了實用的參考標準。

這裡所翻譯的是2002年的第二版。而本書最新版是由Brian Arnold教授所獨立撰寫的2019年第四版。可想而知，最新版是有將一些資料更新，其中像是BEPS計畫等當前的新興議題。但最新版次的主要架構與內容，依然是根據這本2002年的版本。換句話說，對此領域的初學者來說，閱讀此版本之中譯本是研究國際租稅的絕佳起點。

國際租稅專家之間三不五時會出現關於所使用語言的有趣討論。在過去——或許是三十年前——國際研討會上會有法語、德語及西班牙語之同步口譯。隨著英語成為討論國際租稅的主要語言，同步口譯就取消了。

在可預見的未來，國際租稅之大多數的著作與討論將可能以英語為主。然而，承上所述。國際租稅的知識不再專屬於該領域的專家，更包括公務員、商業人士等。並非所有對此有興趣的人都想成為專家，也並非所有人都能流利使用英語或對國際租稅之專業術語有所了解。由於有意對國際租稅有基本認識之人日漸增多，此中譯本勢必顯得格外實用。

　　且容再次表達受邀撰序的愉悅之情，並祝藍教授翻譯之路一切順利。

（高彬修校譯）

Azra Bećirović[*]

　　一如《國際租稅入門》此種提供國際租稅領域全方位視野的著作，對全球廣大的讀者來說是十分重要的，但我認為，對小型國家與開發中國家而言，尤為如此。

　　稅制的設計本身就會影響個人與企業之決策，特別是當它被拿上國際舞台與其他國家比較之時。同時，它也會影響該國的經濟表現：小型國家必須確保其能支撐該國經濟的開放性；而開發中國家的目標則是不要使企業負擔過重，以利經濟的蓬勃發展。此外，稅政對國內與全球稅收的影響，更決定了一個租稅管轄區內所提供之公共財的質量。

　　了解這些議題與相關機制，有助於理解經濟體制。以波士尼亞與赫塞哥維納為例，公眾討論的焦點多半在於政府的支出政策，而非稅收。對於稅制的設計只強調便於制定與施行，但也似乎貧於解決重大社會問題。對於簡化稅制的要求出於國家憲政體制的複雜性──權力受限的中央政府、高度自治的地方實體以及一個特別行政區（布爾奇科特區）──使得國家課稅的權限隨之劃分如下：間接稅制歸屬國家層級，而所得稅制則專屬於三個地方政府。作為一個小型的轉型經濟體，波士尼亞與赫賽哥維納還必須面對內國稅務的難題，主要在於內國稅法的建制必須同步轉型。是以，國際租稅的議題位居次要並不值得驚訝。這其實是個可以充分利用的制度，一方面去增加國家作為資本輸入國以及其在國外企業的競爭力，另一方面也可以確保適當的稅收。現行四十餘個租稅條約所組成的網絡，使得波士尼亞與赫賽哥維納和他國間在有條約的情況下，可以通過對外國稅額

----
* Bosnia and Herzegovina representative in IFA European Region and a former Branch president.

抵免，來直接消除支付跨境利息的雙重課稅問題。然而，如今在內國立法也有類似規定，因此認為不再需要租稅條約的聲浪也日漸高漲。不過租稅條約所提供的利益自然更多。

國際租稅規則及其漏洞所造成的問題，近年來成為施政的優先方案。如同多數歐盟國家與其鄰近國家，波士尼亞與赫賽哥維納也跟上國際腳步，共同處理租稅逃漏與利益移轉的問題，並增進徵收的互助，以促使稅務機關將更多資源挹注於國際租稅的議題之上。

缺乏對國際租稅規則的理解，可以說是在國際租稅中蒙受損失的主因：在此同指徵納雙方的損失。本書所討論的議題對於避免以上兩種損失來說，都具有重大意義：居民與非居民的稅務問題、避免法律上雙重課稅機制、租稅規避的防杜與跨國公司所做侵略性稅務規劃等，均為各國稅制中影響跨境活動的主要部分，只是租稅條約的規定應在締約雙方的脈絡中來理解。為了確保稅制的運作符合徵納雙方的期待，稅務顧問所扮演溝通協調的角色似乎不可或缺。但事實上稅務顧問在波士尼亞與赫賽哥維納境內並不是一個正式的職業，而稅務諮詢的服務一般是由律師事務所或會計師事務所提供的，這可能也說明了稅制為何表現不佳的原因。本書同樣對此重要議題有所著墨，也在此誠摯的推薦給您。

（蔡承翰、高彬修校譯）

Martin Daunton[*]

租稅國家之間的國際課稅：
近現代性與現代性

　　儘管租稅國家在英國的興起早在18世紀，但對於國際課稅動向的理解，其重要性至今依舊。

　　英國史家早已了解到，英國最早創設了熊彼德所謂的「租稅國家」，此種財政體制仰賴的是國家自人民處確保其稅收的能力，而非如過去依靠封建領地的收入。此一近現代歐洲國家的演進過程，經歐洲學術基金會資助一群學者進行比較研究，產生了由Richard Bonney所編集出版的巨著《歐洲國家的現代起源—13世紀到18世紀：經濟體制與國家財政（Clarendon Press, Oxford, 1999）》。這個改變過程的核心是戰事及其無止境的需求——此乃歐洲各自為政、相互競爭之國家體制的特點。當中透過公債而最能成功確保稅收的國家，往往就是在戰事捷報頻傳的國家——此事在1815年英國擊敗法國達到頂峰。從領地國家過渡至租稅國家體制的過程高度複雜，且因國情而異，另有些國家則持續仰賴國有財產收入直至19世紀，例如俄國。汲取稅收的能力，取決於皇室與人民代表會議之間的政治妥協、在於皇室、農民與貴族之間的社會關係，也在於經濟體制的性質及其擔稅的能量。了解此一過程，乃是艱鉅的學術重任。英國能率先創設一個財稅軍事國家體制（fiscal-military state）來有效擊敗法國，鞏固

* 　Emeritus Professor of Economic History, University of Cambridge.

其帝國,乃是世界史上大事。

直到晚近,租稅國家受到的挑戰來自1970年代的危機。Wolfgang Streek主張,此結果將使國家成為債務國家:因為對多繳稅產生敵視,而租稅國家正當性的流失,意指國家的支出只能透過借款,從而債台高築。史家的新任務,在於理解何以租稅國家在1970年代發生改變——在此柴契爾夫人(Margaret Thatcher)與雷根總統(Ronald Reagan)是重要的名字。並非所有國家均依照相同的模式,如在南歐獨裁政體的轉變帶來對更高福利與繁榮的需求,對規模尚小的稅制造成巨大的壓力,導致對金融的抑制——即藉由管控金融體系來降低借款成本。2008年金融海嘯過後,我們進入另一思考模式:危機的追究對象,從金融體系的罪魁禍首轉向公債的水準。解決之道,不是以更高的稅負或赤字來維持福利與消費:而是去節約支出與拯救銀行家。此從英國的脫歐、美國的川普以及歐洲的民粹主義便知一二。至於何以債務國家的危機會導致這些結果,則是今日我們在知識上所要面對的新挑戰。

Jacques-Oliver Desroches[*]

　　對於從事國際租稅實務工作之人，很少有出版品能夠比一本寫得又好又實用的國際租稅教科書，更令其在日常工作中感到滿足。國際租稅是一個廣大的領域，因其涉及各種複雜而具有挑戰性的議題而理解不易，從而產生了出版一本足供參考，以清楚明確方式簡介國際租稅基本問題的需求。由於國際租稅的實務工作者通常專精國際租稅的特定領域，因此即便是經驗豐富的專業人士，能有一本參考書籍可供需要之時隨手查閱，將有莫大助益。《國際租稅入門》自首次出版後至今已逾二十年，可謂完全達成此一目標──提供想要快速瀏覽國際租稅規則與原則之人一本易讀易懂的手冊。具備此種水準的出版物不多，而《國際租稅入門》正是其中之一。

　　近年來，國際租稅領域可謂歷經鉅變，相當程度是經濟合作暨發展組織（OECD）與20國集團（G20）之稅基侵蝕和利潤移轉（BEPS）計畫的工作成果使然。BEPS計畫涵蓋15項行動方案，每個方案均涉及國際租稅特定主題，從租稅條約之濫用、移轉訂價、混合錯配安排、利息扣抵限制、受控制外國公司法則、常設機構到惡性租稅操作以及數位經濟相關議題等。2015年底，OECD針對這些議題發布了15份含有諸多建議和分析的報告，對這些領域所適用的諸多規則與原理，帶來根本而劇烈的改變。其中若干議題的工作仍在進行之中，OECD則在挑戰較多的領域持續發布新報告。《國際租稅入門》二版如今看來可謂極具遠見，其能預見並論及當今BEPS計畫中的關注議題（例如數位經濟和混合實體所衍生之問題便是）。儘管二版《國際租稅入門》在出版十多年後BEPS計畫的行動方案才正要開始，不過單看本書目錄以及各個章節，便可輕易得知本書所談議

---

*　租稅實務工作者，任職於香港四大會計事務所。

題與BEPS行動方案有著驚人的相似之處。單就此點便足以說明本書特出之處。而同時，這也表示《國際租稅入門》二版毫無疑問地反映國際租稅的當前議題，有助於讀者了解最近的趨勢與發展。

　　《國際租稅入門》能夠風光通過時間的考驗，原因之一在於本書著重的是「真正的」國際租稅規則，而非帶有國際性的租稅規則。在此我的意思是，本書絕大部分的內容是在討論跨境交易相關的國際準則──如OECD的《關於所得及資本的租稅協定範本》（MTC）──而不是那些被引進特定國家地區，用以解決國際租稅爭議的規則。我們認為，本書的呈現方式使讀者更容易理解適用於跨境場合的「核心」租稅問題和原理原則，並能夠在最後掌握到國際租稅制度的運作方式。

　　身為在香港工作的國際租稅實務工作者，鑑於香港近年採納BEPS計畫所倡新國際標準的傾向，擁有《國際租稅入門》此書毋寧更增工作上的便利。2016年，香港加入了所謂的「BEPS開放性框架」，將來自世界各個國家地區（目前數字已遠超過100）匯聚一起，就其各項措施的實行進行合作。自此以後，香港的稅收規則發生了諸多重大變化。例如，2017年6月，香港加入了「租稅協定相關措施避免稅基侵蝕與利潤移轉多邊公約」，目的是為將BEPS計畫中一些關於租稅條約的最新建議納入其全面性雙重課稅協定之中──特別是BEPS行動方案六關於租稅條約濫用之最低標準。2018年7月，香港通過立法，將移轉訂價規則納入國內立法，並要求依OECD移轉訂價指導準則來解釋這些規則。常設機構的利潤歸屬規則也有類似的改變，要求這些規則的適用應符合OECD稅約範本註釋書所訂的原則。同部立法也引進BEPS計畫所建議的三層次的移轉訂價文檔──包括當地檔案、企業主檔和國別報告──並且改變香港利得稅的減免規定（如對企業財務中心的優惠），以便納入關於優惠制度的新標準。最後，香港在2018年9月成為「多邊稅務徵收互助公約」成員，此將根本改變日後與其他國家地區交換納稅人資訊的方式。隨著香港不斷採用

BEPS計畫相關的建議及其他國際租稅標準，《國際租稅入門》為香港的稅務實務工作者提供了一個迅速掌握新規則內容，並熟悉稅務新環境的工具。

最後，由於《國際租稅入門》寫得又好又平易近人，它也成為入門國際租稅的學生和新進稅務專業人士的佳作。因此，本人也向任何對國際租稅有興趣並有意了解其基本原理的人推薦本書。

한상국（韓相國）*

　　跨國交易與日俱增的同時，與其相關的國際稅收問題也大幅增加，成為必須面對的重要現

　　世界各國均根據各自的課稅主權制定符合自己國情的國內稅法，同時也經歷對其他國家稅法的制定及實施做詳細考查的過程。在此過程中會了解本國稅法與其他國家的稅法對跨國交易會產生何種效果，並協商簽署調節本國與他國內稅法內容的稅收條約。由此形成的國家間的國內稅法及稅收條約組合在一起，便成為國家間的國際課稅原則。在互相尊重各國課稅主權的基礎上，對跨國交易課徵的稅負不超過國內交易稅負的原則下，調整相關的課稅權。因此，與國際稅收相關的法規就可以定義為：針對個別跨國交易，國內稅法或稅收條約對其所得如何課稅的相關規定。

　　國際稅收並非一個獨立存在的稅種。當所得、收益、行為、交易等涉及到其他國家時，在原來的基礎之上添加一種「其他國家」的變數而已。因此在討論國際稅收問題時，要全面地考慮到相關國內稅法與稅收條約的內容。

　　從大視角來看國際稅收是比較簡單的。當然如果深入細看的話也會有複雜的問題，但也是可以通過好好理解基本概念而解決的。但也有許多人認為相對於我們熟悉的綜合所得稅與營利事業所得稅而言，國際稅收晦澀難懂、無從下手。用單純的原理規範化國際稅收相關法規看上去複雜難辨，這僅僅是因為國際稅收所對應的跨國交易錯綜複雜而已。

　　其實國際稅收領域所涉及的概念並不是太多，只因為國際稅收相關內容分散在各個稅法中，顯得更加複雜罷了。而且，當具體案例發生時必須

---

* 　韓國全北大學教授。

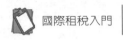
參照與當事國簽訂的稅收條約內容就事論事,各個雙邊稅收條約在內容上又略有差異,故此更顯得錯綜複雜。

為幫助我們了解晦澀難懂的國際稅收,已有很多種書籍問世,但對第一次接觸國際稅收的人或稅收實務者來說,國際稅收依然是非常棘手。

本人在學術交流中結識文化大學的藍教授已有許多年了,藍教授始終如一的嚴謹治學態度總讓人敬佩不已。藍教授投入大量時間翻譯本書,相信能為初次接觸國際稅收者、對國際稅收望而生畏者以及國際稅收專業的學生都會帶來很多的幫助。我們學習國際稅收相關法規,實際上是理解跨國交易與如何適用國際稅收法規的一個過程。由藍教授翻譯的本書,篇幅雖然不長,但幾乎囊括了國際稅收所有的內容,並且翻譯得通俗易懂,相信會幫助讀者朋友們更容易了解國際稅收。

最後,請允許我向熱情翻譯本書,帶給我們精彩內容的藍教授表示深深的敬意!

Judith Herdin-Winter[*]

　　奧地利在國際稅法議題之研究與學術討論有著悠久的傳統。而不論是誰在處理租稅條約，都必須和奧地利財政部國際稅法部門的長期負責人Helmut Loukota教授打交道。我很幸運地在奧地利共和國服務的第一年就待在教授的身邊，並能立於他的肩膀上俯視這個常被教授稱為稅法中「蛋糕上的櫻桃」的美妙領域。他的一位同事是Michael Lang教授，在他所舉辦的一場廣受歡迎的租稅條約研討會中，我結識了悉心翻譯此部經典著作的藍教授。現在，我很榮幸也很高興能為這份譯本貢獻一篇簡短的推薦序，介紹奧地利稅制在國際面向的若干特色。正如Helmut Loukota博士所言，對內國稅法的基本知識是理解國際租稅問題所不可或缺的基礎。

　　與大多數歐洲稅制相同，奧地利內國稅制也是由兩大支柱所建構：在奧地利的居住地與來源所得。個人因在奧地利建立居住地或有效實體存在而負有無限制的納稅義務（亦即就全球所得納稅）；對公司的相關規範則視其所在地及實際管理處所而定。

　　不過，個人在奧地利建立或試圖建立第二個（度假用）居住地，可以享受特殊的租稅待遇。通常在奧地利只要有一個居住地，即會負擔完全的納稅義務；但若符合特定要件則可以避免，亦即納稅人必須將其實際居住在奧地利的時間控制在每個日曆年70天以下，並以特殊的登記方式紀錄。如果滿足這些要件，則僅需就奧地利的來源所得納稅。

　　另一個有趣的減免是開放給科學家、藝術家與運動員。若個人轉換居住地是基於促進科學、研究、藝術或體育等公益目的，則其因奧地利高稅

---

*　Judge at the Austrian Federal Fiscal Court, Lecturer at the Vienna University of Economics, former Deputy Head of the Division for International Tax Law, Federal Ministry of Finance, Austria.

賦制度所造成稅額增加的部分得以減免。此種減免僅限個人申請，並視個案狀況而定。要注意的是，這種優惠需事前核准，亦即在個人將其居住地移至奧地利之前。

法人的租稅優惠近年來一直倍受批評。為打擊過度的租稅規劃，奧地利最近推出一系列的防杜濫用條款。例如，若一筆所得是由外國公司而生，該所得並未在國外被充分課稅或該所得係被動收入，在此狀況下就不得適用參與免稅以及關於股利、利息與權利金之減免規定。

占有位於奧地利常設機構或不動產應負擔有限之納稅義務。除此之外，非居民也須就其他奧地利來源所得納稅，如奧地利境內提供勞務之受僱所得。不過，對非居民課稅往往會受到避免雙重課稅協定所限制。

在多數情況下，對有限納稅義務之人課稅，是以扣繳方式徵收。例如，奧地利的雇主通常會對其員工徵收工資稅，無論其在奧地利所負擔的是有限或無限的納稅義務。此外，被動所得以及在奧地利提供技術、商業方面諮詢之所得，也以扣繳方式徵收。奧地利稅法還規定一種特別的來源所得稅，其專為藝術家或運動員在奧地利活動所生之所得所設。然而，若其所得未達一定的門檻，出於簡便性則可能不予適用該減免之規定。即便以扣繳方式納稅，納稅人仍得申請稅務核定，其費用之扣除方式則與內國稅相似。

奧地利廣大的租稅條約網絡，在大多數情況下能防止國際雙重課稅的發生。在奧地利普遍的看法是，避免雙重課稅協定只能限制課稅權，不能擴張奧地利的內國課稅權。在2021年初，奧地利可以依賴與90多個國家所簽定的條約網絡，主要位於歐洲、北美與亞洲地區，非洲與南美洲則仍有發展空間。

當不存在可茲適用之避免雙重課稅協定時，負有無限納稅義務之納稅人可以申請單邊的雙重課稅減免措施。有一個特別條例規定：若在外國納稅人平均稅負（率）超過15%，則在許多情況下其外國來源所得可獲減

免。在其他的情形，已納之外國稅則可獲得抵免。

　　作為OECD成員國，奧地利將OECD註釋書視為解釋避免雙重課稅協定的重要來源，並將OECD移轉訂價相關指導原則引進國內作為規範。

　　奧地利非常積極地通過相互協議程序解決國際租稅之衝突。然而，因資源有限再加上有時其他國家也興致缺缺，導致相互協議程序的啟動到完成往往費時超過兩年以上。在歐盟內部，新發展的強制仲裁程序應可加速雙重課稅紛爭的解決。奧地利稅務機關也與其最重要的貿易夥伴（例如瑞士）在避免雙重課稅協議中建立雙邊仲裁條款以完善此一過程。

　　長遠來看，似乎只有針對國際租稅紛爭所設之國際租稅法院才能有效改善納稅人暫時性雙重課稅的處境。理想狀況下，至少要在歐盟內部以歐盟法院為範本，採取適當措施，以確保雙重課稅衝突的有效解決，以及共同市場內關於避免雙重課稅協定之解釋的和諧一致。

（蔡承翰、高彬修校譯）

Thenesh Kannaa[*]

馬來西亞稅制的觀點

　　馬來西亞聯邦稅制由直接稅與間接稅組成，分別由馬來西亞內地稅務局（the Inland Revenue Board of Malaysia）與馬來西亞皇家關稅局（the Royal Malaysian Customs）所掌。

直接稅

　　直接稅主要包括所得稅、石油所得稅、不動產利得稅與印花稅。

所得稅率

　　其中最重要者為所得稅，適用於個人與公司，稅率如下：

----

[*]　Author's Profile：TheneshKannaa is a partner at TraTax, a firm of independent tax advisers rated as Top 10 in Malaysia for Transaction Tax. He specialises in indirect taxation and international taxation, encompassing transactional tax, tax due diligence, tax incentives, withholding tax, business structuring and transfer pricing.

Thenesh is a Council Member of Chartered Tax Institute of Malaysia (CTIM), and a member of various committees that provide input to the Government on policy and technical aspects of Malaysian taxation. He has been recently appointed into ACCA's Expert Panel for Taxation. He has been interviewed on contemporary tax matters by RTM 2, Traxx.fm (RTM 4), V'Buzz (Astro TV), the Malaysian SME newspaper, the New Straits Times and the Sun.

Thenesh is a licensed tax agent, fellow member of ACCA, UK, and member of MIA, CTIM and IFA. He is also co-author of various books and articles on Malaysian taxation.

Disclaimer: The information in this write-up is for educational purposes and is deliberately concise. Due to its very nature, tax information evolve over time. Strictly no liability assumed. Kindly seek advice specific to the circumstances of each case.

納稅人	稅率
稅務居民個人	累進稅率，級距自0至28%
非稅務居民個人	單一稅率，28%
稅務居民公司	單一稅率，24%* *符合中小企業要件（一般實收資本不超過250萬馬來幣）之公司，所得中第一個500萬可享有18%之優惠稅率（2019稅務年度則降至17%）。
非稅務居民公司	24%

納稅居住身分

　　與其他國家地區不同的是，馬來西亞不對居民之全球所得課稅。無論身分為居民或非居民，均就其屬地部分課稅，亦即，即便所得已自海外匯回馬來西亞，在馬來西亞亦不課稅，此詳下述「課稅範圍」。雖然「課稅範圍」關聯不大，但對一個人是否為馬來西亞稅務居民一事仍有重要性，因為它影響到稅率、特定優惠與減免的適用，以及雙重課稅協定的適用與否。

　　個人之稅務居住身分，與其公民或移民的身分係屬二事。毋寧其決定只取決於該個人實體存在於馬來西亞境內的天數（外交人員等則例外）。一般而言，一個曆年之內在馬來西亞停留至少182天者，便是該年度馬來西亞的稅務居民。若少於182天，而其前後年度均符合一定要件者，依然可被認定為稅務居民。

　　公司的稅務居住身分，則取決於其業務之管理與控制所在地是否在馬來西亞。實務上，董事會所在地或召開地是重要的判斷指標，但嚴格來說並非唯一的決定因素。

課稅範圍

馬來西亞所得稅的課稅範圍，規定在1967年馬來西亞所得稅法（下稱MITA）的第3條：「依本法之規定，所稱所得稅者，指任何人就其可歸屬或源自於馬來西亞的所得，或在馬來西亞收取源自馬來西亞以外之所得，應於每年依核課繳納之稅。」

此即一般所稱之「來源或匯回基礎」，即課稅範圍及於當地來源所得與匯回國內的境外所得。然而，單看MITA第3條有失精準，應與MITA表六第28條關於廣泛免稅所得範圍之規定合併觀之，其規定如下：「從事銀行、保險或海空運輸業務之居民公司以外之任何人，作為核課年度之基準年度，在馬來西亞境內所收取來源於馬來西亞境外之所得。」

基此，馬來西亞可謂在實際上是適用「屬地原則」，亦即只有當地來源所得才須納稅。境外所得無論是否匯回馬來西亞，均不課稅。不過，此原則並不適用於銀行、保險、海空運輸等產業。

由於馬來西亞只就其來源所得課稅，因此關於來源範圍之詳細規定便甚為重要。

例如，營業所得在法條上被視為來源於馬來西亞，除非該筆所得可以歸屬於境外營運活動。實務上，這意謂一間馬來西亞居民公司如果自境外收取某一外國消費者之外國貨幣給付，例如作為在馬來西亞境外兩週勞務的對價，則該筆所得便必須在馬來西亞課稅，因為該筆所得不可歸屬於常設機構或境外之營運活動，因此被視為來源於馬來西亞。

另一個著名的例子為受僱所得；只要其勞務履行地在馬來西亞境內，便視為來源於馬來西亞。即便僱主在馬來西亞境內沒有常設機構，報酬是以外幣計價，且該報酬是支付到受僱者在海外的銀行帳戶，亦同。

扣繳稅制

對於非居民的支付，馬來西亞居民有義務對之扣繳，並轉交給稅局。

但這不適用於商品的購買。扣繳稅所適用的支付類型，具體如下：

項目	作者簡述	扣繳稅率*
權利金所得	MITA的定義較OECD為廣。例如，其包含軟體的使用以及任何關於轉讓智慧財產的對價。	10%
利息所得	包含依伊斯蘭金融操作方式之類似給付	15%
股利所得	對外之股利無扣繳稅	無
特殊所得類型	包含以下類型： 1.使用與財產相關之服務，或屬於廠房、機器或其他設備其設置或營運之權利─僅就在馬來西亞境內履行的部分。 2.涉及科學、工業或商業之任務、投資、計畫或方案而提供之意見、協助或服務─僅就在馬來西亞境內履行的部分。 3.依動產使用之協議或安排所支付的租金或其他給付形式─若支付者為馬來西亞稅務居民，則其扣繳稅的適用便毋需考量該財產的實際所在地。	10%
大眾娛樂表演者	MITA的定義較OECD為廣，例如其包含授課演講者。	15%
與「其他所得」相關之利得或利潤	此部分的適用，在於給付予非居民並不構成營利所得的情形。實務上經常適用於佣金與保證金的支付，此類形式一般不會構成非居民之營業所得。	10%

項目	作者簡述	扣繳稅率*
依契約提供勞務之對價給付	實務上，此適用於支付給在馬來西亞有常設機構的非居民企業。與其他扣繳稅不同的地方在於，此種扣繳並非終局性的；亦即，非居民可因為遵循公司稅的相關義務以及僱主扣繳受僱者個人所得稅之相關義務，而取得扣繳稅的退還。	10+3%

*可依雙重協定而減免

雙重課稅協定

　　與馬來西亞締結雙重課稅協定（Double Tax Agreement，下稱DTA）的國家地區超過70個，包括英、德、奧地利、印度、中、香港、新加坡、印尼、菲律賓等。馬來西亞的臺北經濟文化辦事處（Taipei Economic and Cultural Office，下稱TECO）也與臺北的馬來西亞友誼及貿易中心，就所得課稅之重複課徵之避免與租稅逃漏之防杜等事項簽署協議。

　　簽署DTA的主要作用在於：

　　1. 減免他方締約國居民從事營業活動中，不構成其協定所定常設機構之馬來西亞稅負。

　　2. 減免上述扣繳稅。

　　3. 允許馬來亞西稅務居民有外國稅負時，以扣抵馬來西亞應納稅額（但MITA有限制）。

　　4. 進行締約國間資訊交換以及各種合作措施如相互協議程序。

　　馬來西亞尚未簽署DTA者如美國、柬埔寨、阿根廷，與巴西。

移轉訂價相關義務

　　馬來西亞制定自2009年1月1日生效的MITA第140A(2)段，明文引進移

轉訂價相關規定,內容如下:「……一個人於核課基準年度內與該年度之關係人從事交易而取得財產或提供勞務者,基於本法意旨,該人應就該取得或提供之行為依常規交易價格訂定價格並適用之。」

移轉訂價相關義務的範圍甚廣,因為其同時適用於跨境及內國交易。適用常規交易價格的要求有其重要性,因為它有效排除了關係企業間免費服務、免息借款、借款免保證費等概念。

同時,企業也被要求備妥當期移轉訂價文件,以證明關係人交易的常規交易價格。在提供此類文件的過程當中,則規定馬來西亞公司其可資比較的資訊為優先判斷事項。

資本利得稅

馬來西亞沒有任何全面性的資本利得稅,不動產利得稅適用於處分任何不動產(土地與建築物)以及公司其價值主要源自於其在馬來西亞不動產者之股份。

不動產利得的稅率自5%到30%不等,取決於不動產持有期間以及處分人的身分(如公民身分)。

間接稅

間接稅主要包括銷售勞務稅(sales and service tax,下稱SST)、進口關稅、貨物稅以及出口關稅。

2018年5月發生了前所未見的政局變動,馬來西亞消費稅制隨之亦然,簡述如下:

1. 1970年代至2015年3月31日:單階段銷售勞務稅制,即SST。

2. 2015年4月1日至2018年5月31日:多階段消費稅制,即商品勞務稅(Goods and Services Tax,下稱GST),類似於其他國家地區的加值稅。

3. 2018年6月1日至2018年8月31日:GST稅率為零。此段期間被稱為

「免稅假期」。

　　4. 2018年9月1日起：單階段銷售勞務稅制（SST）。

　　商品勞務稅（GST）的稅基廣，適用於商品進口以及任何提供商品之人。銷售勞務稅（SST）稅基較窄，其中之一的銷售稅，只適用商品的進口與製造商──配售商與零售商則毋需登記。構成SST的另一稅目為勞務稅，只限於明文規定的勞務類型才有適用──但GST則不然，除明文規定適用免稅或零稅率者外，所有勞務類型均有適用。

　　由於SST稅基窄，儘管稅率沒有降低（GST一般稅率為6%，而銷售稅一般為10%，勞務稅一般為6%），年稅收量預計只有GST的一半。

　　已公告於2019年1月1日生效的是，馬來西亞企業如自外國服務提供者取得稅務服務如資訊科技服務者，將被要求自行向稅局報繳勞務稅。此種要求對馬來西亞企業均一體適用，無論是否進行勞務稅登記。

　　此外，外國勞務供應商如提供線上服務（如下載軟體、音樂、影片或數位廣告等）給馬來西亞消費者，也被要求在馬來西亞進行勞務稅登記，並據以課徵勞務稅。此部分自2020年1月1日生效。

Rudolf Mellinghoff[*]

　　在日益全球化的今天，國際稅法已經發展成一個非常重要的法領域。這從當今研析稅法議題的諸多國際組織可得明證。因不協調的稅法規範造成稅收損失的相關調查報導，G7和G20都對國際稅法問題進行了探討。聯合國也成立了一個關於國際稅捐事務合作之專家委員會。特別是OECD在國際稅法領域扮演著重要的角色。OECD不僅公布稅收資料，還提供稅捐政策分析和建議。其跨境稅捐協定範本及其註釋廣為全球所用。最近，OECD不斷提出遏止跨境逃漏稅的建議。OECD與130多個國家在包容性框架內合作的最新計畫是研擬數位經濟課稅和最低稅賦的建議。

　　其實，數個世代以來早已不斷在處理國際稅法問題。這些問題主要涉及不同國家之間的稅基分配、通過雙重課稅協定及涉外稅法（Außensteuerrecht）──旨在確保對外國事實狀態進行適當課稅──來避免重複課稅。特別是在19世紀下半葉，首次嘗試避免不同國家的雙重課稅。尤其在瑞士──由於涉及數個邦的課稅──發揮了一定的作用。這使得德意志帝國在20世紀初與瑞士不同的邦簽訂了第一個雙重課稅協定。

　　然而，直到第一次世界大戰後，才開始系統性地展開避免雙重課稅協定的工作。最初，義大利試圖與一些國家締結一份避免雙重課稅的多邊條約。此一所謂《羅馬條約》的嘗試失敗後，國際組織開始處理國際雙重課稅問題。這裡特別值得注意的是國際聯盟之財務委員會，該委員於1920年代就開啟避免雙重課稅的協調工作。為此，任命了一個由各國從業人員組成的專家小組。國際聯盟財務委員會起草了4份協定範本，並於1927年公佈。這些協定包括消除直接稅和繼承稅領域雙重課稅的雙邊條約，以及

----

[*]　Richter des Bundesverfassungsgerichts a.D.
　　Präsident des Bundesfinanzhofs a.D.

關於國際行政協助和國際追償的雙邊條約。這一準備工作是後來避免雙重課稅協定範本的基礎。

　　來自德國、後來的帝國財務法院院長Herbert Dorn被任命為國際聯盟財務委員會的成員。他不僅是希特勒奪權以前德國最高稅務法院的最後一位獨立的院長，也是國際稅法的重要代表。Herbert Dorn最初是作為一名年輕的、國家考試成績良好的法律人（Prädikatsjurist）加入帝國司法部，但在1920年代初被財政部長Johannes Popitz延攬至帝國財政部。起初他承辦《1925年版所得稅法》的研修工作，但他有高度熱忱的是在國際稅法領域。Herbert Dorn被認為是1920年代國際稅法的先驅。由於當時他已經累積了國際上的經驗，所以幾乎注定了他要處理涉及外國的、需要外交技巧的財政政策問題。在此應特別強調的是，他也曾參與處理應對戰爭後果的條約。1920年代，Herbert Dorn被借調到國際聯盟財務委員會，他在參與研擬雙重課稅協定之法規範方面產生了決定性影響。1931年，他擔任帝國財務法院院長，直到1934年3月31日因猶太教信仰被納粹黨解職。Herbert Dorn在擔任帝國財務法院院長期間，持續在國際聯盟財政委員會任職，此後從未間斷。從形式上來說，他是作為專家而不是德國的會員國代表。由於他的高度專業知識和國際認可，他於1931年5月獲一致推選為國際聯盟財務委員會主席。

　　國際聯盟財務委員會的工作成果至今仍在影響著關於雙重課稅協定的法規範。當時制定的雙邊國際協定範本在概念建構、體系、立法技術和分配規則等方面具有示範作用，為國際稅法的發展奠定了標準。這一準備工作影響了第二次世界大戰後的雙重課稅協定之法規範。關於協定法規範的工作先是在由政府代表組成的OEEC稅務委員會中進行，後來又在OECD稅務委員會中繼續進行，並於1963年7月30日通過了《避免對所得和財產雙重課稅協定範本》。隨後更擬定了《避免對繼承和遺產稅雙重課稅協定範本》。這些協定範本也都持續依照當前稅法發展進行調整，並輔以補充

範本註釋和更新。至今它們仍然是雙重課稅協定之法規範基礎。

　　2011年12月19日、20日，德國與台北簽署了第一個雙重課稅協定。該協定由德國在台協會與駐德國台北代表處之雙方負責人簽訂。在內容和結構上，它以OECD的協定範本為基礎，但由於國家法上的狀態，它在居住地方面具有特殊性。原則上，德國方面的雙重課稅可以藉由免稅法來避免。不過，台北與德國的雙重課稅協定中也有活動保留條款及遇到資格衝突時避免雙重不課稅的規定。

　　在全球化時代，國際稅法方面的書籍尤具價值和重要。希望這部作品得到廣大讀者的喜愛，並祝成功。

（黃奕超翻譯）

Николай Милоголов
(Nikolai Milogolov)*

　　本書為當地讀者精準的翻譯了目前國際稅法領域最好的入門教科書之一。國際租稅是一個非常專業及小眾的學科。因此，律師、經濟學家和商人在討論任何國際租稅領域的理論或實務時，皆使用此領域的「行話」。本書可被視為是一本「字典」，以通俗易懂的方式使讀者對國際租稅的制度、概念和用語有基本的了解。

　　國際租稅的原理原則和實務主要來自於經濟合作暨發展組織（OECD）中已開發國家適用國際租稅條約和國內租稅立法的經驗。然而，隨著金磚五國（BRICS）等新興經濟體的跨國企業在全球供應鏈和全球經濟中的地位愈趨重要，且對該領域的發展貢獻也越來越大。原書最初是在1990年代蘇聯解體後，由所謂「轉型」經濟體的稅務專家撰寫的入門教科書。這些國家的市場改革與稅制改革相互結合，包括調整所得與資產之國際課稅機制，以適應自由市場經濟的實際情況。這些國家的政府官員和稅務機關面對沉重的時代壓力而別無選擇，只能快速學習，尤其是這些專家們需要迅速地架構起雙邊的租稅條約網絡，以吸引來自工業發達國家之急需的外國直接投資。

　　我目前在前蘇聯國家包括俄羅斯、烏茲別克、亞美尼亞和塔吉克擔任政府顧問，因此與許多這些國家的稅務從業人員有所交流。根據此經驗，我可以說，至今OECD的已開發國家和開發中國家的專家，對國際租稅的基本原則與更進一步的概念理解上仍存在著一些差距。此差距可以部份地解釋為轉型經濟在國際稅法領域之中缺乏系統性教育。語言隔閡也可以用

----

* ADIT, 俄羅斯聯邦財政部機構研究員（Principal researcher at Institute under the Ministry of Finance of Russian Federation）。

來解釋此差距的原因。事實上，大多數國際租稅的學術文獻與教科書多半都是以英文來撰寫；甚至，它不僅是用英文，更是「稅法英文」，這對習於當地語言和法律之相關從業人員而言，通常會感到陌生而且過於複雜。因此，使用當地語言所撰寫的優質稅法文獻總是有強烈的需求，而本書正是要來填補此一缺憾。

　　許多在發展中國家和經濟轉型國家從事國際租稅領域工作的專家們，他們大部分的知識，事實上並非在大學或學術書籍中獲得，而是從實務工作中學習而來。然而，從歷史的經驗告訴我們，任何擁有優良稅制的國家，背後都有賴於堅實的理論基礎。這就是為什麼本書致力於充分且詳細地呈現國際租稅的基礎知識，因為這不僅對該領域的新手，且對在新興世界的專業人士來說都很實用。它可以為進入該領域的人節省大量時間，因為它能引導讀者由淺入深地認識這些問題。

　　最後，我想指出，目前國際稅法正在經歷重大變革，主要是在全球稅務治理層面進行協調，藉由OECD以及BEPS行動方案的參與國來推動。這些改革的目的是使企業所得稅制度得適應現代的數位化挑戰，以打擊惡性租稅競爭和境外租稅逃漏行為。因此，原本已相當難解的國際租稅領域，如今變得更加錯綜複雜；每一位從事該領域的專家和利害關係人都必須同時了解「舊」規則和原則以及「新」的規則與提案，才跟得上腳步。本書可以給予任何感興趣的讀者極大的幫助，因為它以非常有系統性的方式介紹國際租稅制度的基礎，且為讀者整理了當代關於國際租稅的討論。

　　我相信，這本由受人尊敬的學者同時也是我的友人，藍元駿教授所譯國際租稅教科書的經典，對於台灣、中國等地國際稅法教育與實務發展均大有幫助。

（施昀欣、高彬修校譯）

Claudio Sacchetto[*]

"The truth has a simple language and it must not be complicated."

真理之語，得於簡，失於繁

Euripides

　　吾人無從得知，藍元駿教授將Brian J. Arnold和Michael J. McIntyre這兩位在國際租稅領域聲譽卓著的學者之作品譯為中文，是否是將美國與西方國際稅務的語言文化移植到中華文化的首次嘗試，但此種嘗試肯定會因為其代表著一個開放性的對話與交流而立刻受到讚賞。這不僅是教育體制的教學目標，也因為把講授第二外語的優勢，結合運用在一種國際租稅領域行之有年的學習方法：比較租稅。

　　英語的翻譯容有許多討論的面向，但接下來的說明礙於篇幅，只能專就直接而必要的部分來談。

　　首先直接涉及的層面即是：比較的面向；亦即在翻譯的意義與目的上，考量來自不同文化背景的學習者，而在文字上另有安排。在當今人際關係、文化與經濟相依相存的時空背景下，這是一個值得讚賞的教學實驗，使主權國家終將意識到國際間的開放與合作所帶來的好處，是多過於主權喪失與失去政策自主性的潛在風險。從而翻譯的目的更在於，讓所有文化現在都能意識到，再也不可能只用單一國家、無比較性的觀點與單一的國家語言來講授與理解國際租稅，毋寧從實務或學理觀點均應對國際間的操作範本以及相關外語有所認知。

　　第二個面向所反映出的事實是，在今天作為知識媒介的語言工具，英

---

[*]　Prof. Avv. Claudio Sacchetto & Emerito Università di Torino.

語雖不具排他性，但還是主導了稅務的用語。許多雙邊租稅條約一直以來都以英語作為其語言的媒介。這也有學理上的支持，特別是語言的重要性這方面，且容引述我們的成果：*Translation and Tax law in L'interprétation des textes juridiques rédigés dans plus d'une langue. L'Harmattan Italia, Turin, 2002, pp. 203.*

從早期的國際稅務合作開始，打擊雙重課稅的雙邊條約就已經存在（想想1969年5月23日簽署的維也納條約法公約第31條到第33條），到近年來如OECD（其稅約範本第25條第1到第3款，特別是註釋書）、UN、WTO、GATT等國際組織所提供之稅務合作方案，總是把焦點放在解決各國專業用語上的差異，而直到最近比較法才被用來處理這個問題。

事實上，隨著時間經過，另一個現象的出現更值得我們關注，這在國際法的研究上別具意義；亦即：英語被賦予創造租稅相關用語的權力；例如*leasing, royalties*等，便是具有對應特定租稅意義之事實或概念的詞彙。具體的例子便是一個整合性的經濟同盟，例如歐盟。歐盟有24種官方語言，但歐洲執委會基於實際考量，採用法語及英語作為兩種統一的語言。語言同一的好處不僅在便利溝通，更體現在商業往來上的互通有無。在歐盟，選定單一語言以節省鉅額翻譯費用並消除歐洲法的歧義一事已討論多年，但這有賴全體共識的達成。

純粹用經濟角度來看這個問題，則是在現有制度中，有40%的預算是花在另外23種官方語言的翻譯上；實際上，一份文件可以用任何一種語言撰擬，但接著必須將其翻譯成所有官方語言的版本；若使用工作語言，各國僅需由專精該語言之人譯為當地語言即可。

事實上，如果國際社會還冀望朝向共存共榮的境界發展，那麼它理應找到一個在語言文化上同質的溝通媒介，即對譯的每個字均得以若合符節。

這種觀點似乎在國際租稅事務上不證自明。以網路課稅為例，各地所

採用的課稅模式愈趨一致。基於在政治、文化與技術上的理由，這顯然是非常複雜的問題。法律人運用文字，但精確而言是運用概念。誠如法律哲學家所言，法律乃是對文字所做的解釋。而只精通外語是不夠的，還需懂得外國法。這是自古以來的難題，如今再度以數位經濟與文化的形式呈現。

但問題並不總是迎刃而解，因為經驗告訴我們，有些字可翻，有些則否。

這就是Gény所謂的稅法特殊性，詳見Gény *Le particularisme du droit fiscal, in Mélanges R. Carré de Malberg, Paris, 1933, p.195.*

信託是個例子，義大利已將之納入立法。更廣泛的用語也是如此，像是租稅、租稅逃漏或惡性租稅競爭等概念，甚或是國際稅法本身。而在數位稅領域中，一個引起實務與學術廣泛討論的用語便是網路稅的連繫因素——「境內重要的經濟存在」（significant economic presence in the territory）。從教育的角度，本書所附之國際租稅用語說明，便非常值得肯定。

至於選擇英語，是基於事實上的原因；從歷史上與政治上來看，英語的延展性使其得廣泛傳播。

全世界大概有7,000種口說語言，但最常使用的不過十多個，其中以英語及中文居首。

今日全球各地許多大學在講授國際租稅或其他科目時，都是以英語進行，如同職場的專業進修課程。同樣廣為人知的是，在世界各國的學校體制下，我們從小除了本地語言之外，所使用的另一個語言，在統計上即以英語為大宗。

如果當前的趨勢在於，透過多邊與數位的合作來達成經濟全球化，並藉由國際間徵收互助來獎勵本國公司與境內之外國公司、打擊國際租稅逃漏的話；那麼歷經語言同質化過程的洗禮在所難免。

　　而此結論可能會是：我們是否正在走向採用單一語言的這條路上，如同神話中的原始語之於試探性的巴別塔一樣？如果是的話，那會花上一些時間。

　　使用媒介語言（如英語）的便利性對我們而言固然重要，但個人以為，不同語言所表現出各自文化與文明的創造性與獨特性，則必須加以保護；而每一個語言透過各自與一種共同語言的對照與辯證，將使我們的理解能夠更廣且深。

（高彬修校譯）

南　繁樹[*]

　　本書為Michael J. McIntyre教授與Brian J. Arnold教授共著之《國際租稅入門》（*International Tax Primer*）一書（第二版）的中譯本。兩位教授在國際租稅領域皆享盛名，本書亦被認為是國際稅務的基本教材之一。

　　McIntyre教授任教於美國底特律的韋恩州立大學法學院，除擔任〈Tax Notes International〉雜誌創刊時期編輯外，亦時常向聯合國及各國政府提供建議，於學理實務均貢獻卓著，惜於2013年溘然而逝。Arnold教授為加拿大稅務基金會名譽教授兼資深顧問，同時是哈佛大學法律學院與紐約大學法學院客座教授，也經常對經濟合作暨發展組織、聯合國與各國政府提出建言。

　　時至今日，由於網路蓬勃發展、國際交通運輸日益便利，人們的生活早已被捲入全球經濟圈中，成為其中的一部分。我們只要運用網路及信用卡等付款方式，便能輕鬆自外國購買商品。到外國出差或派駐海外等事，都已不能算是特別的體驗了。而隨著商品與服務在世界中自由流通，就衍生出了哪些國家可以對這些經濟活動課稅的問題。

　　另一方面，經濟發展愈益複雜，無形資產成為經濟價值中重要的一塊。但是，無形資產的價值不易衡量，甚至連它存在何處、如何辨識等等問題均十分困難。準此，國家要掌握經濟活動進而課稅一事，毋寧是難上加難。

　　近年來跨國企業是否乘勢進行合法避稅的輿論甚囂塵上。因此國際之間透過協調而針對此一現象作出回應，此即經濟合作暨發展組織的〈稅基侵蝕與利潤移轉計畫〉（下稱BEPS），於2015年發布最終報告。如今

----
[*]　日本律師，國際財政協會，亞太地區委員會前任主席。

BEPS已然公布多時，各國政府正處於BEPS建議措施的實行階段。在日本，財務省的淺川雅嗣先生為經濟合作暨發展組織其租稅委員會議長，在BEPS計畫中身居要角，也根據該報告建議而修正國內法。現已完成了多邊公約（行動方案十五）的簽署與交存，並自2019年1月開始依序在其他簽屬國之間生效。另外，關於移轉訂價文據化（行動方案十三）、混和錯配金融商品的對應（行動方案二）、受控外國公司法則的修正（行動方案三）等也都完成。此外，在2018年10月的今日，移轉訂價所得相應基準的引進（行動方案八至十）、資本弱化規則之強化（行動方案四）、租稅規劃方案的揭露義務之引進（行動方案十二）等，刻正處於研議階段。

在變動頻繁的國際租稅領域中從事稅法研究或實務，除了本國稅法，如不連同相關各國稅法通盤分析、檢討，便會有所不足。然而，雖說國際間有標準統一的共識，但各國稅法有其生成背景及特殊性，此部分的理解並不容易。故若想要理解本國與他國稅法，回歸國際租稅法的根本，從原理原則觀察其在特定國家稅法的具體實踐以及如何受到修正一事便十分重要。如此一來，我們便能在掌握森林全貌的前提下研究問題，即便問題細如枝微末節，也能順利尋得解決之道，不致見樹不見林。

擔當翻譯這本珍貴書籍之重任者為藍元駿先生，其為中國文化大學法律學系的教授，主修稅法。本人則是在日本從事國際稅法相關業務的律師，2018年於國際財政協會臺北分會所舉辦的亞太區域會議獲得了藍元駿先生的青睞。藍元駿先生在該次會議擔任某場模擬法庭的代理人，得到在場許多國際稅法學者與實務人士的讚賞。也因此藍元駿先生能與許多國際稅務之研究者、實務人士進行交流，本書譯文可謂此次經驗的體現。

雖然面對外語是研究與從事國際租稅實務之人所不可避免，如有機會透過母語閱讀重要文獻則是非常幸運的事。畢竟須要探討的問題很多，但時間卻十分有限。本書提供臺灣從事國際稅務研究之學者與實務人士，解

決複雜國際稅務問題的工具，節省了大量的時間與勞力。我相信對於臺灣在國際稅法領域的討論將大有助益。

佐佐木伯朗*

　　在思考稅法與整個法律制度的關係時，一個重要的詞是「租稅國家」。這個字源於奧匈帝國在一次大戰結束當時，正面臨著嚴重的經濟財政困境。著名的經濟學者約瑟夫‧熊彼德，便使用這個字，用來指一個財政收入主要為租稅的國家。如今，雖然幾乎所有國家都可以被稱為此種意義的「租稅國家」，但這個本身有其豐富的歷史背景。

　　在中古世紀的歐洲，一個王國的收入就是其國王個人的收入，大部分是來自於土地。王國的財政，便等同於其國王的家計。只有在戰爭時期，國王才會向其王國境內的領主請錢，而這就是租稅的源頭，在當時屬於臨時性的收入。隨著天主教會勢力漸衰，每個國王將其課稅權延伸至整個疆域，從此租稅便成為主要且經常性的收入，支應王國日益增高的財政需求。領主則喪失統治權，成了附庸宮廷的貴族。不過在一些國家中，領主依舊享有免稅特權。這種領主與人民在稅負上的差別待遇，導致了人民的反抗。此一階級式的抗稅得以解消，一來因為人民在國會席次日增，二來則是透過革命。結果，大多數歐洲國家的政府課稅，均以人民所能忍受的範圍為限。因此，「租稅國家」可說是基於私部門的同意而得以存立。

　　此後，資本主義經濟的發展造成諸多社會問題，而公共支出也逐漸提高，特別是投入戰爭。由於稅收不足以支應鉅額的戰費，大多數國家選擇仰賴公債。以債養戰的沉重負擔對經濟造成不利的影響，熊彼德謂之「租稅國家的危機」。公債問題的解決之道，熊彼德贊成對資本進行課稅，但被魯道夫‧高雪德（Rudolf Goldscheid）指摘為一種國有化的手段。然而，熊彼德的想法並非如此，他所主張的資本課稅不是以實物資本作為對

----
*　日本東北大學財政學教授。

象,而是針對貨幣以及公債的債權。他的想法是透過對私部門資源的重分配,來活化奧地利的經濟。他雖也提及租稅國家終將傾覆,但對我而言,他對資本主義經濟的活力深信不疑。而此書猶如暮鼓晨鐘,問世之後「租稅國家」確實延續至少百年。

相較於歐洲的發展,日本在明治維新之後並未出現封建勢力與人民之間的租稅抗爭。反而是威權式的政府實行了許多嚴厲的租稅政策。例如,政府為了建置財政制度,引進了土地稅(日文為地租)作為主要的稅收種類;因為當時西方各國正值早期資本主義,關稅與貨物稅無法獲得足夠收入。當時是透過課稅,強制將傳統農業部門的資源轉入新設的工業部門。從地租轉為貨幣的農民負擔重,其中有一部成為都市的勞動力。第二個例子是所得稅的引進。在歐洲各國,所得稅成為主要稅種一事,發生在重化工業發展之後。而日本在引進之時,明治維新不過開始二十年,並且以之補充土地稅。這意謂一個西方制度在去掉其歷史脈絡後,被移植進入一個不同的國家。在二次大戰後,日本稅制的發展與西方各國相近,但個人與公司的所得稅佔了相當的比重。1989年,一般消費稅被引進,因為老年人口的成長。從日本的例子可知,世上有各式各樣的租稅國家,其特性則隨著經濟及社會環境的變化而不同。

二十一世紀最顯著的特徵之一,便是全球化。隨著各國資本與勞動市場更形整合,各國租稅政策的選項反而變少,其中最典型的例子就是對資本的課稅,在許多國家,公司所得稅率不斷調降。再者,勞動力的跨境流動漸增,出現了社會政策中國內勞動與移民勞動之間的協調問題,此一問題也可能影響個人所得稅。此外,國際經濟的條件,影響了以所得或以消費作為主要稅基的選擇。一般而言,在老年化社會中消費稅基更適合所得稅基。然而,以消費稅基為主的稅制,在國內生產毛額以出口為主,且出口產品主要為外資製造的情形,則可能收不到足夠的稅。如果選擇的是所

得來源地課稅原則（原文：源泉地主義），則應以所得作為稅基。

　　在日本，稅基也從所得逐漸移轉至消費。對於外國之應計公司所得，在2009年已從外國稅額扣抵法（外國稅額控除方式），易為境外來源所得免稅法（國外所得免除方式）。改變的原因之一，在於高稅率將使多國籍企業將利潤留在日本境外，而可能導致研發投資或勞力的外流。此種公司課稅的改變，意謂本國公司享有較大的稅收優惠。對租稅國家而言，其國際面向在未來將會更具影響力。而我希望此書將有助於對國際租稅有興趣的學生與企業家。

Nolan Sharkey[*]

國際租稅的BEPS革命及
其出乎預料的結果
——以新加坡與澳大利亞爲例

　　過去十年關於國際租稅的辯論、對話與討論突然熱絡起來。就此而言，國際租稅也因此有所進展。而國際之間對抗稅基侵蝕與利潤移轉（下稱BEPS）的共識，則催生了各種多邊行動[1]。只是各國經濟與偏好各異，真正動機、目標以及行動也不盡相同。不過儘管目標難趨一致，各國在過程中均承受相當壓力，促其參與及合作。這種壓力來自國際社群，也大量來自本國人民。而國際共識背後所隱藏的多元經濟偏好，則使國際租稅發展的實際結果與當初預期作為國際活動開端的設想不同。過程中的「贏家」與「輸家」則非當初得以想見。以下將以澳洲與新加坡為例進行檢視。

---

[*]　Winthrop Professor of Law at the University of Western Australia.
[1]　例如，本文截稿前已有84個國家簽署多邊工具。http://www.oecd.org/tax/treaties/beps-mli-signatories-and-parties.pdf

革命的起因

國際上對抗BEPS的行動始於已開發國家的美國[2]與歐洲[3]。對外的擴散則首見於OECD之各已開發成員國,最終則遍及全球。外擴的主要因素為相關政府、國際媒體,最後則是社會大眾。社會的關注會促使提高政府的重視程度,特別是在民主國家,因為民眾的不滿會導致執政權的失去。

全球金融危機(下稱GFC)致使許多已開發國家尋求新的收入來源,因為危機本身及其處理也是收入下降的原因。除此之外,許多跨國企業被認為在這些國家廣大的消費市場中賺取高額利潤,卻未負擔等價稅負;同時,諸多主要的跨國企業均被發現在歐洲大量從事租稅規避行為。[4]此事引起了政治人物的注意,因為跨國企業可能會是可觀的新稅源。這究竟是因為跨國企業沒有遵守相關法律,或是應該修法對這些利潤「源於」消費者所在國的跨國企業增稅,公共的討論均不甚明確[5]。

自從媒體、社會大眾與各種民間抗爭行動對跨國企業的內國稅負產生始料未及的興趣之後,公共的討論變得十分熱烈。跨國企業從各國賺取鉅額利潤卻支付少許稅負,促成了社會共識,認為政府應對此有所作為[6]。能達成這種共識不令人意外,因為此種稅改是針對沒有選票的外人(即跨國企業)課稅,對本國人有利。政治人物感受到了公眾的壓力,便更加致力解決此一「問題」。大多數擁有廣大消費市場以及高內國稅負的國家,

---

2　美國的關注最初在2007年見於一份提交給美國國會的報告,題為「所得分離、移轉訂價與美國所得稅條約(Earnings Stripping, Transfer Pricing and US Income Tax Treaties)」。

3　歐盟執委會也於2014年加入戰局,針對Apple, Starbucks, Fiat與Amazon等企業展開稅務調查。

4　英國稅務局自2012起所公開對Amazon, Google 與Starbucks等的調查與行動,也吸引了不少國際目光與關注。

5　http://www.abc.net.au/news/2015-05-04/verrender-document-reveals-tax-multinationals-should-pay/6441558

6　https://www.bbc.com/news/magazine-20560359

也都懷抱著此種想法[7]。

以上是說明國際間支持BEPS提案的初衷。而除了這些驅力之外，一旦議案的實現有了眉目，國際社群一般均會施加壓力，要求各國合作推動此事。

贏家與輸家

承上，處理BEPS問題的主要動因，在於想對消費所在國的跨國企業收取更多的稅。目標的達成，則在於處理稅基侵蝕與利潤移轉的問題。而所謂利潤移轉，是指跨國企業將利潤移轉至稅負更為優惠的地方。這些地方多為低稅地區，或其稅制特別有助於BEPS。因此，所預期的成果是減少或消除BEPS，以在消費所在國創造更多的稅收。無論消除BEPS是否確實意謂鞏固稅基，或只是改變有利於消費所在國的課稅基本原則，其實沒有很清楚。但無論如何，增加這些國家稅收的目標並無二致。

誠如上述，BEPS的改革有輸家有贏家。顯然是贏家的，是從跨國企業收取高稅收的大多數國家。這些國家由於是贏家，因而受益的該國人民便是最終的贏家，因為他們本身稅負被調降的同時，還可能享受因稅收增加所帶來社會支出的效益。這將能支應公共財的提供並繁榮國內的經濟。至於輸家，最明顯的是跨國企業，其全球稅負必然增加。此外，低稅國家也很可能在過程當中成為輸家，因為支撐或扮演其經濟體要角的活動將會消失。最後，可以預見租稅規劃的專業人士亦將成為輸家，因為他們提供給客戶的規劃架構將不被承認。

新加坡

有了上述的設想脈絡，我們接著可以觀察新加坡與澳大利亞。島國新

---

[7] 例如澳洲，詳https://www.aph.gov.au/Parliamentary_Business/Committees/ Senate/Economics/Corporate_Tax_Avoidance

加坡乃是通往東南亞或東亞地區的出入口；但其發展不自限於一區，更有作為全球金融中心的野心。如今其為低稅地區，積極從事國際租稅競爭[8]。此種競爭地位的維持，只具備吸引國際業務的低稅負已不敷需求；新加坡稅制多處均經過精心設計，專門用來吸引海外的事業。舉例而言，其雙邊租稅協定網絡在一開始並非專為新加坡人民與其事業夥伴間消除重複課稅之用[9]。毋寧，它被視為吸引跨國企業及人才前來新加坡的誘因。此法乃是新加坡吸引外國商業組織在制度上的特色。在BEPS的利潤移轉脈絡中，新加坡在過去一直是利潤的轉入國。如今，新加坡被視為BEPS的受益者，成了要被解決的問題。

新加坡在經濟上成功的因素很多。不過無疑地，海外金融中心乃是最重要的因素之一。新加坡的金融產業吸引了人力及其他資本的流入，並且使其留在當地。它創造就業、所得，也帶來巨大的經濟利益。經營海外金融中心的成功，也有許多因素。但毫無疑問，新加坡其競爭力十足的稅制及其在BEPS所扮演的角色至為關鍵。

準此，我們或許預期國際間對抗BEPS的行動將對新加坡的經濟造成威脅，使其成為世界新秩序的輸家。或許有人會預期新加坡政府將強力反對此一國際趨勢。不過，就後者而言，實際情形可以說出乎意料。新加坡並未反對此種趨勢，反而在過程中表現出積極合作的一面。舉例而言，新加坡便簽署了多邊工具[10]。

也有人認為新加坡的參與是迫於時勢，因此屈就之餘只求達到合規水準即可。這種推論的邏輯在於，新加坡預期自己將因改變而受到傷害，因

8　目前新加坡的公司稅率為17%。此外，它針對大部分的海外所得給予免稅，其他海外所得則在匯回國內才予課稅。它更訂定各式的租稅減讓與優惠。

9　https://www.iras.gov.sg/irashome/Other-Taxes/Withholding-tax/Non-resident-companies/Tax-Residence-Status-of-a-Company/

10　新加坡稅局對多邊工具的解釋如下：https://www.iras.gov.sg/irashome/Quick-Links/International-Tax/Multilateral-Instrument/

此先行適應變化以求將損害降至最低。不過，此一分析的正確性存疑。實則，新加坡對此過程的態度比較像是基於經濟利益的考量。

防杜BEPS所進行全球國際租稅的變革，對BEPS主要受益國的經濟利益可能有利一事，乍看之下似乎有衝突。不過，新加坡的例子確實如此。要了解何以如此，必須考量BEPS的具體行動方案，而非當初社會大眾與政府的反動情緒。為了回應BEPS，OECD與相關行動者必須釐清上述未臻明確的問題。亦即，他們是否真要改變原有的核心課稅原則，還是只求避免各種迂迴規避這些原則的行為與策略。後者之所以不明，一則因國際租稅規則複雜；二則規避規則究何所指，也不易具體指明。媒體與大眾的視角，也就是從跨國企業實際稅負所佔營收的比重去斷定其並未繳納等價稅捐一事，其實相對簡單。但是，此一觀點未能考量來源法則，也無法從而了解到，我們永遠不應該只因為消費者位居該國便認定該國有大量的收入可供課稅。

BEPS的行動方案最終採取原有的來源法則，並選擇去打擊濫用，而非改變基本原則。是以，新秩序是尊重各國主權由其決定如何對其領域內活動課稅，也尊重各國對外競逐吸引投資的權利。所規範的對象，是針對實際上濫用來源法則之「經過包裝的」資源配置行為。反映在BEPS行動方案，是要求揭露在低稅負國家或地區之實體與所從事行為的實質性[11]。實質性的展現，必然是要當真具備實質的內容，並且提供足夠的資訊佐證。值得注意的是，過去甚囂塵上的「郵政信箱」公司，在新制中並不視為導管公司。

使用上述方法的結果，可以說明何以國際租稅變動對新加坡有利，並且為新加坡所支持。對跨國企業而言，重點不在他們不再能將新加坡納入其全球架構而據以享受諸多的租稅利益。而是如果他們要將新加坡納入架

----

11 行動方案之行動要點四到十。

構當中，他們必須確保在新加坡境內具有實質性。這意謂他們必須在新加坡僱用更多人力與人才。自此以後，跨國企業在新加坡若無相關專業人員從事相關積極活動，被認定為境內金融管理活動的範圍就會窄化。在新加坡若無真正的研發活動，權利金被認定來源於境內的範圍便要縮小。諸此種種，不勝枚舉。此外，實質活動之相關文件準備工作，則須委由專業事務所為之，多半是透過在新加坡當地的辦公室及人員辦理。

上述結果說明了何以國際租稅變革有利於新加坡。這些在新加坡的「實質性」正是新加坡對其海外產業的希求[12]。大多數追求成為金融中心、進而推動BEPS的國家地區，均致力於此以獲取所創造之就業以及所發展、吸收和留住之資本與人才等層面的經濟效益。國際租稅的變革則是強化此種效果。而只要所省下且不會被當作利潤分配至新加坡的部分，會遠大於為求具備並證明在新加坡有實質性所額外付出的成本，此種結果就會持續下去。若考量到其他國家為高稅負地區時所能省下的稅負，便知此事在任何重要經濟活動當中均很有可能比照辦理。誠然，新加坡越致力吸引人才與資本，它便越可能成為國際商業的重要一環，甚至毋需考量所大量省下的稅負。例如，若有足夠的研發人才與資本移至新加坡，企業將必須在新加坡從事其研發活動。

最後一個值得說明之處，涉及新加坡與其他低稅地區或海外中心之相對競爭地位。一個國家地區對於實質性的強調，意謂該地視實質經濟的重要性高於單純租稅優惠的給予。低稅地區彼此之間屬競爭關係。例如，模里西斯、新加坡與香港彼此為重要競爭對手。對於實質性的新要求，意謂跨國企業將偏好選擇對其在當地從事之事業較有幫助的國家。在此，新加

---

12 新加坡租稅發展的進一步討論，詳Sharkey, N. (2016). Renovating the Tax Base: The Development of Selected International Aspects of The Income Tax Regimes in Mainland China and Singapore with reference to Hong Kong. *Bulletin for International Taxation*, 70(6), 355-361.

坡的優勢遠勝於模里西斯。新加坡地理位置位居東南亞；且在基礎建設以及當地人才方面，新加坡能提供所要求之實質性的環境，遠較模里西斯為佳。這也是新加坡能在國際租稅新秩序中成為贏家的另一原因。

　　新加坡的例子使我們理解國際租稅的變革未必帶給期待改變者所預期的效益。論者有謂新加坡將能從新制中獲利。我們必須注意，此事在邏輯上的必然結果是利潤將持續留在新加坡。這些利潤不再是被「人為移轉」至新加坡，而是事實上它們將一直留在新加坡。若利潤留在新加坡，便表示不在高稅負地區。不在高稅負地區，便不會被該地區課稅，從而當初要求改變的動力——即稅負高處稅收高——便不會成立。此種高稅收的期待也是社會要求改變的主要聲浪。我們要注意，中小型企業可能無法利用低稅負地區進行節稅規劃，因為它們無法負擔新制的遵從成本。此種將中小企業排除在外的效果是否值得肯定，有高度爭議。

澳大利亞

　　澳大利亞的例子，則是進一步討論國際租稅變革的相關議題和預期效益。澳大利亞的情形，適切說明一個國家如何回應這個在歐洲所欲突顯的「問題」。澳大利亞媒體過去曾報導關於跨國企業將所得來源地移至海外的不良事跡[13]。緊接而來的內容，則是揭露澳大利亞跨國企業的低稅負以及這些企業「源於」澳洲所賺取的大量金錢。此事造成的社會情緒迅速增溫，政治人物與官員只好予以回應[14]。澳大利亞政府與國稅局均發布許多公告，欲使這些跨國企業繳納合理的稅負。國會等均曾展開調查[15]。澳大

---

[13] https://www.smh.com.au/money/multinationals-still-dont-pay-fair-share-in-tax-despite-81m-taxpayerfunded-ads-20170919-gyk9ic.html

[14] https://www.aph.gov.au/Parliamentary_Business/Committees/Senate/Economics/Corporate_Tax_Avoidance

[15] https://www.brisbanetimes.com.au/politics/federal/companies-fronting-the-senate-tax-avoidance-inquiry-this-week-20150407-1mg16g.html

利亞曾公開簽署多邊公約，參與OECD主導的提案。最終，澳大利亞制定法律，規範跨國企業的利潤移轉[16]以及規避常設機構[17]的措施。這些單邊措施超前OECD的提案甚多，主要針對跨國企業在澳大利亞繳納更多的稅負。

澳大利亞所作回應的第一點，可以延續前述關於新加坡的分析。若國際措施無法阻止將生產活動轉移至低稅負地區如新加坡，澳大利亞政府將無法據以向跨國企業收到更多的稅。或者說，澳大利亞可以認為，被實質移轉至新加坡等地之生產活動，會帶來澳大利亞資本與就業的流失。這是因為這些改變所造成的結果，並未停止這些功能被移轉到低稅地區，反而是促成其大量移轉的動因。此事所以重要，在於社會要求改變的聲音，乃是出於期待自外人收取稅額的提高能夠符合本國納稅人的降稅需求。另外，相關討論也不太著墨變革的負面作用，如資本與就業的流失。

澳大利亞關於當前全球性國際租稅變革的例子中，出現了第二個重要的論點。這個議題無疑更為相關。不過，它在一致性的討論中並未受到特別關注。因為當政治上熱議的話題，是如何從這些在自己國家賺錢的非居民實體中收取更多稅捐之時，則所期待的，自然與會其他國家想從自己國家分享稅收時的討論不同。公司所繳納的稅會帶來收入，但也對經濟活動產生副作用。由於經濟活動可以增進國民福利，課稅一直以來都是經過審慎評估的政策選擇。跨境課稅的問題使議題討論失焦，因為由公司所支付而最終歸屬於貴國的外國稅捐有損於貴國的經濟利益，無法填補貴國的財政需求。所以，支付外國稅在經濟上並不可欲。因此，認為國際租稅變革的倡議百利無害便有失偏頗，因為公眾論述只討論外人在貴國賺的錢應繳多少稅的部分。但這忽略這個問題的另外一面，也就是你支付了多少稅給

---

16 利潤移轉稅（Diverted Profits Tax）於2017年生效。
17 跨國企業避稅防杜法（Multinational Anti-Avoidance Law）於2015年生效。

外人。這牽涉到的重點是，跨國企業所作任何的真實變動均是雙向的，才能合乎公平並且受到遵行。

這個議題與澳大利亞至為相關。在澳大利亞，消費者對跨國企業商品的消費量大；同時，澳大利亞經濟繁榮的原因也在於其產品在外國市場的消費量。著名的例子便是出售給中國大陸的鐵礦砂。[18]若適用有利於消費所在國的國際課稅新制，中國拿到的稅收將遠超於此。這些稅負最終將由澳大利亞的經濟利益吸收，對其經濟體將有負面影響。此一負面影響的程度，將遠遠超過消費者導向的跨國企業如Google或Apple等增稅的正面效益。澳大利亞目前顯然不會對從事積極海外活動的澳籍公司課稅。[19]外國政府日後對此類活動增稅的可能性也甚低。因此，澳大利亞關心的事與美國無異，也就是對跨國企業利潤所增之稅。在不對其公司境外活動課稅的國家中，外國稅負的增加也意謂本國稅收的減少。到最後，越來越少國家會希望自己的經濟利益要負擔更多的外國稅。因此，一個國家是否會支持增加此種可能性的變革，取決於這些國家涉入海外活動的程度。在澳大利亞，此事至關緊要。應予注意的是，澳大利亞為回應BEPS所作的新單邊措施主要是針對移出澳大利亞的利潤，並未針對移入其他國家地區的利潤。

結論

國際間改變國際課稅的表現令人驚豔。原因是他們對於BEPS問題提出了一致性的解決之道。在租稅領域中，立場一致十分罕見，因為各國通常不願為其經濟利益作出妥協。從其背後的政治運作以觀，此事便可理解。許多國家之中，人民與政府的訴求十分明顯，具備跨國企業形式的

18　相關銷售數據，詳：https://dfat.gov.au/trade/resources/Documents/chin.pdf

19　1936年所得稅核課法第23AH段規定外國分支機構之利潤免稅，其積極營業所得則依受控外國公司規則不受歸屬。非間接投資的股利也免稅。

外人，透過BEPS防範措施會被要求繳納更多的稅。本文在此已指出，最終可能事與願違。透過對新加坡與澳洲的觀察可知，低稅國家地區如新加坡，在新制之下將持續蓬勃發展，甚至如虎添翼。本文也另外指出，若從外人要向貴國多納稅捐的角度出發，則對國際活動增稅看似理想，但從外國所收稅捐超出貴國經濟利益合理負擔的一面著眼，則此事未必令人期待。澳洲的例子說明了此事。國際租稅革命的贏家與輸家可能不是當初所設想的。意識此事，便能杜絕革命的發生。

Ichwan Sukardi[*]

避稅防杜規定在印尼之適用

　　有著約莫兩億六千萬的人口、相對穩定的政府與政治氛圍、豐富的天然資源、龐大的勞動力，印尼無疑值得投資。根據經濟學人智庫（the Economist Intelligence Unit）的預測，2018年起印尼國民生產毛額成長率為5.3%，在新興市場國家中居領先地位，表現甚至優於金磚五國（即巴西、俄羅斯、印度、中國與南非）。由於COVID-19肆虐使得印尼的經濟成長率降至負1%，但預期可以在2021年回升到5%的成長率。

　　以下為印尼現行之一般及特別避稅防杜條款：

一、一般避稅防杜條款

　　印尼並沒有特定之一般租稅規避防杜規範。此類規範通常見於《所得稅法》（下稱ITL）之中，參考自國際間的避稅防杜規則。

（一）資本弱化規則

　　ITL授權財政部頒佈命令，得在計算稅額時參照納稅人之債務權益比。相關規定見於ITL第18條第(1)項，以及財政部2015年9月9日所訂定之第169/2015號令（下稱PMK 169）。

　　PMK 169將2016稅務年度的債務權益比上限訂為4:1。若超出此一比例，超出部分的利息費用將無法扣除。PMK 169也給予銀行、金融機構，

---

[*]　Ichwan is the Managing Partner – Tax of RSM Indonesia, and is also Chairman of International Fiscal Association – Indonesia branch, and Vice Chairman of IFA Asia Pacifi Region. Viewed expressed are his own.

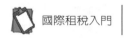
石油天然氣採礦承包業者、適用終局稅之公司以及基礎建設計畫等免稅。

（一）關係人交易

ITL也在第18條第(4)項定義「關係人」。所謂「關係人」，指：

·直接或間接擁有其他納稅人權益25%以上之納稅人；

·控制其他納稅人之納稅人；或兩名以上納稅人直接或間接受同一納稅人控制。

·一親等血親或姻親之家族關係；

依照此規則，關係人間所作的交易條件應與非關係人的交易條件相同；亦即所訂價格必須符合常規交易的價格。

（三）租稅條約之濫用

ITO發現，要能確實打擊條約的不當使用，它需要訂定更為詳盡的法令來界定印尼所簽租稅協定中關於「受益所有人」（Beneficial Owner下稱BO）的概念。在2005-2008年間所發佈的部分函釋已被廢止，而ITO正在研議賦予租稅條約利益之相關規範的修正。

進一步實施措施則在2009年底由ITO發布[1]，要求納稅人須符合以下要求方能享受條約之利益：

·收取所得之人並非印尼之稅務居民；

·已履行各項行政義務；以及

·條約稅率之適用不構成濫用。

收到所得之人，有出示其納稅居民身分的行政義務。ITO發布一項命令，即PER 10/PJ/2017（下稱PER 10）[2]，引進非稅務居民居住憑證——（即CoD）——的新標準。PER 10廢除了上述的舊命令：即第61/2009號令（後經第24/2010號令修正）以及第62/2009號令（後經第25/2010號令修

------

[1] 2009年第61號與第62號令。

[2] 自2017年8月1日生效。

正）。

PER 10稍微修改了DGT1與DGT2的表格。新的DGT1表格規定了新的居民測試標準，同時也引進新的受益所有人測試標準；後者只有在非稅務居民收取印尼來源的股利、利息與權利金時才須填具。

PER 10與之前的規定一致，要求納稅人備妥並提交扣繳稅單，無應納稅額亦須填交。

二、特別租稅規避防杜條款

除上述防杜租稅規避的一般條款（GAAR）外，印尼也有特別防杜條款（SAAR）例如：

（一）受控外國公司（CFC）

財政部在2017年7月27日以第107/2017號令（下稱PMK 107）發布施行細則，並於2017年課稅年度適用。PMK107廢止之前的第256/2008號令。

其對受控外國公司的定義與上述所得稅法中的定義一致，同時也沒有改變股利所得的認列時點：(i)在CFC提交當地公司所得稅申報書後第四個月底；(ii)若公司無提交公司所得稅申報書之義務，則認列時點為該課稅年度結束後第七個月底；

PMK107所訂CFC規則之適用對象並不限於直接的子公司，不過所適用的間接子公司不包括由其他印尼居民有效控制或共同控制者。

引進第11/2020號創造就業法可能會推翻CFC規則，但取決於尚未發布的施行細則。

（二）利息剝除借貸

除了上述債務權益比規定外，印尼所得稅法也有利息剝除規定，授權稅局將債務重新認定為權益。

其規定見於所得稅法第18條第(3)項規定，在發行資本尚未認足的情形舉債有其限制。在此，ITO有權將債務重新認定為權益。此時，舉債的任何部分均可能被重新定性為權益，從而利息將被視為不可扣除之費用。

（三）特殊目的公司（SPC）之運用

所得稅法也有諸多條款規範特殊目的公司的使用。這些條款旨在打擊任何有意規避印尼租稅的架構。

所得稅法第18條(3b)項擴大了印尼的課稅權。若一個印尼居民使用海外SPC出售其在印尼的投資事業，同時此SPC隨後將轉讓給最終的買方；雖然此交易不是在印尼進行，但只要此SPC是有關連的實體，則依本規定，其資本利得可能需要在印尼納稅。

所得稅法第18條第(3c)項規定，銷售在租稅庇護所國家設立之導管公司或SPC的股份，而該公司與印尼境內之公司或常設機構有特殊關係時，該行為可以被視為由該印尼公司或其常設機構之銷售或股份轉讓行為，從而須繳納5%之扣繳稅。

（蔡承翰、高彬修校譯）

อวยชัยสุขวงค์(Auaychai Sukawong)[*]

泰國避稅防杜及其BEPS的實踐後續

BEPS發展概述

　　泰國於2017年6月加入BEPS包容性架構之後，便致力於制定若干立法，以執行及遵守該架構下的BEPS行動方案，其中包括BEPS行動方案五[1]、行動方案六[2]、行動方案十三[3]及行動方案十四[4]。而自2018年11月起，泰國公布並施行新的立法，包括在國內及國際間交易的課稅方案上的重大進展，以呈現出泰國稅務環境的新風貌。這些改變包括：

· 移轉訂價法（2019年1月1日起施行）

· 國際商務中心（下稱IBC）制度

· 電子商務課稅法（2021年9月1日起施行）

· 自動交換資訊法

　　此外，泰國更於2020年6月3日簽署了《多邊稅務行政互助公約（MAA）》。泰國是第137個加入此公約的國家地區[5]，依該公約，泰國承諾在稅務相關問題上提供廣泛的互助，包括個案資訊交換、自發資訊交

---

* Auaychai is a tax partner at KPMG Phoomchai Ltd (KPMG Thailand) and also a visiting lecturer of taxation at Thammasat University, Chulalongkorn University, and Assumption University (ABAC).

1 行動方案五：有效打擊有害租稅安排，考量帳戶的透明與實質。

2 行動方案六：防止不合理給予條約利益。

3 行動方案十三：移轉訂價文據與國別報告。

4 行動方案十四：有效促進紛爭解決。

5 https://www.oecd.org/countries/thailand/thailand-joins-international-efforts-against-tax-evasion-and-avoidance.htm （瀏覽日期：2021年2月16日）。

換、自動資訊交換、境外租稅查閱、同步稅務調查及徵收協助。

2019年11月，歐盟理事會下屬的經濟暨財政理事會，通過了歐盟稅務不合作國家黑名單的修訂版，並於2020年2月18日公布。歐盟目前已將泰國列入灰色名單，為避免更進一步被歐盟列入黑名單[6]，泰國需要在2021年8月31日前批准OECD多邊稅務行政互助公約（MAA）。至截稿為止，泰國尚未批准任何相關的立法。

移轉訂價法（2019年1月1日起施行）

2018年11月21日，與移轉訂價有關的所得稅法第47號修正案公布於皇家公報後，稅務期間自2019年1月1日起或之後起算者均有適用。因此，第一份移轉訂價揭露表是在2020年5月與年度所得稅報表一併填具[7]。依據該法案，稅局有權依常規交易法（無論是依總額或利潤計算所得稅額）來調整關係人交易中的收入及費用[8]。所謂關係人，包括一間公司直接或間接持有另一家公司50%以上的股份，或由同一股東直接或間接持有50%以上股份的公司，或大部分經營與控制是由同一管理集團所為[9]。要求提供資料的法定期間為提交移轉訂價文據之日起的五年內。年所得達兩億泰銖門檻之納稅人，需備妥相關表格及文據[10]。

---

[6] https://home.kpmg/xx/en/home/insights/2020/02/etf-424-eu-blacklist-update.html（瀏覽日期：2021年2月16日）。

[7] 根據財政部於2020年3月31日所發佈的No.2通知，由於Covid-19疫情爆發及泰國鎖國，第一份移轉訂價揭露表的繳交期限延長至2020年8月31日，以此作為一種寬減規定。

[8] 根據該法案，原則上一間公司或一間外國公司的分支機構是需要以一整年之利潤來計算稅基（同法第66條），包括一間外國公司在泰國被認定為一實體存在或常設機構的情形（所得稅法第76-2條）。如果一間外國公司在泰國沒有實際經營業務，但其所得又來源於泰國，當地支付者需要對該款項預扣15%之扣繳稅，除非稅率適用於租稅條約之減免或免稅之規定（見所得稅法第70條及第70-1條）。這還不包括需要匯回股利及分支機構利潤之10%扣繳稅。

[9] 所得稅法第71-2條。

[10] 依2020年11月6日（佛曆2563年）部級法令第370號第1條之規定。

截稿當下，稅局正在起草委任立法，將計算收入與費用的移轉訂價方法納入，包括了可比較分析、確定常規交易的範圍、對收入與費用的調整方法及對考量特殊交易的狀況（例如無形資產交易與對預先定價協議之要求，以及在BEPS行動方案十三的架構下對國別報告之要求）[11]

國際商務中心（下稱IBC）制度

2018年12月，泰國政府頒布一個新的IBC制度，以取代並廢除先前的國際總部（IHQ）[12]、區域營運總部（ROH）[13]、國際貿易中心（ITC）[14]與國際金融中心（IBF）[15]。此制度曾於2019年12月28日[16]發布於公報，以符合BEPS行動方案五架構下的實施計畫。

待IBC制度通過之後，該獎勵措施可持續十五年，無論國內或國外其營業利潤，皆得享有8%、5%或3%的企業所得稅之優惠稅率，此視該企業在泰國的年度支出金額而定，分別為6000萬泰銖、3億泰銖及6億泰銖，此外尚得享有外國子公司之股利免稅。另外，財務管理活動得因此免除特別營業稅（SBT），而支付給外國股東及債權人之特定股利與利息，享有所得的減免，其中包括外籍工作者之15%之單一稅率。[17]

----

[11] 根據該草案，年收入超過250億泰銖的公司，需要依國別報告其關係人，包括母公司申報義務、母公司申報的範圍與時點、當地申報義務期限以及代理當地申報之期限。

[12] 此制已依2019年11月1日（佛曆2562）所公布之第686號皇家法令被廢止，自公布之次日起生效。

[13] 此制已依2019年11月1日（佛曆2562）所公布之第685號皇家法令被廢止，自公布之次日起生效。

[14] 此制已依2019年11月1日（佛曆2562）所公布之第687號皇家法令被廢止，自於公布之次日起生效。

[15] 此制已依2018年12月19日（佛曆2561）所公布之第675號皇家法令被廢止，自於公布之次日起生效。

[16] 2018年12月28日（佛曆2561）所公布之第674號皇家法令。

[17] 為了符合IBC制度的要求，申請人須遵從以下規定：
—至少有1000萬泰銖的登記股本；
—在泰國的年度經營支出至少6000萬泰銖（不適用因ROH1、ROH2與IHQ轉換成IBC制度之現有受益人）；及
—至少雇用10人（財務管理活動公司最少5人）。

電子商務課稅法（2021年9月1日起施行）

2020年1月29日經過第三次公眾諮詢後，電子商務課稅的新法案於2021年2月10日公布，並於同年9月1日起生效。依該法，外國公司藉由網路或其他電信形式提供電子勞務（包括提供無形商品）或向其他外國公司提供電子平台，以向非加值稅登記人之末端使用者[18]提供電子勞務，若其銷售所得達180萬泰銖的門檻，則需在泰國為加值稅之登記。經登記之外國公司有義務向泰國稅務局繳交銷項加值稅額，但不得扣抵進項加值稅額[19]。該外國公司將需提交加值稅申報書。

加值稅條款中有關自主申報之規定，仍適用於加值稅之登記人向提供電子勞務之外國公司支付勞務費用的情形。[20]

自動資訊交換法

2020年8月，稅局就本法進行了第三次公眾諮詢，此法授權稅務局長為防止租稅逃漏與避稅防杜，依雙邊或多邊條約進行所得資訊的交換及相關協助，以符合國際稅務標準。截稿之際，此法尚未公布且泰國尚未有實施MAA的立法[21]。

（高彬修校譯）

---

[18] 2021年2月10日所公布的所得稅法第47號修正案，其中第5條有關電子商務稅之規定。

[19] 2021年2月10日所公布的所得稅法第47號修正案，其中第6條有關電子商務稅之規定。

[20] 2021年2月10日所公布的所得稅法第47號修正案，其中第7條有關電子商務稅之規定。

[21] https://www.rd.go.th/fileadmin/user_upload/kormor/analysisExchange_Tax_141063.pdf（瀏覽日期：2021年2月16日）及 https://www.rd.go.th/fileadmin/user_upload/kormor/resultExchange_Tax_141063.pdf（瀏覽日期：2021年2月16日）

Binh Tran-Nam[*]

越南國際租稅政策與執行的
最近發展

一、簡介

　　越南在1975年統一後，其經濟成長因其外交政策與指導經濟失靈、前蘇聯解體，以及美國所主導之貿易與投資禁運而受到嚴重影響。甚至早在共產政權於東歐瓦解之前，越南已毅然決定轉向市場經濟。此一轉型過程，也就是所謂的「ĐổiMới（革新）」，在1979年便悄然開始，到了80年代早期已開花結果，其後於1986年第六次國會為越南共產黨所正式採納（Tran-Nam, 1999）。

　　在革新政策所採行的漸進式經濟改革下，越南從內向而中央管制的經濟體制，緩慢而穩定地轉變成為一個外向而市場導向的經濟體。而在歷經30年的經濟改革，越南已在經濟成長、減少貧窮以及總體經濟穩定等層面獲致豐碩的成果。國內生產毛額高成長率的維持，使越南從一個90年代初期世界最貧窮的三十個國家之一（Tran-Nam, 1999: 256），在2013年後便一躍位居中收入所得國家的中後段（World Bank, 2013）。

　　越南至今經濟成功的主因，可以歸功於其國際經濟的整合。它大量依賴與世界各地的貿易與投資，特別是與美國、中國、日本、南韓、德國、新加坡以及臺灣。外國直接投資的流入與出口，至今影響越南經濟成長至

---
[*] Professor, School of Taxation and Business Law, UNSW Sydney and School of Business and Management, RMIT University Vietnam.

鉅。就貿易夥伴關係而言，越南是東南亞國家協會經濟共同體成員、亞太經濟合作組織成員，以及更重要的，世界貿易組織的一員。2017年在峴港舉辦的亞太經濟合作組織高峰會，越南重申其支持跨太平洋夥伴全面進步協定（當中沒有美國）的立場。此外，越南也與澳洲、智利、中國、印度、日本、紐西蘭、南韓與美國簽署貿易協定，並與歐盟完成自由貿易協定的談判。

越南的稅制作為經濟改革之一部，在過去25年來不斷擴張並且現代化。革新運動之後，越南稅制改革具有若干值得一提的特徵，此即法制化（legal formalisation）、擴大稅基與稅制轉軌（tax mix shift），以及持續的政策與行政改革。以下將依序簡述。

第一，在90年代，越南並沒有租稅立法，而是透過政府命令徵稅。自1990年初期，越南國民大會已開始討論並修改政府所提出的稅法案，而且會制定頒布稅法[1]。許多早期的稅法後來被較市場導向的法律所取代，如加值稅法取代了流轉稅法（turnover law），公司所得稅法取代了利潤稅。在2000年初期所有稅法均制定完成後，此一租稅的法制化過程可說是大功告成[2]。不過，這些稅法，特別是公司所得稅與加值稅，依然隨著租稅政策的改革而定期修正或補充。

第二，越南的稅基曾有一次大規模的擴張，可謂其稅制結構的大轉變。從1975年到1980年代末期，越南稅制十分簡單，只有公部門的國有企業利潤以及貿易盈餘，再加上私部門對農業、製造與貿易、商業許可等所課徵的稅收。狹窄的稅基則因租稅負擔率的快速增長，從1988年的3.4%（IMF 1988: 22）成為2013年的19.1%（World Bank, 2018）。伴隨稅

---

[1] 依照西方政治結構，越南國會在1975年之前並不制定稅法，加值稅亦然。
[2] 越南為大陸法（成文法）制度，其稅法文字傾向精簡。這些法律的效力，透過政府命令、財政部（Ministry of Finance）的函釋以及稅務總局（General Department of Taxation）的裁決等官方文件的解釋，而進一步擴張。

收增長而來的是稅收依賴的結構轉型，從最初對生產稅的依賴逐漸轉而對消費稅與所得稅。

第三，越南稅制改革，可以說是在市場化與國際化的促進下不斷持續的過程。早期改革（始於1990年代），將公私部門分別徵收的舊制改為如今主要新稅的單一新制，並因此成立一個稅捐稽徵的正式機關。從1990年代中期至2000年代初期，許多早期稅法多遭取代、修正、補充與廢止，其中包括2003年的大幅翻修，以符合東南亞國協與世界貿易組織的標準[3]。自此，越南的稅法與稽徵實務已大幅現代化。

二、越南之BEPS問題及其單邊回應

越南租稅政策受到若干因素的影響。一方面，為了鼓勵外國直接投資，越南必須提供外國投資者具有吸引力的租稅方案。因此，身為小型的資本進口國，越南必須取法其他競爭對手國提供各式租稅優惠；另一方面，越南近年一直苦於預算赤字，主要原因在於公共支出的需求不斷增加，同時石油收入與貿易稅收又不增反減。

就宏觀層次來說，越南的稅收十分令人滿意。事實上，越南令人訝異地被歸屬在稅負擔率高[4]、徵起率高[5]的群體（Le et al., 2012: 25）。在1994-2009年間，越南的平均徵起率指數為1.31，居東亞各國之冠，為世界第十六高（Le et al., 2012: 19,20）。此一正面的形象掩蓋了許多徵收的爭議，特別是在國際租稅場域以及蔓延各地的小規模租稅貪腐（Nguyen, Doan and Tran-Nam, 2017）。以下則簡介兩個主要的國際徵稅議題。

第一，越南既無全面性的租稅規避防杜規範，行政上也缺乏相關執行

---

[3] 財政部下的稅務總局於1990年成立。

[4] 指稅收所佔國內生產毛額的比率。

[5] 指稅收所佔應稅能力（taxable capacity）的比率。其中應稅能力指的是可透過迴歸分析考慮一國特定、時間變異之總體經濟、人口以及制度的特徵等，所估計出來的預估稅收比率。

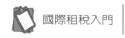

能力。就像許多鄰近國家，越南人民的普遍認知是，許多在越南境內經營的跨國企業均從事積極租稅規劃而避免負擔合理的稅捐，其中又以移轉訂價為最。此一認知，部分是因為越南境內許多跨國企業均長期呈現虧損。例如越南可口可樂公司在1990年代即開始營運，將近20年來均呈現虧損狀態。

第二，是越南稅法在傳統租稅事務的規範堪稱完備，但對於電子商務，或廣義來說，數位經濟這一塊的處理，卻尚未得心應手。例如，在2012年Google與Facebook在越南從事線上廣告的部分曾有關於其逃漏稅捐的指控（Vietnamnet, 2012）。儘管事後被認為與事實不符（ICT News, 2012），但這些指控依舊顯示越南稅法的一大弱點，特別是公司所得稅法在電子商務的處理。

對於BEPS相關議題的回應，越南單方面引進部分反對BEPS的命令，包括：

· 財政部在2013年發布Circular 201/2013/TT-BTC關於預先訂價協議（Advance Pricing Agreement）的函令，於2010年發布Circular 66/2010/TT-BTC關於移轉訂價函令，以及政府於2017年2月所發布Decree No. 20/2017/ND-CP關於企業從事關係人交易的稅務稽徵函令。這些函令直接討論諸多BEPS相關的議題。

· 外國承包商稅（FCT）制度，範圍涵蓋了由居民實體（含在越南註冊之外資企業）所匯對外或跨境之契約價款給予在越南當地無實體之外國相對人，無論其服務之提供地為越南或海外。此種外國承包商稅通常適用於越南來源之支付，除非是單純供應商品、在越南境外履行並消費之勞務，以及其他各種完全在境外履行之勞務（如特定之維修、訓練、廣告與行銷等）。

· 條約濫用法則：依據OECD實質優於形式的立場，若收取所得之人並非該項給付之受益所有人，則其租稅條約的優惠將會被否准。

．利息之可扣除性：針對借款利益費用之扣除訂有限制。
．強化一般防杜條款：越南並無明確而全面之一般防杜條款，而是透過結合各種特定條款來防杜避稅。首先，越南的稅捐稽徵法中有一條，要求一切商業交易均應以市價訂之。第二，第20號函令規範一系列經修正或擴充自OECD指導準則之移轉訂價法則。第三，針對特別消費稅（貨物稅），有許多是規定貨物最低價格的防杜規定。

越南作為開放架構會員及其對行動方案之實踐

越南於2017年6月21日在荷蘭召開的BEPS開放架構（IF）之第三次大會中成為第100個成員。作為開放架構的會員，越南有義務實踐四項最低標準，此即行動方案五、六、十三與十四。詳如下述。

行動方案五（打擊有害租稅安排）

行動方案五有兩個部分：優惠稅制與租稅資訊的透明。OECD對越南境內與本方案相關之優惠稅制進行了同儕評估。在2018年5月發表在進度報告的最終結果顯示如下：
．範圍之外：加工出口區與工業區／園區（因為它們不涉及地理性移動之所得）。
．受審對象：經濟區、重建區（Disadvantaged areas）以及各種智慧財產權利益。

同儕報告對於越南關於經濟區、重建區與智慧財產權利益的政策評估最終結果尚不得而知。不過，可以預料的是審查過程本身已可能削減越南政府提供租稅優惠的權限。

就稅務資訊之透明與交換而言，越南已同意加入全球論壇，而在2019年獲致令人滿意的稅務治理排名（EU, 2017: 14）。歐盟2017的報告結論中，越南並未通過租稅透明度的標準，但作了相當多的努力。

行動方案六（防杜濫用租稅條約）

在2010年上半，亞太地區曾致力於雙重不課稅的防杜。順應此勢，

越南財政部於2013年12月發布205/2013/TT-BTC解釋，首次引進了（一）條約濫用防杜規則：稅務總局得據以在特定個案中否准租稅利益；（二）受益所有權的確認與重申等。此號解釋採納OECD稅約範本中主要用語的定義，以及OECD「實質優於形式」的原則來決定所得其真正之受益所有人；同時也修正相關解釋，以反映越南當地國情與相關租稅政策。

通常情況下，如果一筆交易或架構的主要目的為租稅濫用，或主張條約利益之人並非實際受益所有人時，該租稅條約之利益可能被否准。第205號解釋也同時規定許多釋例，以具體化租稅條約利益的適用，如常設機構的認定以及可歸屬於常設機構的利潤。此外，此一解釋增加3年期限，要求公司在期限之內主張租稅利益；此為過去解釋所無。

行動方案十三（移轉訂價文件準備以及國別報告）

關於此一行動方案之第20號法令，其主要內容如下：

· 三層次的移轉訂價文據：20號法令第10條第(4)項規定，納稅人如為多國籍企業，即有義務依照相關規定準備並提交當地檔案、集團主檔以及國別報告。

· 國別報告之規定：納稅人如果其最終母公司有義務向其所屬外國稅務當局提交國別報告者，或如果其本身為越南籍之最終母公司且全球年所得合計18兆越南盾（約7.81億美元），也必須提交其最終母公司之國別報告。若納稅人無法提供國別報告，納稅人應提供書面說明理由、法律依據以及他方國家地區禁止提供報告之法律規定。

· 新的移轉訂價申報表單：新的表單要求揭露更多細部資訊，包括關係人交易與第三人交易其利潤和損失的分配狀況。任何由關係人或第三人交易所賺取之價差，均可能增加納稅人的風險，進而引發稅務總局的質疑。納稅人之關係人交易若僅限於國內關係人，如交易雙方適用的稅率相同或均無享受租稅優惠時，則在新表單之中可以免於揭露此類交易。

· 提交：移轉訂價的相關文檔包必須在提交年度稅額申報之日前備妥；意

指納稅人只有90天的時間（從課稅年度結束後起算）準備。

· 義務之免除：納稅人若符合下列條件之一，即可免除移轉訂價文據的義務（但仍有第20號法令之其他義務）：

　。其營業額低於500億越南盾（約220萬美元）且在課稅期間內關係人交易總值低於3,000萬越南盾（約130萬美元）者；

　。其有締約APA並且提交年度APA報告者；

　。其營業額低於2,000億越南盾（約870萬美金），且其職務單純並且在扣除利息與稅捐之前的收益比率依行業分別為：配銷業（5%），製造業（10%）與加工業（15%）。

行動方案十四（促進稅務紛爭解決機構之效率）

防杜BEPS的立場可能招致更多的稅務爭訟，特別是涉及租稅優惠、稅約解釋以及移轉訂價調整等部分。所涉及的行動方案十五，在於確保(1)相互協議程序是以誠信與及時方式為之；(2)及時行政程序用以避免條約爭議與稅務爭訟的解決；(3)真正的納稅人能夠申請運用相互協議程序。

在越南，大多數稅務紛爭的解決是透過行政階段的訴願，訴訟的途徑雖然可行但較不普遍。依越南現行的稅務行政法架構下，其他的紛爭解決途徑尚未正式可行。原則上，依越南的現行法與所簽的稅約，移轉訂價之訴願、訴訟以及相互協議程序均得以運用。在實務上，爭訟程序曠日費時以及其他各種因素，以致訴訟程序不受青睞，相互協議程序也不甚有效（KPMG Vietnam, 2017: 4）。因此，越南需要展現其實踐承諾的決心以及明確的改革計畫，以落實行動方案十四。

越南在其他行動方案的實踐現狀，詳如下述。

行動方案一（解決數位經濟的稅務挑戰）

越南政府已將數位公司之越南來源所得的課稅規則列為優先政策發展方針。政府當局的想法是要求所有外國的數位公司均在越南境內登記、申

報並納稅。稅務總局最近已表示，各種形式的電子商務公司，無論為B2C與C2C交易，均有義務就其越南來源所得申報編稅。

越南選擇透過修改稽徵法制來處理數位經濟的租稅挑戰。提案的新法已分別在2018年與2019送交國民大會審議。新的稅捐稽徵法預計於2020年1月1日或7月1日生效。以下為草案相關部分的主要內容：

· 電子商務已被正式認可之特殊產業，應予特殊處理。

· 外國電子商務的事業體應在越南境內設立代表辦公處所。

· 跨境交易的支付行為應透過國內管道為之，也就是越南國家支付公司（National Payment Corporation of Vietnam，下稱NAPAS）。從而稅局能掌握此類交易，向境外電商事業體課稅。

同時，越南也欲強化現行的FCT制度以確保特定電商業務之越南來源所得的稅收。具體而言，財政部在2017年1月發布之848/BTC-TCT函中表示，針對境外數位公司在越南從事線上訂房服務的佣金所得，有報繳FCT的義務。同樣地，11828/BTC-CST函則要求越南Uber或由代表荷蘭Uber的實體，應代表荷蘭Uber報繳FCT。

行動方案三（設計有效的CFC法則）

目前，我們尚不清楚越南是否引進正式的CFC法則或其他替代制度。

行動方案四（利息扣除之限制）

2017年5月1日生效的第20號法令，引進了新的利息費用扣除限制，將公司利息費用作為稅基扣除的額度限制在固定的比率，即盈收在扣除利息、稅捐、折舊與攤銷前（EBITDA）的20%。此一適用各產業部門的規則並未考慮到更大集團的融資狀況，偏離了OECD的建議。OECD解決的方法是透過一種貼近固定比率的集團比率規則，容許依據該集團利息的比率而「提昇」利息的扣除額。此規則看似以相關人交易為限，然而此號法令草案的模糊性造就了適用上的不確定性，可能同時適用於公司同時有關係人以及第三人的利息費用之情形。

行動方案七（防止人為規避常設機構）

越南已逐步實施行動方案七，主要涉及數位經濟的部分。此外，越南稅局透過其稅約的解釋性規則（如稅務總局的2826/TCT-DNL函），擴張了若干常設機構的概念。此函規定，外國公司在越南境內代表處之人員如從事契約的協商或履行，該外國公司即構成在越南境內的常設機構。

行動方案八到十（使移轉訂價結果與所創造之價值一致）

越南也著手更新並擴充其移轉訂價規則以及其他法令，使移轉訂價結果與所創造之價值更趨一致。此於第20號法令關於移轉訂價的規範以及新稅捐稽徵法關於數位經濟的規定最能說明。特別是新稅捐稽徵法，其嘗試使利潤與實質經濟活動和價值創造趨於一致，並且落實間接稅之目的地課稅原則。

行動方案十一（BEPS之評估與監督）

因應2016年7月關於BEPS的國際會議研討內容，稅務總局宣布在總局之內設置BEPS工作小組，用以研議並審查BEPS行動方案的實施。在履行其目的與職責之中，該工作小組也同時扮演了BEPS行動方案在越南之評估與監督。

行動方案十二（強制揭露規則）

越南目前沒有強制要求侵略式租稅規劃之揭露規則，近期內也不太可能引進此類規定。採取此政策的主要原因，在於越南的稅制對企業而言相對複雜。稅務總局十分在意越南在營業稅的平均投入時間在國際排名不佳一事（詳PwC and World Bank Group, 2018）。由於稅務總局積極提昇越南在納稅一事的排名，因此財政部／稅務總局不太可能會引進可能會提高營業稅遵從成本的新措施。

行動方案十五（發展多邊工具）

儘管越南已明確表示有意加入多邊公約，但其至今仍未簽署此一《實施防杜BEPS條約相關措施多邊公約》。目前越南已簽定約70個雙邊租稅

條約。除了對現存稅約進行檢視外，稅務總局仍在研究MLI本身以及簽署國的經驗。總局預計在2018年底宣布其最終立場。倘若多邊工具對現存稅約造成一定影響，則財政部將與相關部會研擬進一步對策。若越南最終決定予以採納，預計會有將近一半的稅約受到影響，而須加以修正。

三、總結：挑戰與機遇

　　一個健全而不斷發展的稅制對於越南永續發展而言至為關鍵。鑑於外國直接投資以及外資企業對於越南經濟發展扮演重要角色，國際課稅對於越南稅制具有相當重要性。以下則針對國際租稅改革的主要挑戰與機會進行說明。

　　誠如前述，為了避免預算赤字一再出現，加值稅與公司所得稅所面臨的壓力持續增加。由於美國的減稅方案，全世界公司稅率將面臨下降的壓力，越南也不例外。因此，保持兩稅的稅源依然是越南稅局的根本挑戰。

　　儘管有完整的立法與政府的承諾，財政部與稅務總局有效實施國際租稅改革的能力依舊受到限制。基本上，兩個單位的人員均欠缺專業技術與經驗來處理棘手的國際租稅案件。此非單純財政資源的多寡問題。要能招募足夠具有合格能力、知識與經驗來處理相關問題的人才並不容易。國內的大學尚無法培養此等人才。透過大型會計事務所等私部門的顧問來訓練人才，則可能有利益衝突的問題，因為這些顧問也同時提供企業納稅人諮詢服務。

　　越南吸引外資的能力是經濟發展的關鍵。然而，越南的稅制被認為十分複雜，特別是投入在租稅遵從的時間成本。根據Paying Taxes 2018（PwC and World Bank Group, 2018）報告，中型公司在越南每年平均花費498個小時處理租稅問題，遠較其他東南亞國協之經濟體為高。國際租稅改革究竟是幫助或阻礙越南在稅制簡化的努力，尚不明確。

　　身為開放架構的成員，越南能以合理的成本迅速完善稅法架構以及稅

務行政的品質。若越南只知閉門造車，則依照漸進原則，越南的國際租稅改革的步調將更為緩慢，而且是以更加迂迴且更耗費成本的方式。因此，外來的BEPS行動方案可說是焉知非福。

不可否認，BEPS行動方案並非越南自己的選擇，但是BEPS計畫也不是專由技術先進或國際舞台上活躍之國家所推動。此計畫明白肯認開發中國家的需求，包括東南亞國協的成員國如越南。越南在加入開放架構前，已專就BEPS問題之解決引進立法。此外，身為開放架構成員並非必然表示越南無法使BEPS計畫本土化並符合國情。

對越南而言還有其他的利益存在，BEPS計畫所帶來的國際稅改有助於提升稅務總局運用其有限資源與經驗的能力。BEPS的同儕審查過程可以提供越南諸多所需的協助。此外，透過與各國家地區的資訊交換，將增進國際合作與交流，長期而言對越南是有利的。

Hans van den Hurk[*]

　　能受邀為本書及國際租稅的最新發展撰寫導言實在是感到非常開心與榮幸。約於二十年前，Brian Arnold開始寫下本書的初版。他的《國際租稅入門》除了在國際租稅的基本方面提供全面的引導，也介紹了各國試圖促進其國際租稅規則的政策。自初版以來，稅務從業人員、跨國公司和國家稅務機關即一直依賴本書所提供之資源。本書針對一個國家在設計其國際租稅規則，並將該規則與貿易夥伴的稅收制度進行協調時，所必須面對的難題，並提供許多已開發和開發中國家的實例。

　　是什麼讓這個新版本比之前的版本更有意義？自金融危機以來，越來越多的國家了解到改變國際租稅規則的必要，而BEPS 的15項行動方案就是一個例子。在過去，稅務顧問「統治了世界」，因為他們能透過規劃的方式，與許多稅務機關保持著一個完美的距離，但在目前看來，情況似乎相反。世界各國為了打擊跨國公司多變的稅務立場而共同行動。無論是透過提供知識（經合組織的無國界稅務監察者）以支援低開發國家的合作方式，還是利用澳大利亞、美國和荷蘭等國家參與的國際確保遵從計畫（International Compliance and Assurance Program, ICAP）（目前正處於第二階段），都是有成效的。因此，對各國來說，這些新工具創造了非常有效的武器去挑戰跨國公司。

　　在歷經15項《BEPS》行動方案和新的OECD移轉訂價報告指導原則，甚至還有額外的第十章（在適用聯合國稅約範本的國家中，新的聯合國移轉定價手冊），以及最後但同樣重要的多邊工具，原本期待著這些可以使得新的租稅世界變得越來越和諧，從而，跨國公司的稅務主管的生活

　Maastricht University, The Netherlands.

變得更加輕鬆，而各國課稅權在劃分上也能更「直截了當」。

然而不幸地是，外表並非真相。即使不討論與第一支柱和第二支柱相關的問題，越來越明顯的是，雖然條約看起來比以往任何時候都更加相似，但大多數的條約都有許多所謂的「開放性規範」條款。當Brian Arnold撰寫他的初版時，Fraus Tractatus（條約濫用）被認為是一個不存在的原則。租稅條約只是一個將課稅權分配給活動發生地國家的工具。在過去十年裡，我們除了看到越來越多的條約包含濫用防杜條款，同時也看到內國法院採取跳脫條約文義的立場。這引起國際稅務專家們的諸多討論，是否允許一個國家的法院將相關租稅條約之解釋帶到這一新的水準。

但與此同時，租稅條約的新法律秩序扼殺了這些討論，因為現在OECD和UN稅約範本的許多段落中都可以找到濫用防杜條款。新的全球移轉訂價規則（無論是OECD還是UN）也有新的複雜規則與難以理解的開放性規範。現在的重點是，所有這些開放性規範在不同的國家都可以有不同的解釋。正如他們所說的，開放性規範沒有明確的定義範圍，因此，當現有的規則對公司安排之租稅架構無從置喙時，國家便可以運用這些原則。我最近看到許多有關濫用租稅條約（treaty shopping）的例子。當一家臺灣公司使用一家沒有任何經濟活動的荷蘭紙上公司，且該公司持有義大利子公司，很明顯的是，義大利的稅務機關將不會適用荷義租稅條約之規定，而是適用稅率較高的內國法。不過，如果荷蘭公司僱用超過1,000名員工，情況將會有所不同。

在實務上，越來越多國家會認定公司是透過條約漁獵的方式濫用租稅條約。而對公司來說，這意味著此後將在許多國家受到原本不必要的檢視。但在一個開放性規範的架構下一切皆是有可能的，許多國家也把這些新的可能性視為增加稅收的可能性。

第一支柱與第二支柱的情形也是如此。它們是用來解決BEPS行動方案所沒有處理的問題，並且為包容性架構成員所需要與支持。與此同時，

我們知道談判進行得非常緩慢。如果各國打算重新分配稅收，則肯定是幾家歡樂幾家愁。那結果還會是什麼？少收的那一方一定會保護自己的稅基。

那公司呢？好吧，第一支柱只有在強制性的爭端解決機制有所確保時才會被接受，但許多非洲和亞洲國家已表示反對，因為這可能會侵犯他們的主權。那麼，何時方休？無人知曉。而我們知道，一些聯合國的國家想出了新的UN稅約範本第12B條。雖說只要在第5條新增固定場所的定義就算任務完成，但第12B條的解決方案是既簡單又高明。因此，希望這將是世界的新方向。讓我們期待OECD在此向UN取經。

我來做個小結。由於更多的開放性規範與模糊性定義的增加，國際租稅變得日趨複雜。這樣的做法值得肯定，我們需要的是一套不同的制度。世界本可以選擇一個全球性的分攤公式，但目前仍舊差強人意。因此我們現有的制度，不但不完美且比以往更為複雜。而正因為所有的原則都變得如此複雜而難以充分理解，本書的價值才得以更加展現。祝您閱讀本書愉快！

（陳美娘、高彬修校譯）

Richard Vann[*]

　　很榮幸能為藍元駿先生所譯，由Brian J. Arnold與已故Michael J. McIntyre共著的《國際租稅入門》作序。

　　此書是因應將近三十年前東歐集團解體後，各經濟體由指令經濟大規模走向市場經濟的時代產物。適巧在1990年，我正值雪梨大學輪休假期至國際貨幣基金組織，參與了這個轉型過程中與租稅有關的部分；其後在上世紀90年代初期則在經濟合作暨發展組織（下稱OECD）工作，負責提供這些轉型國家技術上的協助。透過這些OECD訓練計畫的籌備工作，我們發現缺少一本能兼顧現行國際所得課稅架構及其政策背景與沿革的英文文本，令首次接觸此一領域之人能夠理解。

　　在OECD與布萊恩的一些加拿大同事如Jacques Sasseville與Al Short一番討論之後，我們徵詢在OECD國際租稅培訓課程有若干經驗的布萊恩，問其是否有意願撰寫這樣的文本。他表示願與一名共同作者一起承接此項任務，並推薦住在「一湖之隔」、來自美國的麥克‧麥金塔。我們與布萊恩和麥克均相識多年，都是國際租稅領域的朋友和同事，在大學及公私部門經驗俱豐，因此這項計畫便開始了。

　　本書可謂如期完稿，提交給OECD前也經過作者間的充分討論。在過去尚無電子郵件（除在大學之內）、智慧型手機、社群網絡的年代，OECD生於一個租稅領域相對沉寂的時代，還未能擺脫對既有國際租稅秩序所存有的絕對信念——此事要待二十年後因BEPS計畫才橫空出世。本書內容由兩位思考獨立而又經驗豐富的學者所撰，談起國際稅制可謂「敢說敢言」，對現制出於理性的質疑在所難免，在當時也不易為OECD所能

----

[*]　Challis Professor of Law, University of Sydney.

接受。

　　妥協之下是將這份文件提供給一家幸運的出版社，而此出版社也能抓住此一天賜良機，持續從事授權與出版工作至今。如今本書已成欲一窺國際租稅秩序堂奧之人的必備讀物，多年來為許多大學所使用，在我自己所任教的大學和其他培訓課程中亦不例外。本書從撰就至今二十五年間，依然保留了使其如此廣受歡迎的特點 —— 強調對國際租稅基本原則的清楚論述，以及對原則背後政策的關注。國際租稅的具體規則時有變動，但基本原理不然，因此今日學子閱讀其任何版本，均能領略國際租稅體系的政策、規則以及其問題點。

　　閱讀它，你就會受益良多。

第一章
序論

A.本書目標

　　本書旨在提供讀者的是，分析一國在設計其國際課稅規則以及就該規則與其貿易夥伴稅制進行協調時，所須面臨的國際租稅議題。在過去，此類議題只對少數稅務專家有意義，他們主要是大型跨國公司的稅務顧問及其在各政府稅務部門的對手。而隨著世界各國在經濟上愈益整合，這些議題的重要性也隨之日增。如今，許多從事各種**跨境交易**[1]的中小型公司開始要經常面對此類議題。而大多數國家的政府則必須關注國際租稅，一方面在於提供友善的外國投資環境，另一方面也保護本國的稅收。

　　儘管本書所設定的讀者主要是初次接觸國際租稅之人 —— 即學生、政府官員與從事租稅實務者，但我們也樂見具豐富相關經驗的人士發覺它的用處。我們在本書中，多次以回歸基本原則的方式，來分析這些看似簡單的租稅問題。因為本書的主要目的是在闡明這些基本原則。

　　「國際租稅規劃」與國家的繁瑣稅制幾乎密不可分。因此本書針對若干議題，不免提供相當程度的細節，以反映本書在實務操作上的意義。不過，若不將焦點集中在一般原理原則和基本結構的討論，反而會違背本書的宗旨。因此，為了平衡專業人士與一般人士的需求，我們在解釋一般原理原則時，不時會輔以各國的實際案例。

1　跨境交易（cross-border transactions）：在一國以上發生租稅效果的交易。

本書所提供的各種例子僅作為例示之用，並非對特定國家的法律表示意見。本書也無意納入所有國家的實踐情形。同時，我們避免從任何特定的國家角度（如我們較熟悉的加拿大和美國）進行撰寫。相反地，我們希望找出並探討對多數國家而言都很重要的國際租稅議題。

在本章第二部分，我們說明「國際租稅」這個用語的意義；在第三部分則指出各國在設計其國際所得稅規則時，若干值得追求的目標；在第四部分，則說明稅務顧問在規劃國際交易時所扮演的角色，並舉出一些典型的稅務規劃方式。

第二章說明各國界定其課稅管轄權（jurisdiction to tax）的原理原則。緩和納稅人蒙受**國際雙重課稅**[2]風險的機制，則於第三章說明。第四章說明的是，防止跨國企業規避或逃漏租稅之公司間移轉價格調整規則。第五章則討論各種國際交易之避稅防杜規則（anti-avoidance rules）。第六章簡介與分析租稅條約。至於前述章節所涉之新興議題則於第七章一併說明，其中包含：OECD對於防範**惡性租稅競爭**[3]的對策、**混合實體**[4]的稅務問題、以及**電子商務**[5]所衍生之所得課稅問題等。

另有一份國際租稅用語索引，附在第七章之後〔譯按：本中譯本以隨頁註呈現〕。文本當中首次出現的索引用語，以粗體字表示。索引各用語的定義，反映的是其在國際脈絡中的意義；其在內國脈絡下則容有些許差異。同時，本書還附上經篩選過後的國際租稅參考書目，以及討論相關議題的期刊清單。

2　國際雙重課稅（international double taxation）：兩個或兩個以上國家在同一課稅期間就同一筆所得課徵所得稅。

3　惡性租稅競爭（harmful tax competition）：租稅庇護所國家利用國際租稅規則中難以避免的漏洞來竊取他國稅基之租稅操作行為，為OECD的打擊對象。

4　混合實體（hybrid entity）：一個實體在一國被視為獨立納稅實體（通常是公司），而在另一國被視為透明或具導管性質的實體（通常為合夥）。

5　電子商務（electronic commerce）：透過網際網路從事商業活動。有時被稱為e-commerce。

B. 何謂國際租稅

所謂「國際租稅」（international tax），在用語上有其未臻精確之處。我們在此基於方便所稱的國際稅法，精確來說，指的是特定國家所得稅法的國際面向。除少數例外情形，稅法並不「國際」。它們是主權國家的產物。不存在有某種凌駕其上的國際稅法，是源自主權國家的慣習，或產生於國際主體 —— 如聯合國（UN）、或**經濟合作發展組織**（OECD）[6]——的行為。

一國所得稅制最具「國際」面向的部分，應為租稅條約。多數已開發國家皆與其主要的貿易夥伴 —— 也經常與其次要貿易夥伴 —— 締結租稅條約。許多開發中國家也有相當廣泛的條約網絡。租稅條約在近年的成長十分顯著。如今仍存在的雙邊租稅條約數量已逾2,000條。這些條約對於締約夥伴的課稅權具有相當的約束力。不過，租稅條約一般不用來課徵稅負；在大多數國家中，它們只用來減免稅負。儘管租稅條約是主權國家間具有拘束力的協定，但它們通常不會拘束到納稅人，除非這些條款被特別以內國法律的形式納入該國稅法之中。

本書所稱的國際租稅十分廣義。它包含一國所得稅法規中具涉外因素的所有租稅議題。商品與服務之跨境交易所得課稅是國際租稅的一大重要範疇。另一個是跨國企業之跨境製造行為。第三是個人或投資基金的跨境投資。第四個是個人在居住國境外工作或經商之課稅問題。通常，一項被歸為上述範疇之一的活動，就會出現涉及兩國以上稅法規定的國際租稅問題。

某些國際租稅議題導因於十分複雜的情境。在多國擁有境外子公司[7]

---

[6] 經濟合作發展組織（OECD）：經濟合作發展組織。一個由世界主要已開發國家組成的組織，總部設於巴黎。

[7] 子公司（subsidiary）：指一間由另一公司直接控制的公司。一個公司的外國子公司，則指的是位於在控制公司居住國以外的公司居民。

之跨國公司的組織重整便是一例。也有比較簡單的情形。例如，多數國家稅法中較常見的是，具**居民**[8]身分之個人在主張扣除其居住境外受扶養配偶或小孩的扶養費用時，也會產生國際租稅的問題。

一個國家的國際稅法有兩大面向：

(1)對居民個人及居民公司其在境外發生的所得之課稅，以及；

(2)對**非居民**[9]其在境內發生的所得之課稅。

本書將第一個面向稱為「境外所得之課稅」。第二個面向則稱之為「非居民之課稅」。我們不難發現，在一國（一般稱為**居住國**[10]）所謂的境外所得課稅，便是在另外一國（一般稱為**來源國**[11]）所謂的非居民課稅。

一個交易如涉及國內資本或其他資源的輸出時，通常會被稅務分析者認定是一筆**對外**[12]或境外交易。反之，**對內**[13]或境內交易，一般認為是從外國輸入資本或其他資源的交易行為。一個被認定是對外的交易行為，通常涉及居民納稅人其境外所得的課稅規定。反之，對內交易則通常涉及對非居民其境內所得之課稅規定。在某些場合，一筆交易可能會同時涉及兩套規定。例如，將**外國關係企業**[14]經清算併入國內**母公司**[15]的情形。

國際租稅在範圍上大於所得稅。它還包括遺產稅、贈與稅、繼承稅、

8　居民（resident）：指一個人和一國的連結緊密，而須就其全球所得在該國納稅。

9　非居民（nonresident）：指一個人和一國的連結程度，只須就在該國的來源所得，而毋須就其全球所得在該國納稅。

10　居住國（residence country）：外國投資所有者為其所得稅居民的國家。

11　來源國（source country）：外國投資的所在國或產生所得的國家。

12　對外（境外）交易（outward (out-bound) transaction）：一國居民在國外以資本或其他資源進行投資的交易行為。

13　對內（境內）交易（inward (in-bound) transaction）一國非居民在該國境內以資本或其他資源進行投資的交易行為。

14　外國關係企業（foreign affiliate）：由國內納稅人直接或間接持有相當比例產權利益（通常是持股比例10%以上）之國外公司。

15　母公司（parent corporation）：控制另外一家公司（稱為子公司）的公司。

一般財富稅、銷售稅、關稅以及各式各樣的特別稅捐。遺產及贈與稅的國際面向較為重要。例如，當一居民從一位非居民或無住所之個人接受遺贈或贈與，或當某人死亡時遺有國外財產等情形時，其財富移轉的課稅便具有重要的國際面向。不過此類重要議題已超出了本書的範圍；本書探討的只是所得稅法上的國際面向。

C.國際租稅規則之目的

一國在制定其國際租稅規則時，追求以下四個目標的完善，這些目標中，有一些透過其單邊的行動便可有效達成；但若要達成全部目標，則勢必要與其主要貿易夥伴進行合作。

目標一，分享合理的跨境交易稅收

國際租稅規則的主要目標之一，應在於確保世界各國主張其自國內外納稅人之跨境活動所得中收取應得的租稅。要達成此**國際公平**[16]的目標，一個國家必須能保護其本國的稅基。也就是說，它必須訂出優質的內國課稅規則；也必須避免簽訂不當限制境內來源所得課稅權的租稅條約。

目標二，促進公平

所得稅優於其他租稅之地方主要在於公平。一般而言，公平指的是對相同所得的納稅人課予相同的稅負，不問所得來源為何，只問其負擔是否與其負擔能力相符。就關係企業集團而言，這個目標應該是，該集團的整體稅負，應等同於從事相當活動之單一公司的稅負。

對於經營海外之本國納稅人，公平性的要求是境內與境外之來源所得均須課稅；甚至，境外來源所得而言，則無論該所得是直接賺取或是透過外國實體賺取，均須課稅。對境內的非居民而言，則沒有任何國家有權以

---

[16] 國際公平（inter-nation equity）：要求資本輸入國與資本輸出國間公平分享跨國所得稅收的概念。

公平標準對之課稅，因為它無法對非居民的境外所得課稅。例如，一名A國居民，可能在A國、B國以及C國有所得。B國僅有權對於發生在B國境內的所得課稅。對於此人在A國以及在C國所賺取的所得，B國不僅沒有任何的資訊，也無法納入考量。不過，為了提倡公平，A國可以推動公平與適當的國際租稅標準、依這些標準進行課稅、或與各國合作，核定與徵收彼此居民和國民之租稅。

目標三，提升國內經濟競爭力

各國均應兼顧其非居民的利益。然而，一國的首要職責，還是在於確保其公民與居民的經濟利益。對此，一個國家應該避免採取可能損及其世界經濟競爭地位的租稅手段。

在國際環境中，提升一國競爭力最有效的方式，便是消除各種使資本或工作機會外移，或是阻礙資本或工作機會輸入國內的稅法規定。從中長期角度來看，一國競爭力的提升，不在於利用各種**租稅優惠**[17]或是其他遭致鄰國報復之「以鄰為壑」（beggar-thy-neighbor）政策。這些政策只會破壞各國政府針對流動資本所得課稅的公平與效率。

目標四，資本輸出與資本輸入的中立性[18]

儘管所謂的**資本輸出中立性**[19]或**資本輸入中立性**[20]原則在國際稅制的討論中十分常見，但前述各項目標並非基於這些原則而來。不過這些目標還是納入了此原則較為稅務分析者所普遍接受的面向。

資本輸出中立性原則，意指一國其國際租稅規則的設計，既不應鼓勵

---

17 租稅誘因或優惠（tax incentives or preferences）說明免稅、扣除、扣抵、低稅率、或其他用來吸引外國投資或誘導經濟行為之減免規定的一般性用語。

18 中立性（neutrality）：具中立性的租稅，指其課徵不會改變不課徵此稅時所作的經濟決定。

19 資本輸出中立性（capital-export neutrality）：居民投資者在本國或在外國投資之稅負相同。

20 資本輸入中立性（capital-import neutrality）：來源國居民的稅負與其他投資者相同。

也不應阻礙資本的外流。實務上，資本輸出中立性至多被列為政策的次要目標。世界上幾乎所有國家都希望資本流入，也會透過租稅及其他經濟政策來鼓勵此事。資本外流一般則被認為是國家財富的減少。許多國家會採取措施抑制資本外流，儘管其稅法也有鼓勵資本外流之意外效果。明智的政策制定者，在抑制資本外流時會格外謹慎，因為對資本外流的限制可能會抑制資本的流入。例如，一個國家對支付其非居民的股利、利息及權利金課徵過高的**扣繳稅**[21]時，便可能扼殺非居民投資該國的意願。

根據資本輸入中立性原則，一國之國際租稅規則應避免造成其跨國公司在外國市場之有效稅負高於其他各國的跨國公司。要完全落實此原則，居住國必須免除所有境外來源所得的本國稅負。

大多數國家所採取的國際租稅規則，都有一些符合資本輸出中立性原則的特徵。例如，大多數國家對其居民個人的全球所得進行課稅。另有一些特色與資本輸出中立性原則相符。例如，除特殊情況外，大多數國家對居民控制之外國公司所賺取的境外來源所得，一般均不課稅。國際租稅規則的設計上，如何對這些原則進行權衡，稅務分析師尚無一致看法。

所得課稅的公平與效率，最終並非取決於單一國家的所得稅法，而是所有國家所得稅法效果的加總。一國與其貿易夥伴所得稅制的相互協調，一般而言是所得遠大於所失的。而租稅條約正是此種協調最主要的方式。

所得稅條約有兩個主要的作業目標——降低納稅人跨境交易之雙重課稅風險，以及促進國際社群中成員國間之合作與資訊交換，以緩和短收納稅人稅負的風險。而透過一般性所得稅條約的引進，國際租稅規則的一致化措施，將使上述兩個目標更加強化。租稅條約的其他輔助性目標，則包括避免歧視非居民與外國國民以及紛爭解決的互助合作。幾乎所有的現代

---

21 扣繳稅（withholding tax）：針對股利、權利金、利息或其他由居民向非居民給付，而由來源國就毛額所課徵單一稅率的租稅，由居住者收取並繳交給政府。

所得稅條約均以**經濟合作發展組織稅約範本**[22]為藍本。儘管許多租稅條約納入了一些只存在於**聯合國稅約範本**[23]的條款，但UN稅約範本本身也大量參考了OECD稅約範本。關於租稅條約的討論，詳見第六章。

D. 稅務顧問在國際交易規劃的定位

稅務顧問在國際交易所扮演的角色與其在國內交易中類似。稅務顧問最重要的職責是在確保其客戶不落入超乎預期的稅負陷阱或例外狀況。這些防禦性的租稅規劃，使稅務顧問的立場與租稅政策制定者一致，因為政策制定者也理應致力於尋求納稅人合理的稅負。同時，國內與國際稅務顧問也被期待熟知各種極小化稅負的國際稅務規劃方案。這些方案通常涉及**租稅庇護所**[24]的使用。

相較於國內同業，國際稅務顧問投入更多時間在防禦性的租稅規劃上。理由在於，從事國際交易的納稅人，通常會面臨超額稅負的高風險。這些風險通常發生在兩個或兩個以上國家，對同一筆款項皆主張課稅權。許多最重要的國際租稅規則便是用以緩和或消除此類雙重課稅的情形。消除雙重課稅的常見方法將於第三章討論。

侵略性的租稅規劃，雖然可行且十分流行，但只是大多數國際稅務顧問業務的一小部分。不過，這些活動卻是一些大型法律及會計事務所的主要業務，致使各國政府制定各式複雜的避稅防杜立法以為因應。打擊國際**租稅規避**[25]的主要規則，將於第五章詳述。這些規則並未使租稅庇護所消

----

[22] OECD稅約範本（OECD Mode Treaty）：由OECD所倡議的所得稅條約範本，幾乎所有雙邊所得稅約均以此為本。

[23] 聯合國稅約範本（UN Model Treaty）：由聯合國所倡議的所得稅條約範本，內容是就OECD稅約範本進行若干修正，以反映開發中國家的利益。

[24] 租稅庇護所（tax havens）對所得（或特定所得類型）或實體（或特定實體）給予低稅率或免稅的國家。

[25] 租稅規避（tax avoidance）以合法手段遞延、規避或減少稅負。

聲匿跡。對於個人投資者與許多國家的跨國企業而言，仍有寬廣的國際租稅規避空間存在。

　　稅務顧問的角色，取決於該交易屬於對外投資或對內投資。在境外投資的場合，稅務顧問通常與客戶往來頻繁，且對於客戶的業務能有整體性的了解。因此，客戶多半向其國內稅務顧問的諮詢內容，會同時涉及境內以及境外的租稅效果。儘管國內稅務顧問一般未必能就外國稅法提供意見，但客戶通常期待他們作為涉外租稅情報的媒介。外國稅務顧問不直接與客戶本人，而與客戶的國內稅務顧問進行溝通的情形，也十分常見。反之，當稅務顧問提供非居民其境內投資的諮詢服務時，其所發揮的作用則較受侷限。通常，所提供的服務僅限於在該顧問身處的特定國家之內，並非為該非居民進行長期性的整體租稅規劃。而且，誠如前述，此時稅務顧問會與外國稅務顧問進行溝通，而非直接與客戶討論。

　　稅務顧問就一項國際交易提供諮詢時，不論其為境內投資或境外投資，均不免要與外國的律師、會計師或商業人士進行商議。就此部分而言，稅務顧問的任務便十分棘手，因為此牽涉到基本法律概念、稅法以及會計實務的諸多差異。這些差異更可能因語言和文化的不同而深化。

　　雖然一名稅務顧問在法律上未必有資格就外國稅法提供意見，但他仍應盡可能去掌握國外稅制相關的知識。這些知識使他能與外國稅務顧問進行更有效的溝通，進而提出符合兩國法律的理想方案。

　　從納稅人的觀點而言，任何投資或交易的外國稅負，其重要性往往不亞於與其本國稅負，或甚至更為重要。比方說，個人T為某國居民，希望在另外一國進行**組合投資**[26]。T勢必會關心其居住國之對境外來源所得的課稅規定及雙重課稅的消除機制。不過，T也會注意到國外稅負的高低。

---

[26] 組合投資（portfolio investment）：一種權益型或債務型的投資，投資人不會因此具有實質影響公司經營的能力。持有在外流通股數10%以下的情況，一般會被歸類為組合投資。

如果其居住國消除雙重課稅的方式是免除境外來源所得的稅負，則T只需擔心國外的稅負。

如果T的居住國提供的是外國稅額扣抵[27]，則情況較為複雜；理由詳見第三章。簡言之，給予外國稅額扣抵的國家通常會將可扣抵的額度，限制在國內對於該筆外國來源所得所能課稅的額度範圍之內——也就是不會有退還溢繳外國稅的情形。如果T可以主張稅額扣抵，則他只須注意所納的外國稅是否高於所繳的本國稅即可；因為此時他適用到的有效稅率，等同於該外國稅率。

我們再舉一個更複雜的例子，來說明外國稅法對租稅規劃者的重要性：假設有一個跨國企業，基於商業理由而欲對其跨國企業集團進行組織重整。如果沒有特別的減免規定，依多數國家的稅法，此種企業組織的重整通常會導致十分不利的租稅效果。不過，許多國家會針對特定的企業重組方式給予免稅（或更準確地說，租稅遞延）。因此，在決定是否進行企業組織重整時，跨國企業會詢問其稅務顧問關於母公司所在國稅法以及其境外子公司所在國稅法的租稅效果。要提供這些意見並不容易，因為組織重整涉及的租稅規則牽連甚廣，通常也錯綜複雜。

內國稅法與外國稅法的交集，在國際租稅研究與實務上極具挑戰性。雖然稅務顧問通常能夠針對各自內國稅法的部分提供意見，但他們還必須具備足夠的外國稅法知識才能夠辨識出各種潛在問題，以與外國稅務顧問進行有效溝通。此外，內外國法律上的交集，更超出租稅的範疇。租稅效果會附隨在特定的法律效果之上。例如，租稅效果會因賺取所得者為個人、**信託**[28]、合夥或公司，而有所不同。因此，稅務顧問可能會被要求在

---

[27] 外國稅額扣抵（foreign tax credit）允許用在外國繳納之境外來源所得稅，抵繳原應繳納之本國稅負的規定。

[28] 信託（trust）：一種「普通法」國家法律所允許的安排，其中財產之持有狀態，因為其他人（受益人）的利益而由一方（委託人）移轉至他方（受託人）。

特定情況下判斷一個實體究竟是屬於信託、合夥、公司或是其他。

一份商業計畫案在現行法制的租稅效果，放在外國法制脈絡下會變得更為複雜；因為該內國租稅效果，必須以外國法律概念作為基礎。舉例而言，當一國居民在另一國所設立的有限責任公司[29]享有利益時，此利益之所有權，應定性為合夥利益，還是公司股份？兩國的定性是否應予一致？後者在第七章B部分有所探討。

企業最初決定進行海外**直接投資**[30]時，稅負通常不是主要的考量因素。就初期的投資而言，其他要素如：投資報酬、政治穩定度、勞動成本以及境外市場的通路等，相形之下更為重要。作為「末端」的租稅不應該反過來影響商業的「本體」。[31]然而，一旦決定投資，租稅便成為影響投資方式的重要因素。再者，對於是否將投資收益進行再投資，或將盈餘匯回的決定，租稅便是重要的考量因素。針對將外國企業盈餘匯回本國公司的部分，稅務顧問被期待就各種可能匯回方式的租稅效果提供意見。同理，他們也被期待針對再投資的租稅效果提供意見。

一般而言，租稅規劃的重點之一，是留意客戶的企業組織是否有能力執行此方案。就執行觀點而言，若稅務規劃過於複雜，則節稅的效果會被額外的行政成本抵消。此外，如果企業沒有能力依該方案施行，則方案的有效性也會打上折扣。舉例而言，租稅規劃方案中要求在租稅庇護所國家設立外國子公司，用以向本國母公司購買商品，並將之轉賣給外國客戶。此種租稅規劃的前提，是將商品運送至租稅庇護所的子公司。因此，若不考慮租稅利益，將商品直接從母公司運送至最終消費者處，是理所當然的

---

[29] *limitada*或limited liability company，本質上是一個投資者僅負有限責任的實體，所得稅上則穿透視之。

[30] 直接投資（direct investment）對公司的權益性投資，使投資人對公司管理有實質影響。持有公司流通在外股份超過50%則被歸為直接投資。許多國家將擁有10%以上股權者視為直接投資。

[31] 原文：The tax "tail" should not wag the commercial "dog".

事情；但此舉就破壞了租稅規劃的效果，甚至可能使納稅人遭受重大處罰。

外國投資的方式繁多。舉例而言，製造商會將其商品用下列方式在外國銷售，如：

■ 直接賣給國外消費者，如透過郵購、網路拍賣或流動經銷商等。

■ 先賣給非關係人之外國通路商，再由其轉賣給消費者。

■ 在國外設立**分支機構**[32]，並設置倉庫及銷售人員或經銷商在當地銷售產品。

■ 在國外設立外國銷售子公司。

■ 設立外國控股公司，併購將當地外國銷售子公司。

■ 授權（license）非關係人之外國公司在外國製造並銷售其商品。

上述各種方法的租稅效果，會因特定國家的稅法規定而有相當大的差異。

一間本國公司在選擇外國投資形式時，主要選項為外國分支機構與外國子公司。兩者主要的不同在於，後者為獨立的法律實體，而前者只是該公司的一部分或一個部門。因此，當本國公司透過外國分支機構銷售產品時，本國公司須就該外國分支機構的盈餘納稅，因為分支機構不是一個法律實體。甚且，一般而言法律會規定，本國公司應就其在國外銷售活動所生一切法律義務負責。反之，若外國銷售是由外國子公司所為，則該外國子公司身為一獨立法律實體，便須就其盈餘納稅，並自行負擔法律上義務。當然，此一原則有各種例外規定。

總而言之，稅務顧問就國際交易的租稅規劃而言，被期待履行兩種職責。首先，稅務顧問必須將交易所生的租稅成本進行相當程度的量化。其

---

[32] 分支機構（branch）：一間公司通常會透過辦公室或其他形式的固定營業場所來經營。一間分支機構並未單獨註冊。一間公司的外國分支機構，指位於公司居住國之外的分支機構。

次，稅務顧問應能針對應納稅額的極小化提供意見。通常，國際租稅規劃上的稅負極小化，指的是找出各種不同的交易進行方式，然後從稅負以及與企業整體營運的相容性觀點來建議其中一種。

儘管國際交易的租稅規劃有客製化的因素存在，但我們仍然可以歸納出幾種常見的規劃類型。我們透過以下三種類型的說明，來體會實際的操作情況。下述實例，已經過大量的簡化。

雙效租約

某些跨境交易是利用兩國在租稅待遇的差異所設計而成。跨境租賃即一適例。

假設A國的一間航空公司，希望以貸款取得新型航空器作為營業之用。它可以用商業借款方式直接購買；或者它也可以運用所謂的融資租賃（financial lease）。一般而言，融資租賃是一種融資的約定；其中，承租人實質地取得租賃物的完整所有權。因此，出租人實際上是將租賃物的所有權出售給承租人，並同時融資給承租人。出租人所收到的，不是一般借款人會收到的利息及本金的償還，而是「租金」──這筆數額則反映了財產的售價以及該筆交易的融資狀況。

依A國稅法，融資租賃被視為買賣。因此，航空公司〔譯按：即承租人〕租用航空器，可主張扣除航空器的折舊費用〔譯按：此時航空公司為航空器所有人〕和租金利息費用〔譯按：航空公司為借款人〕。折舊費用的扣除額十分龐大，因為許多國家會訂定加速折舊扣除額，作為鼓勵投資的租稅誘因。同時，航空公司還可主張扣抵A國所提供購買航空器之投資抵減額。

如果出租人〔譯按：飛機製造公司〕是A國居民，則其行為被視為航空器的銷售行為〔譯按：即買賣契約〕；則其所得，須將與銷售合理相關之利益或損失以及租約對價中的利息部分計算在內。不過，如果出租人為B國居民，而B國將此類租稅目的之融資租賃視為一般的租賃關係〔譯

13

按：即租賃契約〕；則根據本案事實，出租人將被視為航空器所有人，也可以主張扣除折舊費用以及扣抵B國所提供之航空器所有人扣抵額。雖然在B國，此筆租金收入要課稅；但A國會將出租人此筆收入的主要部分，視為非應稅的銷售航空器分期還款〔譯按：償還之本金〕，而不是應稅的租金。至於該筆收入的其餘部分，則被視為利息。

由於兩國對交易性質的認定不同，使得此種交易在兩國均得以主張航空器所有權的租稅利益；這種類型的交易結構通常被稱為**雙效租約**[33]。

居於租稅庇護所之公司

許多國際租稅規劃方案，多半利用到提供低稅負或免稅待遇的國家。此類租稅庇護所，提供了各種方式減少高稅負國家居民的稅負。常見的方法之一，便是在租稅庇護所中設立受控外國公司（controlled foreign company）。

舉例而言，假設A公司是A國居民並在當地進行商品製造，所課徵的法人稅稅率為40%。A公司在A國及其他國家均出售其產品。A公司須就其全球盈餘向A國納稅。A公司併購在TH國的TH公司作為其完全控制的子公司，TH國不課徵任何所得稅。TH公司以**常規交易價格**[34]向A公司購買產品後，再轉賣給A國境外的客戶。因此，可歸屬於A國境外的銷售利潤是由TH公司所賺取，而非由A公司。由於TH公司為一獨立法律實體，且稅務顧問會確保其不具A國的居民身分；如此一來，TH公司的銷售利潤不論在A國或TH國均不會被課稅。假設此案例的銷售利潤為200萬，則透過此種交易將可減少在A國的應納稅額達80萬（200萬的40%）。

不過，如果TH公司沒有僱用任何員工，或未確實收受貨品送達，則

---

33 雙效租約（double dip lease）：一種利用各國對交易定性不同所做的安排，使出租人與承租人得以分從各自的居住國主張租賃物之所有權及利益。

34 常規交易價格（arm's length price）：一種對關係人間移轉商品、勞務或無體財產之交易所訂定的價格，參考的基準為市場中相類似之非關係人交易價格。

A國可能會將此銷售盈餘視為來源於A公司。甚至，縱使TH公司確實有銷售行為，某些國家仍會透過法規將來源於TH公司的所得視為來源於A公司。這些「受控外國公司」法則，在第五章C部分關於國際租稅規避的相關議題有所討論。

大多數標榜自己為租稅庇護所的國家，通常會提供各式保護措施以避免向外國政府揭露其境內之居民企業和金融中介機構之交易細節。這些保密機制抑制了其他政府揭發該居民納稅人租稅規避或逃漏的權限。OECD各國近年來對取得租稅庇護所內部交易資訊所做的努力，詳見第七章A部分。

條約濫用

另一種國際租稅規劃的類型，是使用租稅條約來達到稅負減免。常見的例子，是一國居民在他國設立「導管」公司，藉以利用他國之租稅條約網絡。

假設A國的居民A公司研發了價值不菲的無形資產，打算授權給他國製造商使用。但A國並未與潛在使用者的居住國簽訂租稅條約；而已簽訂條約的國家，A國對其權利金的扣繳稅率則為15%。另A國規定，對於外國公司有居民公司實際參與的情形，其境外來源之股利所得可在A國主張免稅。A公司將其無形資產移轉給在B國的完全從屬子公司B。B國則與所有潛在使用者的居住國簽訂條約，當中約定對權利金不課稅。

上述安排的結果是，權利金之來源國不會對權利金所得課稅，也就是B國無法對B公司的權利金所得課稅。原因不外乎其為傳統租稅庇護所，或因為B國對無形資產提供慷慨的沖銷金額。當B公司分配股利給A公司時，A國也不會對之課稅，因為其對股利免稅。儘管A公司會將無形資產的移轉行為視為應稅的交易，但所課徵之移轉利得的確切額度計算不易，必須精準計算移轉當時的公允市價。

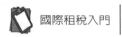

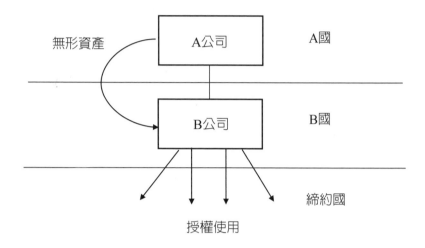

無形資產

A公司　　　A國

B公司　　　B國

締約國

授權使用

　　此例說明了**條約濫用**[35]的問題。在效果上，A公司藉在B國設立公司之便，取得B國的條約網絡。B公司的作用如同導管，讓權利金以免稅之股利所得形式匯入A公司。整體效果在於，權利金發生地所在國的扣繳稅負均得以規避。關於條約濫用的問題，於第六章C部分第2點詳述。

---

[35] 條約濫用（treaty shopping）利用租稅條約之人並非任何締約國之居民；通常是透過某締約國之居民作為導管實體。

第二章

課稅管轄權

A.序論

一筆所得在一國稅法中具有可稅性，可能是由於在該國與產生該筆所得的活動之間有某種連結關係。依照國際用語，基於此種連結所生之課稅管轄權，稱為「**來源管轄權**」[1]。所有課徵所得稅的國家均行使來源管轄權；也就是說，他們課稅的對象，是針對發生或來源於其境內的所得。

另外，一個國家也可能基於其與賺取所得之人的連結而對一筆所得課稅。基於課稅國與應稅人間連結而主張的所得課稅管轄權，稱為「**居住管轄權**」[2]。因居住管轄權而納稅之人，一般是就其全球所得繳稅，不考慮所得來源為何。換言之，納稅人一般須就境內與境外之來源所得納稅。

除少數例外情形，行使居住管轄權的國家，只會針對認定有居民身分之個人與法律實體的所得課稅：因此名為「居住管轄權」。而某些國家──主要指美國──其行使居住管轄權的對象，同時包括公民與居民。換言之，這些國家所主張之所得課稅權，範圍不僅及於其居民的全球所得，也及於其非居民之公民的全球所得。

當一國居民自國外賺取所得（境外來源所得），該國基於居住管轄權所主張的課稅權，可能會與他國基於來源管轄權所主張的課稅權重疊。基

---

[1] 來源管轄權（source jurisdiction）：一種課稅原則，就特定國家中從事經濟活動之所得進行課稅的原則，無論為居民或非居民。

[2] 居住管轄權（residence jurisdiction）：一種課稅原則，將所得全數歸屬一國居民，由其居住國課稅，無論其來源為何。

於居住管轄權所主張的課稅請求權，也可能基於公民身分所主張的課稅請求權重疊；在所謂「**雙重居民納稅人**」[3]的情形，會與其他居住管轄權國家之請求權重疊。此外，各國因為所得來源的規則不同，可能會基於來源管轄權而同時對同一筆所得課稅。此事若無法徹底解決，基於居住與來源所生課稅權的競爭關係，將阻礙國際的投資與貿易。另外，對從事跨境交易賺取所得之人所課的稅，也將無法符合傳統租稅公平的理念。各國透過租稅條約或國內法所採取緩和國際雙重課稅的措施，將於第三章說明。

儘管從事跨國活動之人可能面臨雙重課稅的風險，但他們同時也具有國際租稅規避的可能性。這些可能性導因於居住管轄權與來源管轄權之間的落差。對跨境交易所得短少課徵一事，不僅沒效率，也不公平。它沒效率是因為它使得納稅人只去從事稅負較少的行為，而非稅前報酬率較高的活動。它不公平，是因賺取相同所得之納稅人，卻繳納不同的稅負。

有些國家因為經營租稅庇護所，提高了跨國所得短課的風險。租稅庇護所國家，一般也向外國納稅人收取租稅，但其數額遠小於其他課稅國因此失去的稅收。許多國家稅法充斥複雜的條款，用以防範租稅庇護所國家各種以鄰為壑的政策。這些規則的要點將於第五章說明。

各國單方防堵濫用租稅庇護所的行動通常成效不彰；其主要原因在於來源國或居住國無法獲得經由租稅庇護所之交易的相關資訊。幾乎所有租稅庇護所，均有銀行保密條款或類似的禁止揭露條款，此有助於租稅的規避與逃漏。近年OECD成員國已提案對他們所界定之惡性租稅競爭做出限制。這些提案的主要目標之一，在於限制國家作為租稅庇護所的能力；亦即藉由施壓，以促其修改禁止揭露條款，允許各國政府在具有正當利益時得以交換相關資訊。此份提案在第七章A部分說明。

3　雙重居民納稅人（dual-resident taxpayers）：在同一課稅年度內為兩個或兩個以上國家納稅居民的納稅人。

B. 居住地之定義

為行使居住管轄權，國家必須訂出各種規定，將個人及法律實體定性為居民或非居民。這些判斷個人或法律實體之居住地規則，分別於下述第1點與第2點討論；租稅條約的相關議題則在第3點與第六章說明。

1. 個人之居住地

理想的居住地認定標準，可以得出清楚、確定且公平的結果。確定性之所以值得追求，是因為居民與非居民在租稅待遇上的巨大差異，使得個人有必要知道他們究竟屬於居民或非居民。雖然一個簡單而明確的居住地認定標準值得追求，但單一武斷的認定標準，會有公平的疑慮，而且可能導致許多從事跨境活動之個人最終成為一國以上的居民。實際上，最理想的認定標準，是對最大多數納稅人而言簡便、公平，對其他少數納稅人另外適用特別規定的標準。

許多國家對居住地的認定，取決於十分廣泛的「個案事實認定標準」（facts-and-circumstances test）：事實上，政府會從客觀表現，如：經濟及社會生活的參與程度，來判斷一個個人是否歸屬於該國。最明白的表現方式，可能是在該國保有可供納稅人使用之住所[4]。其他相關，另有該居民從事營利之行為地、家族的所在、與該國維持的社會連結、個人簽證與出入境狀況，以及個人在該國實際存在處所等等。

使用較為武斷認定標準的國家，通常以在該國停留的天數決定。常見但會有問題的規則或推定標準便是：一個人在該國一個課稅年度內停留至少183天，即視為該課稅年度的居民。此一183天的認定標準，在行使嚴格邊境管制的國家還勉強可行。但當有許多人經常出入境而國家無邊境查核的情形，對該國稽徵機關而言便有執行的困難。在大多數國家，此一認

---

[4] 稱dwelling或abode。

定標準要能落實,除非將個人停留期間低於183天之舉證責任置於該個人身上,由其證明之。否則,許多與國家具實質經濟關聯之個人,可以針對183天的認定標準進行規劃。結果,使用該認定標準的國家可能只會抓到不諳事故或思慮不周的個人,而這些人其實與該國的連結未必深厚。

若缺乏一些簡易的推定機制作為強化,個案事實認定標準往往會因適用的困難而無法使人滿意。個案事實認定標準搭配一些由客觀標準所建立之推定機制,則能有效維持確定性與公平性的平衡。個案事實認定標準,在納稅人放棄一國居住地的適用,應該比取得該國居住地的情形更為嚴格,方屬妥適。以下所列的各種推定機制,可以單獨或合併運用,作為居住地的初步認定:

■ 個人在一個課稅年度內停留該國至少183天,即為該年度的居民;除非其能證明在該國沒有住所且非該國的公民。

■ 個人在該國有住所即屬該國居民,除非其同時在其他國家擁有住所。

■ 一國的公民即居民;除非他們能證明在國外有住所且經常居住國外每年超過183天。

■ 在一國已有居民身分之個人,在取得他國居民身分前,不可放棄原居民身分。

■ 個人無論是居民或是身為簽證或移民目的之非居民,在所得稅上均可能被推定具相同地位;不過,推定效果容許推翻。

2. 法律實體之居住地

法人的居住地,通常取決於其註冊地或管理地。**註冊地認定標準**[5],對政府與納稅人而言,具有簡便性與確定性。同時,它允許納稅人任意擇定最初的居住地。標榜為租稅庇護所之國家,一般會提供方便而低價的安

---

5 註冊地認定標準(place-of-incorporation test):一公司以其註冊地所在國作為該國納稅居民之判準。

排，協助法人依該國法律註冊。

　　一般而言，法人要變更其註冊地，很難不涉及歸屬其財產收益的課稅問題，其中包含高市值的無體財產權。因此，註冊地認定標準，對於法人欲透過移轉其居住國而規避稅負的能力做出若干限制。採用註冊地認定標準之國家甚多。

　　「管理地認定標準」[6]的適用比較不明確，至少在理論上。許多經營國際事業的公司，在一個課稅年度內可能在許多國家都有管理活動。實務操作上，大多數使用此標準的國家，都會採取比較務實的基準來認定其管理地；例如：以公司營運總部所在地或董事會的召開地。採用管理地認定標準的國家，為英國及許多其過去的殖民地。許多國家如加拿大，則同時採用註冊地與管理地的認定標準。

　　管理地認定標準容易作為避稅用途的原因在於，管理地的變更通常不會引發租稅效果。舉例而言：假設P公司為一間在A國從事管理的公司，而A國採用的是管理地認定標準。P公司開發了高價值的無體財產權，並打算授權給居住B國的納稅人使用。為規避A國對權利金課稅，P公司將其管理地變更至低稅率的H國；由於該筆財產並未發生移轉，歸屬於P公司無體財產權的巨額收益，在A國便無需納稅。其後，P公司將技術授權給B國的使用者；P公司所收取的權利金，則因其非A國居民，且該國不對外國法人所賺取之外國權利金課稅，而免於被A國課稅。

　　如果上例中，A國採用的是註冊地認定標準，則P公司必須進行組織重整才能移轉其居住地至H國；但此舉將發生P公司的資產移轉至其在H國所組織設立的法人。此種移轉將使歸屬於無體財產權的收益實現，從而限制或甚至消除了P公司租稅規避的機會。

6　管理地認定標準（place-of-management test）：一間公司以其受控制或受管理之處所（通常為董事會開會與公司行使控制權之處）所在國作為該國納稅居民之判準。

　　許多論者認為：法人稅的真正目的，是對法人的股東課稅。因此，公司居住地的認定標準，至少在理論上，應該參考法人股東的居住地。普遍適用「股東居住地認定標準」的結果，若公司大多數股票由超過一國之居住者所持有、或在該公司股票係透過公開交易且股東身分不易確定的情形，股東居住地便不易決定。為達到稅收的公平分配，對法人的課稅應如同對合夥的股東課稅，由各國分別就法人所得中歸屬於各該國家居民合夥人的部分課稅。

　　非法人之法律實體，其居住地的認定一般依「組織所在地認定標準」或「組織管理地認定標準」。合夥組織，由於設立比較方便，因此居住地有時不易認定。在許多國家，合夥組織被視為透明或穿透的實體；亦即，合夥人是依照其出資比例繳納其合夥所得稅。對這些國家而言，由於合夥組織並非一個應稅的實體，因此合夥組織的居住地通常不影響課稅。某些國家的法律在認定信託的居住地時，也會發生困難。特別是當設立地、管理地、信託人[7]以及受益人之所在國均不相同時，問題尤其複雜。

3.居住地相關之條約議題

　　OECD稅約範本第4條第1項規定：依條約目的所謂一國的「居民」，指「考量其住居所（domicile）、居住地、管理地或任何其他具類似性質的判斷標準」而在該國具有應稅能力之人。UN稅約範本則在上述清單加入「註冊地」的判準。為了避免一個人同時被兩國視為居民，第4條第2項規定了一系列的**突破僵局法則**[8]，以便將居住管轄權賦予其中一國。第一個法則為：個人擁有經常住所之所在國；第二為：該個人生活重心之所在國；第三為：該個人慣居所之所在國；第四為：公民身分所屬國。倘若這

7　稱grantor或settlor。
8　突破僵局條款（tie-breaker rules）：租稅條約中用來確立具有雙重居民身分納稅人其居住國的規則。

些法則仍無法加以確定，則由兩國特定稅務官員（即「**權責當局**」[9]）經授權以協議方式決定。目前大多數的租稅條約都是以OECD稅約範本作為藍本，因此會大量參考這些法則。

具有兩國居民身分的法律實體，OECD範本第4條3項規定：以實際管理處所之所在國作為其居住國。範本中的這項條款，對於以註冊地作為唯一認定標準的國家則不能適用。許多條約嘗試將法律實體居住地的衝突交由權責當局解決；有些條約則規定，公司於締約國其一有註冊地的情形，以註冊地作為破僵法則；另有一些條約規定，具雙重居民身分的公司，原則上不得認定為締約國居民。

美國則堅持在其租稅條約中納入所謂的「保留條款」（saving clause）。典型的保留條款一般會規定：美國保留對其居民與公民享有如同條約未生效時的課稅權。舉例而言，美國公民如為條約國居民，其自美國所收到的股利，不能主張適用條約關於優惠扣繳稅率的規定。

C.來源管轄權

依照國際慣例，一國對源自該國的所得，享有優先課稅權。如第三章所述，依照國際慣例，當居住國之居民管轄權與他國之來源管轄權重疊時，居住國通常被期待訂定雙重課稅的減免規定。儘管大多數租稅條約會明文將課稅權給予來源國，但是會要求來源國限制特定類型之投資所得的**扣繳稅**[10]，而且不得對特定所得類型課稅。

儘管來源管轄權享有優先權，但來源的概念在文獻上與國內立法的發展卻十分落後。大多數國家對所得來源均有粗略的規定，特別是營業活動

9　權責當局（competent authorities）：條約國中職司爭端解決與租稅條約所生解釋爭議之官員。

10　扣繳稅（withholding tax）：來源國針對股利、權利金、利息或其他由居民對非居民所給付之毛額，以單一稅率所課之稅。該稅的徵收與繳納是由居民給付人為之。

的來源所得。許多租稅條約均規定特定類型投資所得之來源法則，但多半未明確針對營業所得的部分。

依OECD稅約範本所訂的稅約，嚴格限制了來源管轄權的行使。誠如第六章A部分所討論，許多發展中國家因此拒絕使用OECD稅約範本。在聯合國推動之下，經過與各發展中國家代表協商之後，開發了另一種範本，稍微放寬對來源管轄權行使上的限制。然而，即使在UN稅約範本中也承認多數的限制。是以許多發展中國家，特別是拉丁美洲諸國，一直以來都認為這些對來源所得的限制可茲詬病。

OECD稅約範本規定，一筆所得之課稅國如其課稅權是經由條約授權，而不需考慮納稅人的居住地者，便是該國的來源所得。舉例而言，OECD稅約範本規定，利息所得的來源國為支付者之所在國（第11條第4項）；而不動產之來源所得，包括操作礦坑或礦井所生的所得，均以不動產之所在國為來源國（第6條）。至於營業所得，則只在該筆所得是透過設置於該國之**常設機構**[11]賺取時，才可認定其來源於該國（第7條）。這些在OECD稅約範本中的各種來源法則，其意義不僅作為來源國課稅的規範基礎，更要求居住國提供來源國稅額的扣抵。

一般而言，常設機構指一個固定的營業場所，如：辦公處（office）、分支機構（branch）、工廠（factory）以及礦場（mine）等。在某些情形下，兩稅約範本（第5條）會將非獨立營業代理人（dependent agent）或受僱人視為構成常設機構的主要部分。購買供出口商品的活動，一般不會使得納稅人構成常設機構。對常設機構的進一步討論，詳第六章B部分第2點。

受僱與個人勞務所得、營業所得及投資所得等所適用的一般法則，將

---

[11] 常設機構（permanent establishment, PE）：決定企業是否與一國產生足夠連結的概念，以就可歸屬於該常設機構之所得向該國納稅。

於下述。這些來源法則在典型租稅條約中的各種修正，也將一併探討。

1.受僱與個人勞務所得

在大多數國家，一般而言，履行個人勞務獲取的所得，無論是受僱者、獨立簽約者或專業人員等，均以勞務履行地之所在國為來源國。若個人受有給付而所提供勞務之地超過一國，則可能產生分配的困難。來源所得在各國之間的分配，通常是考量在各國履行勞務所投入時間的多寡。

依UN稅約範本第14條，專業人員及其他獨立簽約者在來源國免稅，除非履行勞務之個人在該來源國有固定基地（fixed base，相當於常設機構）。OECD稅約範本，在西元2000年刪除第14條之前，也有類似的免稅規定。如今，獨立簽約者在依OECD稅約範本所簽之租稅條約中，被視為賺取營業所得之人而得以免稅；除非其在來源國設有常設機構，而非「固定基地」。依UN稅約範本，如果納稅人透過受僱者或其他人員提供諮詢勞務，會被視為設有常設機構；若該人員在來源國居住超過六個月，則其因提供勞務所賺取之所得就會被來源國課稅。

將OECD稅約範本第14條拿掉的效果之一，表示關於常設機構附屬行為的各種例外規定，也適用於獨立簽約人。另一個效果，則表明獨立簽約人如果在來源國透過營業代理人進行營運，在該代理人符合第5條第5項常設機構要件，且不屬同條第6項的免稅事項時，便具有可稅性。UN稅約範本對此兩件事均保持開放態度。

無論OECD或UN稅約範本（第15條），均在特定情形限制來源國對非獨立之個人勞務所得課稅。如要符合免稅要求，提供勞務之個人在來源國居留不得超過183天；收取的對價須由非居民的雇主支付或以其名義為之；而且位於來源國之常設機構不能主張對所支付的對價享有相應稅額的減免。詳見第六章B部分第3點。某些租稅條約對於一定數額以下的受僱所得免稅。

2.營業所得

　　來源國對營業所得課稅的方式差異很大；然而，仍可以觀察到兩種基本模式。其中最為常見且符合兩稅約範本的模式是，一筆營業所得，原則上僅就其可歸於一國常設機構的部分才能對之課稅。依此類模式，常設機構法則不僅作為課稅的前提要件，更被用於辨識課稅所得。因為一筆所得具有可稅性，必須「可歸屬於」常設機構。大多數歐洲國家均大致遵循此種模式。

　　根據OECD稅約範本（第7條第2項與第3項），將部分所得歸屬於常設機構，是因為常設機構被視為獨立法律實體，且假設該常設機構與其總辦公處之間以常規方式進行交易。理論上，常設機構與營運總部間的交易，適用常規交易之**移轉訂價規則**[12]。移轉訂價規則將於第四章詳述。實務上是否真有國家嘗試以此種方式決定常設機構所得之多寡，不無疑問。常見的方法，還是大量依賴納稅人的帳冊，只有在被認為是濫用的情形才予以調整。此種效果給了納稅人廣泛的裁量空間來決定其營業所得的來源。

　　另外一種模式，是先將常設機構法則（或功能相似的規則），當作一種非居民的基本課稅門檻；至於課稅的範圍，再用具體的來源法則來明確界定。美國便是此種來源法則最顯著的例子。依照美國法，大多數類型的毛額所得都有其來源的歸屬，而有各自相應的扣除額，一般與會計準則一致。某些營業所得項目的歸屬，是排他性地專屬於美國或其他各國。舉例而言，購買與銷售個人財產的所得，其課稅權專屬於銷售國。其他所得類型通常透過公式，將所得之一部歸屬外國，一部歸屬本國。舉例而言，將製造與銷售個人財產之所得，歸屬於製造國與銷售國的情形，分配的公式

---

12 移轉訂價法則（transfer pricing rules）：用來限制關係人就財產或服務之移轉，訂出價格有別於非關係人間相類似交易價格之能力的規則。

一般就是兩個變數（銷售與財產）。一般來說，電子通訊所得便是平均分配給電信訊號的發送國與接收國。

美國來源法則的一個特徵，在於對扣除額的處理。許多扣除額與毛額所得的關聯性，比照存貨會計規則的處理方式；從而各種扣除額如折舊及其他固定成本，其費用的歸屬便與商品的銷售成本無異。然而，利息支出、研發費用及其他不易與特定毛額所得科目產生勾稽的費用，則適用比較詳細的特別規定。

大多數國家關於所得與扣除額之來源法則均有欠精密。因此將所得與扣除額劃歸本國或外國，只是初步的劃分，納稅人有廣泛的裁量空間。

3. 投資所得

除少數例外，非居民之投資所得如股利、利息與權利金等的課稅，是由來源國以扣繳方式課徵。資本利得一般不適用扣繳稅。投資所得通常訂有明確的來源法則。除了一些技術性的例外規定，下述的來源法則一直為多數國家所採用，並為兩稅約範本所認可。

■ 利息所得與股利所得，其來源地歸屬於支付者之居住國。詳OECD與UN稅約範本第11條與第10條。可歸屬於常設機構的利息所得，則可能會有特別規定。

■ 無體財產權的權利金所得，其來源地歸屬於權利金的發生國──通常是對無體財產權提供法律保護的國家。某些權利金所得的類型如播放動畫與使用電腦軟體的權利金等，在某些國家的法律中被劃歸為營業所得。OECD稅約範本並未規定權利金的來源法則，因為居住國對權利金的課稅享有專屬管轄權。UN稅約範本將課稅權保留給來源國，僅訂出扣繳稅率的上限，其餘則由條約夥伴談判訂之。因此，權利金的來源地為支付者的居住國；至於在計算常設機構之所得中被扣除的權利金時，來源地為該常設機構之所在國。

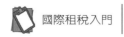

■ 非屬經營租賃業務而出租動產的情形，租金所得以財產使用地之所在國
為來源國。至於經營租賃業務所生的租金所得，通常適用營業所得之相
關法則。

■ OECD稅約範本第13條規定，資本利得除非是出售營業用財產或出售不
動產，否則以出售者之居住國為來源國。出售不動產之利得，其來源國
為財產所在國；出售營業用財產之利得，其來源國為使用該財產之常設
機構所在國。依UN稅約範本，如未於條約中特別提及，出售財產之利
得，則在居住國與來源國均可以進行課稅。

　　承上所示，大多數國家在簽定租稅條約時，對於利息、股利以及權利
金所適用的扣繳稅率，均同意作出一定的上限。此類上限，旨在劃出一部
分的稅收，由來源國與居住國分享。關於條約中扣繳稅率的討論，詳見第
六章B部分第5點。

　　某些租稅條約為了完全消除特定投資所得類型之來源課稅，甚至將扣
繳稅率規定為零。已開發國家之間的租稅條約，幾乎都有此種約款。此種
零稅率有兩個前提假設：其一，條約國之間適用零稅率的投資資金，流量
大致相同；其二，來源國所放棄的課稅管轄權，會轉由居住國來行使。在
第六章A部分的相關討論顯示，許多情況下這些前提假設均悖於現實。

　　對投資所得課稅，有論者偏好由居住地為之，而非由來源地；原因在
於由來源地就源扣繳稅款，某些情況下形同對支付者（payer）課徵一種
特別消費稅；而依居住地課稅，一般而言作用形同對受給付者（payee）
課徵所得稅。採取具消費稅效果之來源地課稅方式，假設國外融資銀行要
求借款人支付的利息費用，必須是扣除來源國一切扣繳稅款的淨額，則借
款人往往會將扣繳稅視為借款的額外成本。事實上，市場壓力可能會迫使
該銀行降低借款利率，以向借款人收取此種淨額型的利息費用。1980年
代的一些研究在在顯示，若借款人的居住地在小國，外國融資人通常會將
扣繳稅額轉嫁給借款人。更晚近的研究則指出，扣繳稅的各種效果仍有欠

明確。但無論如何，若是居住國能確實對所得課稅並給予來源國稅額之全數扣抵，一般而言即可避免此種來源國消費稅效果。如此一來，對投資人而言，其在來源國繳稅便與在居住母國扣繳無異。

　　理論上，扣繳零稅率簡化了行政工作，公司間的往來也因為少了租稅負擔而有助於經營效率的提升。但實際上，零稅率也助長各種避稅方案產生，若沒有精密的反避稅條款，可能會藉由所謂的條約濫用行為，而提供條約目的以外的租稅利益。例如：享受條約利益的公司在名義上雖為締約國居民，但實際上卻是由非居民所控制的情形，便可能發生條約的濫用。關於條約濫用的討論詳第六章C部分。

第三章

雙重課稅之消除

A. 序論

　　誠如第二章所述，大多數國家是以納稅人的居住身分以及所得來源作為課稅基礎。因此，如果兩國間沒有訂定防止雙重課稅的條款，則一國居民所賺取的境外來源所得，可能會同時被來源國與居住國課稅。若稅率不高，如在20世紀早期，雙重課稅所造成的無效率與不公平還能忍受。不過，一旦稅率提高到當前的水準，則負擔便難以承受，且足以阻礙國際貿易。因此，基於公平與經濟政策，消除雙重課稅的必要性十分明確。不過，消除方式是否妥當，則仍有爭議。

　　國際間產生雙重課稅的原因很多。下述的三種類型則是由課稅管轄權的衝突所生。

來源管轄的衝突

　　兩個以上國家主張對納稅人同一筆所得主張課稅權的原因，均在於該筆所得為其國家之來源所得。

居住管轄的衝突

　　兩個以上國家主張對納稅人同一筆所得主張課稅權的原因，均在於該納稅人為其國家之居民。一個納稅人被兩個國家同時認為是居民時，通常稱為「雙重居民納稅人」。

居住與來源間的衝突

　　一國基於納稅人之居民身分，而對其境外來源所得主張課稅權；而另一國則因為該筆所得來源於該國而主張課稅權。

在沒有消除機制的情況下，最常發生的類型是來源管轄權與居住管轄權的衝突。對納稅人而言，此種衝突很難透過租稅規劃方式避免。某種程度來說，納稅人只要謹慎進行租稅規劃，便能夠極小化其他類型的雙重課稅風險。因此，國際間對此問題的討論，大多集中在消除居住與來源管轄權的衝突。

國際間雙重課稅也可能發生在各國對所得定義的不同，以及所採用之時間點或是稅務會計處理的差異。如第四章所述，國際雙重課稅的發生，也會因為各國對跨境關係人交易之合理常規交易價格的訂定有爭議而產生。其他用來防杜租稅規避的法則，也會造成雙重課稅。舉例而言，如果一個國家依**資本弱化規則**[1]否准扣除居民公司支付海外股東的利息費用時，則該筆金額在兩國都要被課稅。

租稅條約中關於消除機制的條款，除了三種主要類型外，一般也會納入其他類型。來源管轄衝突所生雙重課稅的解決，是透過尋求彼此一致的來源法則。舉例而言，OECD稅約範本第11條第5項規定利息所得的來源。然而如第二章所述，大多數租稅條約並沒有對各種來源法則進行詳細規定。當無法以特別條款解決來源衝突時，則會依條約所訂之相互協議程序，由締約國雙方的權責機關進行協商。詳第六章C部分第3點。不過，要解決這些爭議並不容易，因為大多數國家的權責機關均不願對其本國的來源管轄權作出讓步。

居住管轄權衝突所生的國際雙重課稅，個人納稅人幾乎總能透過租稅條約而獲得消除。至於法律實體，通常也能以條約方式解決。如第二章B部分第3點，OECD稅約範本第4條第2項規定一系列的突破僵局法則，用以解決個人同時為兩國居民的情形。法律實體的雙重居住身分，OECD稅

---

[1]　資本弱化規則（thin capitalization rules）：對於公司以超標之債務權益比支付給大量非居民股東利息費用的作法，所做扣除額度上的限制。

約範本的解決方式是將該實體之實際管理地所在國，視為居住國。此一突破僵局法則通常會被採取註冊地認定原則之國家修改。若在條約中無法明確解決雙重居住身分，有時也運用相互協議程序處理。

居住國與來源國對同筆所得課稅的雙重課稅類型，其解決方式通常是由居住國給予減免。換句話說，來源國的課稅權優越於居住國的課稅權。

雙重課稅的消除，通常使用的三種方法為──**扣除法**[2]、**免稅法**[3]以及**扣抵法**[4]。這些方法將於下述C部分討論。以下則先對「國際雙重課稅」此用語進行簡短說明。

B.國際雙重課稅之定義

所謂的「雙重課稅」已廣泛使用於各種文本之中，因此任何精準的定義均無法通盤適用於所有情形。雖然OECD稅約範本或**註釋**[5]均未定義此用語，不過條約的主要目的即在「避免對所得與資本之雙重課稅」。

「國際雙重課稅」[6]被定義為，兩個以上的主權國家，對同一課稅對象在同一課稅期間內之同一筆所得（含資本利得）均各自課徵了相類似的所得稅。其在法律上的定義則比較狹隘，排除了許多一般認為是雙重課稅的情形，而指出許多被認為是國際雙重課稅的必要條件。不過即便如此，要在個案中決定是否符合此一雙重課稅的定義還是不容易。舉例來說，可

---

[2] 扣除法（deduction method）：一國居民在計算其居住國課稅所得時，允許扣除已納的外國稅捐。

[3] 免稅法（exemption method）：對居民之境外來源所得免除全部或部分的本國稅捐。

[4] 扣抵法（credit method）：居民已納的外國稅捐，允許抵掉居民國對其境外來源所得所課稅捐。

[5] 註釋（Commentary）：指兩稅約範本的註釋。它對稅約範本的各個條款進行說明，並記錄成員國對各條款所作的保留與觀察意見。OECD稅約範本註釋對租稅條約之解釋與適用具有相當影響力。

[6] 國際雙重課稅（international double taxation）：兩個或兩個以上國家在同一課稅期間對同一筆所得課徵所得稅。

能會發生的問題是兩國所課徵的租稅是否屬於相類似，或者所應稅的該筆所得是否為同一筆所得。

國際雙重課稅在法律上的定義，應與範圍較廣的經濟上定義作區隔。依照後者的定義，只要對同筆經濟上所得進行多次課稅，便產生雙重課稅。在法律的定義下，一國對子公司課稅而另一國對母公司向子公司所收取的股利課稅，並不構成國際雙重課稅，因為兩間公司屬於獨立的法律實體。然而在經濟上，母公司與子公司構成一個單一企業。純屬經濟上但非屬法律上的雙重課稅也可能會發生，一如對合夥與合夥人同時課稅，或是同時對信託與信託之受益人課稅。

國際雙重課稅的消除方法，同時採納法律上與經濟上的定義。如果依照經濟上的定義，雙重課稅的消除，其範圍有時會及於國外子公司及其關係企業所繳納的稅。不過在大多數的情形，是依照法律上的定義。原因在於經濟上的定義太廣，難以配合稅法所要求的精確性。舉例而言，在賺取所得後將之用於消費的情況，有時也會構成經濟上的雙重課稅。然而，還沒有任何國家準備好讓消除雙重課稅的規定擴張適用到銷售稅或各種消費稅之上。同理，在同時課徵所得稅與遺產稅或財富稅所產生的經濟上雙重課稅，各國也尚未允許消除。

國際雙重課稅，應與國內雙重課稅作區別。舉例而言，依照古典的公司課稅理論，公司賺取所得並分配予其國內股東之情形，會構成內國雙重課稅。同樣情形也會發生在，一個人的所得同時被一國中央政府與其一個以上次級政府課稅的場合。中央與次級政府所構成的雙重課稅，其實未必會遭到反對。事實上，只要各級政府的課稅不要過重，此種雙重課稅可能是財政聯邦主義的必然現象。

C.消除機制

　　消除國際雙重課稅的最適方法，在國際間尚未形成共識，以下三種方法較為常見。一個國家可能運用當中其一或各式的組合。

■ **扣除法**：指居住國允許納稅人扣除就其境外來源所得所支付給外國政府之稅捐，包含繳納給該外國之所得稅。

■ **免稅法**：指居住國免除其納稅人之境外來源所得稅。

■ **扣抵法**：指居住國允許其納稅人抵減其在外國已繳納、因而毋需在國內繳交的所得稅。在某些情形，此種抵減額還可以對外國次級政府主張。

　　一般而言，一國居民的境外來源所得，適用扣除法後的實質稅率高於扣抵法或免稅法。而在外國之實質稅率高於或等於本國時，適用扣抵法和免稅法的效果相同。若外國實質稅率低於本國，最受納稅人歡迎的是免稅法。三種方法的適用結果將以下述例子說明。

　　A國居民R在B國賺取100元所得，繳了40元的B國稅。依照**扣除法**，則R付給A國的稅是以60元的所得淨額來計算（100減40）。假設R在A國適用的稅率為50%，則他要付A國30元的稅；因此，加計國內外的稅率後，其100元的所得繳了70元的稅。如果A國使用**扣抵法**，則R將依其全球所得淨額（100）為稅基，而以50%的稅率納稅，但不能扣除在B國已納的稅。不過，他可以獲得一筆扣抵額，用來抵減要繳給A國的稅。結果上，R只要付給A國10元的稅（50減40），而其總稅負為50元，因為結合國內外的實質稅率是50%。最後，如果A國用的是**免稅法**，則R就境外來源所得的部分無須繳稅給A國；總稅負為40元，因為國內外的稅率加總為40%。三種結果如下表所示。

消除雙重課稅之方法比較

	扣除法	扣抵法	免稅法
境外來源所得	100	100	100
外國稅負（40%）	40	40	40
外國稅扣除額	40	無	無
國內所得淨額	60	100	無
扣抵前國內稅負（50%）	30	50	無
減項：外國稅扣抵額	無	40	無
最終國內稅負	30	10	無
國內外稅負總計	70	50	40

關於三種方法的詳細操作，詳見下述第1、2點與第3點；免稅法與扣抵法之比較，詳見第4點；第5點則說明租稅條約對消除雙重課稅的作用。

1.扣除法

使用扣除法的國家是就居民的全球所得課稅，並允許這些納稅人在計算課稅所得時即扣除已繳納的外國稅捐。在效果上，外國稅捐——無論是所得稅或其他稅捐——均被視為在國外從事營業活動或賺取所得的經常性費用。扣除法是消除國際雙重課稅機制中效果最低者。

扣除法通常用於租稅制度尚處於形成期的國家。當全球稅率不高時，此種方法尚屬可行；但在二次戰後隨著稅率逐漸增加，多數國家已改採免稅法或扣抵法作為主要方法。在兩稅約範本中也僅認可此兩種方法。

不過，扣除法尚未消失。許多採扣抵法的國家仍保留扣除法的選項，同時也作為無法主張扣抵之國外稅額時的解決方法。此外，某些國家對於透過境外組合投資而間接賺取的所得，便是採取扣除法。

其在效果上，當居民自外國公司收取股利時，一般均採扣除法以對其淨額課稅；並且會假定該外國公司已付了部分的外國所得稅，且無法扣

抵。舉例而言，假設一家外國公司F賺取100元並繳納外國所得稅20元。所剩的80元中，F公司支付了20元股利給A國居民R；因為該居民擁有F公司25%的股份。依照上述事實，R透過F公司賺取了25元的境外來源所得，並就此筆所得支付5元境外來源所得稅（20×25%）。如果A國要對R所賺取的20元課稅，則在效果上形同允許R扣除就F公司所付的5元所得稅。一國要求將相關稅捐併入股利淨額，被稱為是將股利「**毛額化**」[7]，毛額化的目的，是為了使「直接賺取境外所得之納稅人」和「間接透過外國公司賺取境外所得之納稅人」享有相同的租稅待遇。關於**間接外國稅額扣抵**[8]的討論，詳第3點。

　　扣除法的效果，是賺取境外來源所得並就該所得繳納外國所得稅的居民，其所適用的加總稅率高於本國稅率。因此，當外國投資可能產生外國所得稅時，扣除法就會產生不利於境外投資的效果。此種差別待遇的正當性，可能在於確保國家利益。此舉除了使國內投資受惠，更對全球所得淨額相同之居民一視同仁；因為他們所負擔的內國稅額相同。當然，從納稅人全球所得的總負擔（加計國內與國外）來看，扣除法並未達成居民待遇平等的效果。儘管全球所得淨額相同的居民支付的本國稅捐相同，但他們各自所繳納的外國稅捐則相差甚遠。此外，從國際資源配置觀點，扣除法的立場也不中立。

2. 免稅法

　　依免稅法，居住國只就其居民之境內所得課稅，其境外所得則免稅。在效果上，課稅管轄權僅及於來源國。免稅法完全消除了居住與來源管轄權衝突之國際雙重課稅類型，因為只有來源國的課稅權在行使。

---

[7]　毛額化（gross up）：加在股東所收股利之上的名目數額，相當於公司就股利部分所繳之稅額；其結果，股利加計毛額化的金額後，會等於公司獲配股利之稅前所得。

[8]　間接外國稅額扣抵（indirect foreign tax credit）：一種外國扣抵稅額，允許本國納稅人自外國公司收取股利時，主張抵掉該外國公司分配股利所繳納之外國公司所得稅。

只有極少數的國家——著名的例子如香港——對其居民之全部境外來源所得免稅。在效果上，這些國家只對國內的來源所得課稅。因此，它們通常被認為是依屬地主義課稅，而非依全球主義。大多數使用免稅法的國家，僅針對特定類型的所得予以免稅；最常見的則是營業所得與外國關係企業的股利所得。此外，免稅法通常僅適用在「外國課稅所得」或「適用該外國最低稅率之所得」。

境外來源所得雖然免稅，但在適用其他課稅所得之稅率時，則會一併納入考量。此種作法稱為「**累進免稅制**」[9]。此種制度之下，境外來源所得會先被納入課稅所得，計算若外國所得亦應課稅時之平均稅率。接著，此一平均稅率被用來計算納稅人其他所得之實際應納稅額。許多國家包含荷蘭，便採用此種累進免稅法。

舉例而言，假設A國針對所得中第一個10,000元適用的稅率是20%；超出一萬的部分稅率為40%。而A國居民T，有國內來源所得10,000元，以及免稅境外來源所得10,000元。在一般的免稅法下，T要繳2,000元的稅（10,000的20%）。而依累進免稅法，T必須決定全部20,000元所得的平均稅率為何。在此例中，平均稅率為30%，即（10,000×0.20 + 10,000×0.40）除以20,000。於是A國應納稅額，則由30%的平均稅率乘上國內來源所得10,000元，而為3,000元。

免稅法對於稽徵機關的執行相對簡單，而對雙重課稅的消除也較有效率。累進免稅法則較為複雜，因為它要求稽徵機關取得居民納稅人所賺取境外來源所得多寡之相關資訊。

儘管免稅法被廣泛使用，且經兩稅約範本的認可（詳參此二稅約範本第23條A項）；但是它牴觸了許多租稅政策中關於公平與效率的目標。在外國稅負低於本國時，有免稅境外來源所得之居民納稅人，便享有較優

---

[9] 累進免稅制（exemption with progression）：對特定類型的境外來源所得給予免稅，但在決定其他類型課稅所得所適用之稅率時會一併納入計算。

厚的待遇。此外，免稅法鼓勵居民納稅人對低稅率國家，特別是租稅庇護所，進行投資，也鼓勵其將國內來源所得轉而投入這些國家之中。例如，免稅法國家的居民在該國賺取基金之利息時，會有強烈動機將該基金移轉至利息所得稅率較低或免稅的外國。

　　由於前述這些缺陷，完全免稅法（full exemption）的正當性難以確立，從而採用的國家極少。不過，如果是作為扣抵法的簡便替代方案，則部分免稅法（partial exemption）便有可能被正當化。在部分免稅法中，一國如其居民納稅人境外所得之來源國，在所同意的適用稅率或其他條件都與本國相當時，該境外所得免稅。如此，成效將與採用扣抵法類似；因為採用扣抵法的國家在類似情形下也難以收到稅。此點的說明，詳如下述。

　　A公司為A國居民，而A國所得稅率為40%。A公司在B國與C國分別賺取1,000元，所適用稅率分別為40%與50%。A國採用外國稅額扣抵法。如此一來，付給B國與C國的稅額——分別為400與500——將能完全自繳給A國的800元稅額中扣抵（A國的全部境外來源所得為2,000）。只有在A公司所適用之外國實質稅率低於A國實質稅率時，A國才有可能在全數扣抵境外稅額之後向A公司收取稅收。

　　當然，即便B國與C國對外國公司均課以重稅，還是會發生外國實質稅率低於A國的情形。舉例而言，在兩國或其一提供特別的租稅優惠，或因該國稅法的漏洞讓外國公司有機可乘的情形，則A國就有可能從A公司的境外來源所得中取得稅收。

　　許多國家會對從外國分支機構或常設機構賺取的積極營業所得（active business income）採用免稅法。有些國家則是對在外國公司有一定持股比例（通常為5%或10%）的居民公司，就所收取該外國公司之某

部分股利給予免稅。此種股利的免稅通常被稱為「**參與免稅**」[10]。

部分免稅法所宣稱的目的，是它極小化納稅人的遵從成本與稽徵機關的行政成本。部分免稅法要能有效運作，一個國家必須確保其境外來源所得之免稅範圍，只能限於與本國稅相當之外國稅。因此，免稅法的成效，有賴嚴謹的來源所得規則與費用規則。同時也需要各種避稅防杜條款，來避免低稅的境外來源所得享受免稅。最後還需要透過費用分攤法則及避稅防杜條款，防止納稅人主張扣除因賺取免稅境外來源所得所生的費用。

免稅法一個常被忽略的漏洞是，它在許多重要場合會促使賺取所得者將稅負轉嫁至支付所得者身上。舉例而言，假設A國公司稅率為50%，對境外來源所得提供免稅。同時假設B國對於支付給外國人的利息，課徵25%的扣繳稅。A公司為A國居民，被要求貸款100,000元給B國居民B公司。A公司如果是貸款給C國的居民，所賺取之利息收入10,000元免稅。在這些條件之下，A公司可能在同意貸款之前，會向B公司要求每年稅後實拿利息為10,000元。此種安排的效果在於，在B國所繳納之2,500元扣繳稅可轉由B公司負擔。若A國採取扣抵法，則此種經濟上的規避效果便可以避免。在上述例子中，由於A公司無論在何處賺取10,000元的利息所得，均須繳納5,000元的A國公司稅；因此它無法將此筆稅負轉嫁給B公司；因為在扣抵法下，所賺取的10,000元並非免稅。

3. 扣抵法

依照扣抵法，居民納稅人就境外來源所得所支付的外國稅捐，一般而言可自國內應納稅額中扣除。舉例而言，如果P就某筆境外來源所得支付10元的外國租稅，而該筆所得併入國內所得後算出稅額為40元，則外國稅額扣抵將使國內應納稅額由40元降低為30元。因此，扣抵法完全消除

---

[10] 參與免稅（participation exemption），一種課稅制度，當中居民公司自外國公司所收取的股利在居住國免稅；前提是該居民公司持有該外國公司一定比例的股份。

了雙重課稅中來源與所得管轄衝突的類型。在扣抵法下，境外來源所得在外國稅率低於本國稅率時，須繳納本國稅。此時，最終要繳的本國稅額，相當於以境外來源所得乘上兩國稅率相減之後的差值。在效果上，外國稅捐被本國稅捐「墊高」，因此，境外來源所得最終適用的稅率是兩國稅率的結合，其實就等於本國稅率。

　　若納稅人其外國稅捐的實質稅率高於本國時，扣抵國（即居住國）通常不會給予退稅。舉例而言，OECD稅約範本第23條B項即有此規定。同時，扣抵國也不會允許以超額的外國稅額抵繳本國所得之所得稅。換句話說，外國稅額的扣抵，通常僅以該外國來源所得所應支付之本國稅額為限。各式扣抵上限額度的規定，則用來防止外國稅額扣抵的濫用，它們在適用上有時非常複雜。由於此種限額規定，通常在境外來源所得之外國稅率高於本國時，會依外國有效稅率課徵。在結論上，依扣抵法，居民境外來源所得要適用的稅率，通常是本國稅率與外國稅率之中較高者。

基本原則

　　扣抵法克服了扣除法的缺陷。除外國稅超過本國稅的情形之外，從加計境內外總稅負的角度來看，對居民納稅人的待遇是公平的。另外，同樣除了外國稅超過本國稅的例外情形，扣抵法對居民納稅人投資國內或國外的決策也保持中立。這些將於下述例子當中說明。

　　兩個A國居民各自賺取外國來源所得100元，而他們所繳納的外國租稅其一為0元，另一為40元。如果兩個居民適用之本國稅率均為50%，則將各自支付50元與10元的本國稅。這兩種情況下併計國內外的實質稅率均為50%。不過，如果其中一名居民所支付的外國稅為60元，則併計的稅率便是60%；因為A國就境外來源所得所支付超出本國稅的部分無法提供抵減。因此，其中一名居民將付60元的稅，另一位則是50元的稅。

　　許多國家對於當年度無法扣抵的外國所得稅（超額租稅扣抵），允許遞延至往後的年度扣抵。各國對向後遞延的期間有不同規定。當然，這些

在往後年度才使用的超額租稅扣抵額，在行使上有各種限制。例如，假設R是A國居民，該國稅率為30%。在第一年R賺取境外所得100元，並支付50元的外國稅。此筆稅款被允許扣抵A國的稅30元。由於外國可扣抵稅額大於A國稅額（多了20元），因此超出的外國稅無法主張扣抵，從而R擁有了20元的超額扣抵額。第二年，R賺取境外所得100元，並支付外國稅25元。A國允許R的扣抵額便成為30元——即當年度的外國稅25元，加上前一年度遞延至當年度的5元。同時，R所剩的超額扣抵額15元，仍可作為未來扣抵之用。

從租稅政策角度出發，扣抵法一般被認為是消除國際雙重課稅的最好方法。但是，扣抵法並非毫無困難。最重要的是，外國稅額扣抵在操作上，無論對政府或對納稅人均十分複雜。其中必須解決的難題如下：

■ 哪些外國稅捐可供扣抵？

■ 扣抵限額如何計算？依來源別或項目別作為計算基礎？還是以國別為基礎？或是在一個總括的基礎之上，再分就不同類型所得適用不同的特別規定？或是上述方法的排列組合？

■ 決定所得來源與費用扣除之認定標準為何？

■ 外國關係企業就其所得分派股利時，所內含之外國稅捐是否允許扣抵？

扣抵法要能有效運作，有賴高度細節性、技術性與複雜性的立法來解決。若考量租稅庇護所國家藉機賺取所得一事，則這些造成徵納雙方在遵從上與行政上負擔的複雜規定，實有其存在的必要性與正當性。否則，國內稅收將因境內來源所得被分散至租稅庇護所而被規避。

若本國納稅人在國內與國外的稅負相當，則可以探討此一複雜制度的必要性。事實上在這些情況中，一國給予外國稅額扣抵後，不太可能再從其境外來源所得收取大量的稅收。有些國家如加拿大、德國與澳洲，均認為採取完全扣抵在上述情形的成本過高。其他國家如日本、英國與美國則認為，採取部分免稅所帶來的利益尚不足以高到採納此法的程度。不過，

美國一向以其對複雜性的高忍受度聞名。

外國稅額扣抵法可能會使來源國提高對非居民所得的稅負，並提高至相當於居住國的水準（所謂的**榨乾稅**[11]）。此種增稅不會影響非居民投資者的稅後報酬，因此不會阻礙外國投資。然而，它會使居住國的稅收移轉至來源國。一個國家最可能對扣抵國居民課徵歧視性租稅的情形，是當來源國國內絕大多數的外國投資為若干外國居民所持有，且這些國家的稅率大致相同。針對這些對外國稅額扣抵課徵歧視性租稅之國家，有些國家會在其境外稅額扣抵的規定增訂防杜條款，避免這些國家取得外國扣抵稅額。

目前有許多國家使用扣抵法來消除國際雙重課稅。在方式上，有的是單方給予外國稅額扣抵；有的則只給予所簽雙邊租稅條約中所允許的扣抵。大多數國家均兼採二種方式。有些國家扣抵制度延伸納入「**視同已納稅額**」[12]；此部分將於下述E部分詳述。

各種限額的類型

承如上述，採取扣抵法的國家會將外國扣抵稅額的範圍，限縮在相當於該筆境外來源所得在本國之應納稅額。具體限制方式各國不同。依全面或全球限額法下，所有外國稅捐均被加總；換句話說，扣抵限額取決於「已納外國稅額總額」與「外國來源所得總額在本國應納稅額」間較低者。此方法可以平均不同國家間稅額不同的情形。

依國別限額法，扣抵限額取決於「各外國所納稅額」與「各外國來源所得在本國應納稅額」之較低者。此法在防止各國所納稅額差異的平均化，但卻容許特定外國之所納稅額中，平均化因所得類型不同而適用不同

---

[11] 榨乾稅（soak-up taxes）：一國對非居民課稅之原因，只在於這些稅被非居民用來扣抵其居民國的課稅所得。

[12] 視同已納稅額（tax sparing）：允許因外國之租稅優惠或免稅假期而實際未支付的外國稅捐給予扣抵。

稅率的差異。

依項目限額法,扣抵限額取決於「各筆所得之所納稅額」與「該筆所得在本國應納稅額」之較低者。此法防止各種平均化的效果,在理論上可能是最好的方法,但實際上很少國家採用。依此方法,所得的「項目」(item),被定義為某種所得的類型,例如利息所得或運輸所得。原則上,一國可以將一筆所得定義成任何在外國之課稅所得類型。舉例來說,假設B國營業所得稅率為50%,利息所得稅率為10%,則A國可能考量其居民在B國所納之稅的扣抵限額,而將源於B國之營業所得與利息所得分別定義為不同的所得類型。

下述例子,比較上述三種方法(全面限額、國別限額、標的限額)的操作。A公司為A國居民,其賺取之境外來源所得及所納之外國租稅,如下表所示。

	外國所得	外國稅
來源X國之營業所得	100,000	45,000
來源X國之股利所得	20,000	1,000
來源Y國之營業所得	50,000	10,000
來源Z國之利息所得	10,000	1,500

A國的公司稅率為30%,A公司在A國營運賺取20萬。如果沒有外國稅額扣抵的限額,則A國的應納稅額為:

總所得	380,000
扣抵前稅額	114,000
外國稅額扣抵	57,500
總稅額	56,500

因此，應納稅額的總額為114,000元。若A國採用三種扣抵法之一，其應納稅額分別為：

	全面限額法	國別限額法	項目限額法
扣抵前A國稅額	114,000	114,000	114,000
減項：扣抵額	(1) 外國稅：57,500 (2) A國境外所得稅： (0.30×180,000=)54,000	(a) X國 (1)外國稅46,000 (2)A國境外所得稅： (0.30×120,000=)36,000 (b) Y國 (1)外國稅10,000 (2)A國境外所得稅： (0.30×50,000=)15,000 (c) Z國 (1)外國稅1,500 (2)A國境外所得稅： (0.30×10,000=)3,000	(a) X國 (i) 營業所得 (1)外國稅45,000 (2)A國境外所得稅： (0.30×100,000=)30,000 (ii) 股利所得 (1)外國稅1,000 (2)A國境外所得稅： (0.30×20,000=)6,000 (b) Y國 (1)外國稅10,000 (2)A國境外所得稅： (0.30×50,000=)15,000 (c) Z國 (1)外國稅1,500 (2)A國境外所得稅： (0.30×10,000=)3,000
扣抵後A國稅額	60,000	66,500	71,500
總稅額	117,500	124,000	129,000

限制外國稅額扣抵的三種方法，並不互相排斥。舉例而言，一國可能在基本上使用全面限額法，但就特定的所得類型如利息所得與運輸所得，則採用項目限額法。美國便使用此種混合方式。對不同所得類型作不同限

制方法一事，通常被稱為**分類限額法**。

間接扣抵

　　許多國家提供所謂的「間接」外國稅額扣抵。間接扣抵指的是，給予本國公司其外國關係企業所付外國所得稅之扣抵。扣抵的時間點是在本國公司自外國關係企業收取股利之時。扣抵的額度則是該筆股利中所內含的外國所得稅。一般而言，外國稅額扣抵的範圍只限於居民納稅人直接支付之外國所得稅。在效果上，間接稅額扣抵法只單純考慮稅額扣抵的目的，不考量該實體在國內外分屬不同的公司。要主張外國關係企業所納稅額之扣抵，本國公司必須持有該外國公司相當比例的資本，通常為10%。

　　間接國外稅額扣抵的基本操作，如下例所示。假設A公司為A國居民，完全持有B國居民的子公司B公司。B公司當年度所得為800元，而B國稅率為40%，該筆所得的應納稅額為320元，B公司分配其全部稅後收益480元（800-320）給A公司作為股利。A公司在A國將依800元被課稅——即480元的股利和320元的內含稅（通常被稱為「毛額化的數額」）。假設A國稅率50%，且無扣抵上限；則應納稅額為80元，即400元減掉由B公司因分配股利所付的外國稅320元。

B公司所得	800
B國稅	320
稅後淨利	480
所付股利	480
A公司所得	
B公司所分配股利	480
毛額化數額	320
A公司所得總額	800
A國扣抵前稅額	400

B公司所付B國稅之扣抵額	320
A國稅淨額	80

　　如果上述A公司所收取的股利，必須在B國進行扣繳，則不論所採取的限額法為何，該扣繳稅額也可自A公司所付給A國之應納稅額中扣抵。扣繳稅的扣抵，是一種直接的外國稅額扣抵，不是間接；因為A公司被視為該筆扣繳稅捐的支付人〔譯按：間接稅額扣抵的支付人則是位居B國的B公司〕。

　　扣抵法可能會抑制本國公司從國外關係企業以股利方式賺取境外所得。假設A公司為A國居民，完全持有F國居民F公司。A國稅率50%，而F國稅率20%。F公司在F國賺取100元，納稅20元；如果A公司將其在F公司的收益以股利全部匯回，則它可以主張外國扣抵稅額20元，但它將被要求支付所餘的30元稅額給A國，計算如下所示。若將盈餘保留在F公司，則A公司可以無限期遞延在A國要繳的該筆稅捐30元。

股利	80
毛額化數額	20
A公司所得	100
扣抵前稅額（稅率50%）	50
F公司所付外國稅之間接扣抵稅額	20
A國稅	30

　　為了避免對匯回的利潤構成歧視，一國通常會對外國關係企業之所得課稅採取權責基礎。依此種基礎課稅，便可消除居民自外國關係企業賺取

境外來源所得而**遞延**[13]居住國稅負的效果。儘管不時有全面採取權責基礎的提議，但至今未有國家採用。不過在某些情形，還是會依權責課稅。第五章C、D部分所討論之**受控外國公司法則**[14]與**離岸投資基金法則**[15]，便是對從外國關係企業與外國基金所賺取之特定所得，在認為有濫用情形時，課予本國稅負。

間接稅額扣抵的法則，通常是外國稅額扣抵制度中最複雜的部分。間接稅額扣抵只在本國公司自外國關係企業收取股利時才有適用。可扣抵的數額，則是能夠合理歸屬於該筆股利的外國所得稅。公司在計算此數額時，所面臨的難題是時間點與所得的計算。舉例來說，本國公司在決定外國關係企業的利潤之時，通常必須從其所支付的股利金額推算。這些數額可能是在過去數年所賺取，而且是以外國貨幣計算，所依據的稅務會計準則也與本國公司完全不同。

外國稅額扣抵的複雜性導致某些扣抵國如阿根廷、芬蘭、祕魯、南韓與瑞典，只允許直接稅額扣抵，或是只在租稅條約中給予間接稅額扣抵。考慮採用間接扣抵的國家，為避免極端的複雜性，會將間接扣抵的情形限縮在外國關係企業賺取盈餘當年度所發放的股利。許多適用上的複雜性會出現在納稅人主張其外國關係企業所付之外國稅捐來自於多年累積下來的所得。

---

13 遞延（deferral）：透過外國公司之境外投資，使其利潤在匯回投資人居住國之時才須納稅。

14 受控外國公司法則（controlled foreign corporation rules）：要求將居民股東所控制之外國公司其消極所得與特定之受操作所得納入該股東所得的法則，不問該筆所得是否分配（亦即消除了遞延效果）。

15 離岸投資基金（offshore or foreign investment fund）：一種設立在外國（通常是租稅庇護所）的單位信託或共同基金，用以進行消極投資，如股票、債券或其他投資資產等。這些投資人一般為高稅負國家居民，而且該基金一般會累積其所得。
離岸投資基金法則（offshore investment fund rules）：對居民在離岸或外國投資基金之利益課稅的規則。

4.比較免稅法與扣抵法

　　如前所述，對於免稅法與扣抵法在消除國際重複課稅之間的比較是不可避免的。關於何者孰佳的討論，通常十分激烈也流於情緒化。很少有國家純粹採取免稅法或扣抵法。香港是屬地主義的例子，它免除所有境外來源所得的課稅。然而對在大多數採免稅法的國家，境外來源所得的免稅僅限於特定的積極營業所得。本國公司只就其積極營業所得，或其外國關係企業營業所得中的股利所得部分，享有免稅〔譯按：類似兩稅合一概念〕。某些國家僅對後者給予免稅。投資所得通常不能免稅，否則居民納稅人會將國內之投資所得移轉至國外；移轉投資所得不難，但此舉不僅使居民納稅人得以規避投資所得稅負，還會耗掉在居住國用以投資的儲蓄。

　　對於消除營業所得之國際重複課稅，兩種方法均顯示出：第一，兩種方法均指向相同的結構性問題；第二，如果設計得當，兩種方法能夠相互比較的。下述的例子所比較的，是「外國關係企業積極營業所得之股利免稅」以及「外國關係企業所付相關外國稅之間接扣抵」。

　　關於第一點，如果外國關係企業所付相關的外國稅，加上任何股利扣繳稅額的總額，與在本國所繳股利稅相同時，則此二方法在消除國際雙重課稅效果是相同的。在免稅法下，股利在本國免稅，因此總稅額為外國關係企業就股利所支付之相關稅捐以及所有股利扣繳稅之總額。在扣抵法下，相關之外國稅與外國扣繳稅均可扣抵本國稅。因此，如果這些外國稅等於或大於本國之股利所得稅時，則無須繳納本國稅。結果如下例所示。

	扣抵法	免稅法
外國分支機構所得	100	100
外國稅	30	30
母公司獲配股利總額	70	70

	扣抵法	免稅法
扣繳稅	7	7
母公司獲配股利淨額	63	63
母公司課稅所得	100	0
扣抵前本國稅	35	-
外國稅額扣抵總額	37	-
本國稅淨額	0	0
總稅負	37	37

即使在外國稅總額少於本國稅的情形，我們必須注意本國稅的徵收時間點會展延至股利分配之時；而股利分配的時間點拖得越長，本國稅的現值就越低。

如果用免稅法替代間接稅額扣抵，則在設計上要確保該免稅額被限縮在相當於本國稅的額度。此種免稅法的正當性在於稽徵簡便：減少稽徵機關與納稅人之行政成本與遵從成本。然而，簡化所帶來的效益通常不太明顯，因為一個經過合理設計的免稅法制度，需要各種複雜的規則來確保制度的健全。許多這些法則，十分類似於間接外國稅額扣抵的法則。舉例而言，兩個制度均涉及下述法則：

■ 符合免稅或扣抵的居民納稅人。通常免稅或扣抵的範圍僅限於持有外國關係企業10%（含）以上股份之居民納稅人。

■ 符合免稅或間接稅額扣抵之所得類型。通常這些法則將所得分類為積極營業所得與其他類型所得。

■ 來源所得法則。

■ 費用分攤法則，詳下述D部分。

■ 對居民控制之外國公司其消極所得，依現金或權責基礎課稅（受控外國公司法則，詳後第5章C部分）。

■ 外國損失的處理。

■ 依本國稅法計算外國關係企業之所得。

　　免稅法與間接稅額扣抵法最重要的差異在於，後者要求界定出「可扣抵外國稅」之範圍；但前者則要求訂出規則來認定，何時外國來源所得之外國稅達到相當於本國稅的水準。

　　許多國家為了換取處理外國關係企業股利免稅部分的簡便，而犧牲了免稅法的完整性。不少免稅股利所得，是針對外國關係企業在該外國無須納稅的部分；此種情況有時純屬巧合。舉例而言，一國可能規定外國關係企業的股利，在條約締約國免稅。如果該條約締約國為低稅負國家或提供低稅優惠，則這些國家可主張外國關係企業之股利免稅，儘管該筆來源所得無須負擔相當於本國稅之外國稅。

　　不過有時候，刻意採取股利免稅制的國家，甚至無意去確保外國關係企業所繳相當於本國稅之外國稅收。對這些國家而言，免稅法並非作為扣抵法的替代方案。此種免稅制度的政策，並非只在消除國際雙重課稅（儘管它有此效果），同時也在補助外國投資，特別是對低稅負的國家。會產生此種效果，是因為免稅法可適用於免稅或低稅之外國關係企業股利。對我們而言，此種類型的股利免稅很難從政策上的理由予以正當化。

5.條約相關議題

　　承前所述，扣抵法與免稅法均為兩稅約範本所認可。扣除法則否。各種條約的條款，建立了關於免稅法或扣抵法的基本原理原則。各國則據以訂出更為詳細的規定予以落實。

　　有些國家除了以條約方式消除外，也會在其內國立法中單方對國外來源所得免稅，或單方給予外國稅額扣抵（視為已納外國稅額）；然而，條約的減免仍然重要，因為它比單方減免更為慷慨；同時，它也限制國家以修改內國稅法的方式收回消除非居民雙重課稅的待遇。

　　舉例而言，假設A國對其居民所賺取之特定外國來源所得，透過內國稅法中予以免稅。A國與B國簽訂條約，當中納入相同的免稅規定；即使A國之後在內國法中廢除此一免稅規定，該免稅規定還是會持續適用於A國居民賺取自B國的所得，除非該條約受到修正或終止。

D.費用分攤

　　一個國家無論是使用免稅法或扣抵法來消除國際雙重課稅，都應該訂出費用的分攤法則，以處理在境外與境內來源毛所得之間所發生的費用。大多數國家在課徵非居民之國內來源所得時，便會了解到這些規則的重要性。它們一般會否准扣除此類非居民之費用，除非這些費用與所賺取的境內課稅所得具有合理的關聯性。很少國家會意識到納稅人其境內與境外來源所得之間費用分攤的重要性。

　　對提供境外來源所得免稅的國家而言，納稅人因賺取所得所發生的費用則不能扣除。例如，納稅人不得扣除為賺取免稅外國借款所得之利息費用（譯按：利息是取得借款的費用）。容許此類費用的扣除，無異鼓勵其納稅人賺取國外來源之免稅所得，勝於賺取國內來源的課稅所得。在效果上，一國所給予的免稅，不僅適用於國外來源所得，也適用於一部分的國內來源所得。

　　大多數國家缺少對國外來源所得費用歸屬的特別規定。基於此種目的所可能使用的兩種方法為追查法（tracing）與分配法（apportionment）。所謂追查法，涉及對境外來源所得與費用之間關聯性進行事實調查。至於分配法，則透過公式分配費用；此公式可能以納稅人境外資產所占其總資產的比例，或以境外毛所得占其毛所得總額的比例為基礎。與追查法不同的是，分配法假定相關費用是平均支應於納稅人所有的資產或賺取所得之行為。

　　採用境外稅額扣抵制度的國家會允許居民納稅人扣除境外來源所得所發生的費用，因為這些納稅人是就全球所得納稅。不過誠如上述，外國稅額扣抵通常有一定限額，取決於原本境外來源所得之應納稅額。因此，納稅人境外來源所得的數額必須合理計算，否則可扣抵的限額會過度膨脹。準此，納稅人必須扣除賺取該筆境外來源毛所得所發生的費用。

　　費用分攤法則的必要性，將以下述簡例說明。假設一居民公司借款1,000元，年利率8%，並用該筆所借款項支應其外國分支機構的營業活動。該外國分支機構的毛所得為280元；扣除利息費用80元後，淨所得為200元。淨所得200元須繳50%的外國稅，稅額100元。如果公司的國內來源所得為2,000元，則該公司全部的淨所得為2,200元。假設國內稅率為40%，則在減除扣抵額之前，應納稅額為880（40%×2200）元。根據各種上限規定，公司可扣抵已繳納之外國稅，但上限為100元與80元（880×200/2200）兩者中較低者。此80元為納稅人境外來源所得所在本國原應繳納之本國稅額。

外國所得總額	280
利息費用	80
外國所得淨額	200
外國稅（稅率50%）	100
本國所得淨額	2,000
所得總額（200 + 2,000）	2,200
稅額之40%	880
外國可扣抵稅額	80
總稅額	800

　　上例中，利息費用80元是境外來源所得的減項，但如果作為境內來源

所得的減項，則全部的外國稅（100元）將可全數扣抵本國稅，因為扣抵額取決於100元與112元（880×280/2200）二者中較低者。假設該筆利息費用可以合理歸屬於境外來源所得，則在計算可扣抵稅額時也應該將之納入考量；因為本國所提供的外國扣抵稅額可能高於依外國來源所得之淨額所算出的本國稅。因此，重要的是要使利息與其他費用能夠合理歸屬於境內外之來源所得，以確保本國稅基。

在計算間接境外稅額扣抵上限時，也應該將合理的費用歸屬於境外來源所得之上。另外，間接扣抵還會產生的問題是，居民母公司自外國關係企業賺取所得時，其費用扣除的時間點。居民國對此種境外來源所得的課稅通常會展延至居民母公司收取股利（或其他應稅的分配方式）之時。居民納稅人就該展延所得所發生之相關利息和其他費用，理論上至少在該筆所得被課稅前都不能扣除。這些款項，應該要在居民納稅人收到外國關係企業分配相關課稅所得時，才能予以扣除。目前很少有國家嘗試處理此種時間點的問題。

E. 視同已納稅額之扣抵

承前所述，某些租稅條約會訂定所謂的「視同已納稅額」，一般是透過稅額扣抵的方式為之。視同已納稅額之扣抵，是由居民國所給予之外國稅額扣抵；而且這些外國稅捐，依該國稅法原本是應該繳納的，卻因為某種原因，而未實際支付給來源國。此類原因通常是該來源國提供免稅假期（tax holiday）或其他租稅優惠給境外投資者，用以吸引其在該國投資或經商。在沒有視同已納的情形，來源國所提供租稅優惠的實際受益者，可能是居住國而非該外國投資者。每當在來源國所減少的稅收被居住國的增稅所取代時，通常便會產生這種結果。

在不提供視同已納稅額，而將租稅優惠的利益由外國投資者轉移至本國的情形，詳如下例說明。A國為開發中國家，其公司稅的名目稅率為

30%，並對在A國從事製造相關事業的外國公司提供10年免稅假期。B公司為B國居民在A國設立製造廠，B國公司稅率為40%，採用境外稅額扣抵法。B公司第一年賺取所得1,000元，在沒有免稅假期的情況下，A國可對B公司收取300元的稅額。B國可對B公司收取100的稅額，因為扣掉境外稅額扣抵額300元。免稅假期免除了B公司300元的稅，B公司在B國的稅負變成是400元再減掉可扣抵之稅額；但因為B公司實際上並未支付任何租稅給A國，所以可扣抵稅額是0。A國因為給予B公司免稅期間所放棄之稅收300元就成了B國的稅收，受益的是B國，不是B公司。

　　如果B國願意將A國所放棄的稅收視同已納稅額，則B公司便能取得免稅假期的利益，其在A國的所得會是1,000元，不須向A國納稅，它在B國會先有應納稅額400元，但扣除A國所放棄的租稅300元後，總應納稅額為100元。

A國	
A國來源所得	1,000
免稅假期之前的A國稅	300
免稅假期的稅額扣抵	300
A國稅額	0
B國	
B國來源所得	1,000
B國稅	400
視同已納稅額	300
B國總稅負	100

　　此例並非視同已納稅額的例子，因為在例子中，儘管B公司無法享受免稅假期的利益，但還是在A國進行了投資。而A國並不介意此種結果，

因為它不在意所放棄的稅收最終是由B公司或由B國享有，它關心的是，B國潛在投資人是否只有在享受到免稅假期的前提下，才願意在A國進行投資。

視同已納稅額為已開發與開發中國家間所簽租稅條約之一大特色。許多已開發國家透過條約將之延伸至開發中國家。許多已開發國家在與開發中國家簽訂的條約中，會自願給予此種扣抵，以鼓勵其在這些國家進行投資；有些已開發國家則較不積極。有些開發中國家，若無法取得視同已納稅額的扣抵，一般就會拒絕與已開發國家簽訂租稅條約。

美國堅決反對此種扣抵，也沒有在其租稅條約中允許此事。因此多年來它甚少與開發中國家簽訂租稅條約。美國的立場是：准許這種幽靈稅——也就是實際上沒有繳納的稅——的扣抵，違背了外國稅額扣抵所欲達成之效率與公平的目標，同時還會鼓勵開發中國家競相運用各自租稅優惠政策，進行以鄰為壑的喊價之戰。美國的立場被形容是「傲慢」、「帝國主義」、「老大哥心態」等；不過，它對此種扣抵的評估不無道理。近年來，對許多態度強硬的開發中國家已逐漸軟化，而與美國簽訂租稅條約的開發中國家也在迅速成長當中。

視同已納稅額扣抵制的優點應與租稅優惠的效益合併觀察。儘管租稅優惠在政治上有熱情的擁護者，但在租稅政策上仍舊站不住腳。有些個別優惠所標榜的特定目標或許可以達成，但都因為怕被濫用而遭過度限縮，因此在政治上甚少獲得支持。在租稅優惠卷帙浩繁的文獻中大致的結論為，租稅優惠的成本一般而言很高，但利益總是不甚確定，而且其潛在利益很少能與所耗的成本相當。

開發中國家對於以租稅誘因來吸引外資的期待，不會因此種扣抵未納入租稅條約而受阻。如果潛在投資者的居住國是使用免稅法來避免雙重課稅，則此種扣抵更無必要。對這些投資者而言，來源國的課稅是唯一的稅負。因此，任何來源國的減稅，自然可以歸屬為他們的利益。甚至扣抵

國投資者，只要稍作規劃即可自來源國提供的租稅優惠獲利，詳如下例說明。

　　上例的B公司為B國投資者，欲取得A國所提供免稅假期的利益。為此目的，它在A國成立一完全控制的A公司。它投注資金給A公司以換取股份；A公司則從事能享受免稅假期的製造行為。A公司賺了1,000元；身為A國居民，該筆所得在B國無須納稅。當然，B公司自A公司收取的任何股利，都要向B國繳稅；不過A公司並沒有分配股利的義務。在此種安排下，A公司自免稅假期得到的利益確實可能多於視同已納稅額；因為B公司獲配股利所要繳的稅，會使得A公司轉而將其收益再投資於A國。此外，如果所匯回之海外投資收益B公司不能享受免稅，B公司可能就不願意在A國投資。

　　上例說明的，是扣抵國居民在沒有視同已納稅額下享受租稅優惠的方式之一。許多美國的多重國籍者，由於美國全面限制境外稅額扣抵，因而從東道國〔譯按：來源國〕的獎勵投資優惠中受益。依照此種限制方式，美國公司如果已在他國（例如德國）支付高額外國稅，可以主張用超額的外國扣抵稅額，抵繳對外國公司營業收益課徵低稅負之國家（如匈牙利）的稅負。舉例而言，假設P公司為美國公司，它從A國取得35元超額扣抵稅額。P公司在B國獲益100元，通常要向B國納35元的稅。而B國提供免稅假期，減少了P公司的稅負。P公司則會因為該免稅假期而受有利益，因為它可以利用在A國的超額扣抵稅額，來抵繳35元的美國稅。同理，英國的多國籍者則使用所謂的**調控型公司**[16]來平均各子公司之間的稅負高低。

　　視同已納稅額的另一個問題，在於濫用租稅規避的可能性。例如，在

----

[16] 調控型公司（mixer companies）：一種境外控股公司，跨國企業以之調和其外國關係企業稅負差異，以極大化外國可扣抵稅額。

特定條約中鉅額的視同已納稅額扣抵，經常致使第三國居民在此類扣抵國之內建立導管公司（conduit entity）。同時，視同已納稅額也會對一國在執行移轉訂價法則上造成壓力，因為納稅人具有將收益移轉至來源國的誘因。

在1998年，OECD發布名為《視同已納稅額：再審思》的報告，顯示視同已納稅額的制度難昭信服。該報告建議，視同已納稅額制度應該適用在經濟發展程度遠低於OECD會員國水平的國家。同時，它也提供視同已納稅額條款的理想操作方式，以確保此類條款僅適用於實際的商業投資活動，而不被輕易濫用。

第四章

移轉訂價

A. 序論

　　所謂移轉價格（transfer price），指納稅人向關係人出售、買入或分享資源時所訂定之價格。例如，A公司在A國製造商品，並將之出售給其設立於B國的外國關係企業B公司；這筆交易的價格即為移轉價格。移轉價格通常用來與市場價格（market price）作對照；所謂市場價格，指在進行商品或勞務的交易市場中，與非關係人之間所訂定的價格。

　　跨國公司在其公司集團內部進行商品或勞務的銷售或其他移轉行為時，便會運用移轉價格。這些公司間交易的定價，是移轉價格最重要的類型。移轉價格也用於個人與其所控制的公司或其他實體之間的往來，以及個人與其親近家族成員之間的往來。

　　除非遭到禁止，否則關係人從事跨國交易，便可利用移轉價格來規避該國的所得稅。如前例中，A公司可以調整賣給B公司的商品價格，使自己獲利甚低、甚至毫無獲利，進而規避A國所得稅。若B國的實質稅率低於A國，則這種不合理的移轉價格，將使A、B兩家關係企業的總稅負減少。假如B國是租稅天堂，則此關係企業的總稅負會變得微乎其微，甚至趨近於零。

　　在一個設計完善的所得稅制當中，其稅務機關應有權在特定個案中，對關係人的移轉價格進行調整。這種權力應包含分配關係人間的毛所得、扣除額、扣抵額以及其他各種的減免；如此，國家才得以確保從其國內經濟活動中收取應有的稅收。

所謂關係人，一般會定義為兩個或兩個以上的人，因相同利益關係而直接或間接受到他人的持有或控制。這種關係的一個重要指標，便是具有訂出與市場價格不同之移轉價格的能力。

如上所述，稅務機關應該被賦予調整移轉價格的權力，以防止納稅人將其所得移轉至設立於租稅天堂或其他可享有特別租稅利益之國家的關係人身上。租稅利益的類型，包含較低稅率、免稅假期或其他租稅優惠，以及虧損可抵減稅額之設計。雖然納稅人通常不會將所得移轉至法定稅率較高的國家，但若關係集團成員在該國有虧損，或是能運用該高稅負國家的稅制漏洞時，則另當別論。

一國的稅務機關也需具備調整移轉價格的權力，以制衡他國強勢運用該法則從中不當超收稅收。在調整價格時，如有一國表現強勢；則在兩國從事跨境交易的納稅人容易將所得移轉至強勢的國家，以降低雙重課稅的風險。實務上，國際間唯一透過制度化，強勢執行此法則的國家是美國；此種說法可能言過其實。許多國家是專就特定產業採取強勢態度，特別是開採天然資源的產業。

好的移轉訂價法則也有助於強化其他政府政策。例如，眾人皆知跨國公司會不當使用移轉價格來規避外匯管制，並極小化其進口關稅。

當企業透過關係企業在兩個或兩個以上國家從事跨境交易，而這些國家均有權調整關係公司間移轉價格時，此企業就有可能受到雙重課稅。例如D公司在D國以60元的成本製造商品，接著將該商品以150元的價格出售給在E國的E公司。接著E公司以零售方式，用150元的價格在E國銷售。D公司在D國應就其製造利潤納稅，而E公司在E國則就其銷售利潤納稅。關係集團（D公司與E公司）的淨收益是90元（150-60）。假設D國認為D公司出售給E公司的合理移轉價格是130元，但E國卻認為應該是65元；如此一來就會產生雙重課稅，因為整個集團賺的是90元的所得，但繳的卻是155元所得的所得稅，如下表所示：

	D國	E國
(1) D公司對E公司售價	130	65
(2) D公司製造成本	60	60
(3) D公司所得	70	5
(4) 在E國的零售價格	150	150
(5) E公司所得[(4)-(1)]	20	85
(6) D、E公司總所得[(3)+(5)]	90	90
(7) D、E公司總課稅所得	70 + 85 = 155	

　　上述例子中關於雙重課稅情形，如果國家之間採用一致的移轉價格調整規則，問題就能緩解。為了達成一定程度的一致性，OECD稅約範本第9條規定移轉價格的調整，必須使之相當於與非關係企業獨立交易的價格。此法稱為「**常規交易法**」[1]，已為大部分國家採用。「常規交易法」廣泛為人接受一事，反而掩蓋了實務上對具體採用方法上之重大歧見。關於常規交易法之主要訂價方法將於本章B部分論述。

　　為與OECD稅約範本第9條第2款以及第25條一致，大部分國家在締結租稅條約後，在有締約夥伴依常規交易法調整課稅所得之移轉價格的情形，則有義務作相應調整。例如，A公司製造產品的成本是20元，而以40元銷售給在國外之關係企業B公司。B公司再以60元的價格銷售給非關係人。A公司應向A國納稅，B公司應向B國納稅。A國認定出售給B公司的合理價格為50元，因此提高A公司的課稅所得10元。假如B國同意A國此項合理交易價格的認定，而允許B公司提高成本10元，則可以降低其課稅所得10元。一國在調整一方納稅人所使用之移轉價格時，會去考量其關係

---

[1]　常規交易法（arm's length method）：依非關係人其相類似交易之訂價（有時是所生利潤）來訂定關係人交易的移轉價格。

交易他方納稅人之調整後移轉價格一事，稱為「**連動調整**」[2]。

　　儘管簽訂租稅條約時動機良善，但國際間移轉價格的衝突仍十分常見。大部分租稅條約均規定，企業因所訂移轉價格不一致而受到雙重課稅時，可以透過該國權責機關尋求救濟。這些機關則有義務解決納稅人的申訴，但通常這些義務不會訂在條約之中。一些較新的條約會納入具有拘束力的仲裁程序。關於大多數租稅條約中所訂的爭端解決機制，詳見第六章C部分第3點討論。

　　近年一些國家試圖在移轉價格爭議發生之前，先行與納稅人就訂價方法達成協議。這個預先同意機制的主要目的之一，在於減少徵納雙方關於此事的高額訴訟成本。一般而言，納稅人如欲先就一筆或多筆交易之訂價方法取得同意，會向稽徵機關聲請作成「**預先訂價協議**」[3]或稱為「APA」。納稅人必須詳述所欲適用的訂價方法，並說明該方法如何產生合理的結果。在一些例子中，兩個或兩個以上的政府可能會在租稅條約中運用爭端解決機制，來共同同意納稅人所應使用的訂價方法。1999年OECD對正在研議共同APA之國家，發布了指導準則。關於APA在租稅條約上的討論，詳第六章C部分第3點。

　　自1960年代起，美國對於濫用移轉訂價機制的防杜，扮演了領頭羊的角色。常規交易標準的定義，規定在1968年公布的美國聯邦行政規則第482節；此規則在一開始飽受爭議，但後來則獲得廣泛採納。這些規則提議三種常規交易價格的認定方法：可比較未受控價格法（comparative uncontrolled pricemethod，下稱CUP）、再售價格法（resale price method，下稱RPM）、成本加價法（cost plus method，下稱CPM）。其

----

[2]　連動調整（correlative adjustment）：一國依照他國對其關係納稅人移轉價格所做調整，來調整本國納稅人之移轉價格。

[3]　預先訂價協議（advance pricing agreement, APA）：多國籍企業與一國或一國以上之稽徵機關，針對往後課稅年度所採移轉訂價方法的協議。

後，1995年美國頒布的行政法令同意其他認定方法，主要用於含有無體財產權之商品的買賣或授權行為。這些方法一開始也引發熱議，現在則已為許多政府接受，也獲得OECD相當程度的認可。

OECD多年來一直努力促成移轉訂價規則的國際共識。在1979年，OECD出版了名為《移轉訂價與跨國企業》的報告，主張採用常規交易法來認定關係企業之間的交易價格。1984年的補充報告，名為「移轉訂價與跨國企業：三個課稅議題」；當中則處理雙方協議程序、銀行業務、以及高階管理及服務之成本分配。1992年OECD成立一任務編組，用以審查美國移轉訂價的發展近況。另一任務編組則成立於1993年，用以修正1979與1984年關於移轉訂價的報告。這些努力促使對移轉訂價的議題進行全面徹查。此次審查結果，OECD在1995年出版了一大冊的《跨國企業與租稅行政關於移轉訂價之指導準則》，以下簡稱「OECD指導準則」。

OECD指導準則是以活頁形式發行，以便後續的修正。1996年的修正，則處理關於服務以及無體財產之議題。1997年新增成本分攤協議一章。1998年新增附錄，提供該準則的操作實例，並提議設置各種監控程序。誠如前述，1999年出版的附錄，處理共同預先訂價協議。日後則期待能定期出版此類附錄，以對OECD指導準則做進一步的修正。例如，準則在常設機構的適用，便是研議新增的章節。

許多國家在處理已知的移轉訂價濫用類型，是要求跨國公司提出大量的當期文據，以佐證其移轉價格的訂定方法。其想法是由國家強制要求跨國公司先提出移轉價格，以防止事後移轉（after-the-fact shifting）所得來進行避稅。納稅人若不提供所要求的文件，便可能受到嚴重處罰。

例如，假設在A國營運的A公司，將商品出售給在B國營運之關係企業B公司；在A國的公司稅率為40%，而在B國為20%。A公司在與B公司的買賣中設定其移轉價格，表示其在A國利潤微薄而在B國利潤豐厚。在設定這些價格並且提供文件給A國後，A公司發現其非關係人交易可能使

其在A國蒙受鉅額損失；假若此訂價方法尚未確定，A公司便很可能去修改它，並將所得從B國移轉回A國，以便善用在A國的損失。不過，當期文件法則（contemporaneous documentation rules）防止了此種事後修改。

OECD指導準則支持一種雙軌策略，即同時要求當期文件，並處罰不提供文件之納稅人。不過，有建議稽徵機關在執行上必須極其謹慎，否則反而使得忠實的納稅人承受不公或過重的負擔。

要限制各種多變的移轉訂價方法，國家可賦予稅務部門適當的權限和資源，並對移轉價格不忠實之納稅人予以嚴懲。他們可以採用國際標準中較為緩和的邊際稅率，來減少部分濫用訂價的誘因。對租稅天堂進行特別立法也會具有相同作用；因為納稅人通常是透過訂定不合理移轉價格，將所得移轉至設立在租稅天堂的關係實體。第五章C部分描述了此種租稅規避防杜條款的類型。國家可以透過與租稅條約夥伴的合作，特別是鄰近國家，更有效地管控移轉訂價的濫用。透過他們本身努力以及與貿易夥伴的合作，國家能有效防堵移轉訂價的濫用；但任何國家均不應期待移轉訂價的問題可以徹底解決。

B.常規交易法

根據國際慣例，一個合理的移轉價格，意指其能符合常規交易的標準。例如納稅人在與關係人交易中所設定之移轉價格，與非關係人之相對交易價格相同，即符合此標準。

前述關於常規交易法的目標，並未具體指出移轉價格應如何訂定。以下所整理的，則是各國為符合常規交易法所採取的各種規則。在本章B部分第1點討論的是關係人交易中關於有體財產之銷售或其他移轉行為的設計。B部分第2點則說明關係企業集團內部，在分配共同資源時所適用的移轉訂價設定規則。B部分第3點則說明關係人之間，因共享共同研發之無體財產所適用的相關規則。至於常規交易法在條約方面的議題，詳見B

部分第4點。

　　在OECD的移轉訂價指導準則中，十分支持常規交易法。但同時，他們也直言此項標準在適用上，有時會造成納稅人與稽徵機關的困難。在這項指導準則當中，判斷非關係人交易是否相當於公司集團內部成員間的交易時，對於應予考慮之各項因素提供了十分寶貴的討論。然而，就像大多數的相關文獻，OECD指導準則比較像是指出建立受控與非受控交易二者之比較基準所生的各種問題，而不是在提供稽徵機關各種解決對策。

1. 銷售有體的個人財產

　　在租稅領域中，關於個人有體財產交易的常規交易價格，有許多的訂定方法。以下則討論其中五種。前三種方法──可比較未受控價格法、再售價格法、成本加價法，在國際租稅社群中已廣獲接納。這些方法有時被稱為傳統方法，為1968年美國聯邦行政規則第482節所採用。可惜的是，在很多重要的案子中，這些方法不是無法適用，就是難以適用，特別是在涉及所出售的產品含有高價值之無體財產的案例。傳統方法的討論，詳見本章B部分第1.1點。

　　另外兩種常規交易法則可以適用的情形較多。**利潤拆分法**[4]通常是稅務機關在內部申訴程序中，與納稅人達成協議而便宜行事的作法。**交易淨值法（下稱TNMM）**[5]，又稱作**可比較利潤法（下稱CPM）**[6]，則正式經過美國政府批准，用以修正1994年版的美國聯邦行政規則第482節。OECD其1995年關於移轉訂價的報告中，則建議這些晚近的方法只能作為最後

---

[4] 利潤拆分法（profit-split method）：將多國籍企業之全球利潤，依貢獻比例分配予各成員公司利潤的方法。

[5] 交易淨值法（transactional net margin method, TNMM）：用以訂定關係人交易移轉價格的方法。一般根據交易雙方從事類似活動所賺利潤所占特定經濟指標（如投資資本或毛額收入）的比率。

[6] 可比較利潤法（comparable profit method, CPM）：在美國用來稱呼OECD所謂的交易淨值法。

手段。這些方法的討論，詳見本章B部分第1.2點。

1.1. 傳統方法

可比較未受控價格法

所謂可比較未受控價格法，是參照非關係人在類似條件下銷售產品的情形，來建立常規交易的價格。當此種可資比較的銷售存在時，此法十分受到青睞。此方法廣泛運用在油品、鐵礦砂、小麥以及其他在公開商品市場中銷售的商品。此方法在不太涉及對特別專業技術或品牌進行估價的商品中，十分管用。至於許多中間性商品，例如在不常賣給非關係人的客製化汽車零件，則無法採用此法。此法也不適用於售價高度依賴製造商品牌價值的商品。在方法的操作上，以下例說明之。

假設P公司設立於X國，其在X國以40元的成本製造木椅，之後以每張47元出售給國外非關係之通路商。同時，P公司也出售幾乎完全相同的椅子給S公司——一個受控的外國分支機構；而S公司是以70元的價格把椅子轉售給非關係的消費者。假如出售給S公司與給非關係通路商的條件相同，則出售給S公司的常規交易價格便是47元。因此，P公司的利潤為7元（47-40），而S公司的利潤會是23元（70-47）。假如出售給S公司與給非關係通路商的條件相差之處，在於給非關係通路商的部分有含運送成本，而出售給S公司則否之時，這筆買賣還是可以比較，只要就運送（freight）及裝卸（handling）成本作調整即可。

再售價格法

所謂再售價格法，是合理減掉該商品最終出售給非關係人的價差（markup），作為訂定關係人商品銷售的常規交易價格。典型案例為，納稅人將其商品賣給作為通路商的關係人後，未經加工便直接轉售給非關係之消費者。此處合理的價差，一般而言是通路商從非關係人之類似交易中所賺取的毛利，呈現方式是以所占再售價格的一定比例。

假設前述案例的P公司，不出售任何傢俱給非關係人，而且與非關係之第三人間，不存在可供比較的銷售行為。再假設S公司唯一的活動便是將椅子轉售到外國當地。在這些假設之下，再售價格法可以提供合理的常規交易價格。使用此方法，必須訂出通路商在從事類似行為時的通常價差。假設非關係人之出口通路商賺取的佣金為20%，則在計算P公司銷售給S公司的常規交易價格時便會用該20%來計算價差。假如S公司賣給非關係人之外國消費者的最終轉售價格為70元，則依再售價格法，P與S公司間受控交易的常規價格為56元（70-70的20%）。因此在再售價格法下，P公司會有常規交易利潤16元（56-40），S公司會有14元（70-56）。

成本加價法

所謂成本加價法，是從關係銷售者之製造與其他成本來設想常規交易價格。方法是將銷售者的成本乘上合理的利潤率所得出的合理利潤，加在這些成本之上。這個利潤率是參照銷售者與非關係人交易所賺取的毛利率，或是參照非關係人之間可供比較的非關係交易所決定。成本加價法的典型案例為，納稅人出售其所製造的商品給關係人，然後在該商品貼上關係人的品牌名稱後，再銷售給非關係的消費者。

假設前例中的P公司以不附品牌的方式銷售傢俱給S公司。S公司貼上其有價值的品牌名稱後，再將該傢俱出售給國外市場的消費者。在此種情形，成本加價法即可提供合理的常規交易價格。假設在相類似產業中是以製造成本的25%作為毛利。而P公司製造椅子的平均成本依一般公認會計原則為40元。在這些前提假設下，椅子從P公司賣到S公司時，依成本加價法之常規交易價格便為50元（40的125%）。至於考量銷售木椅與相類似產業間價差上的出入，會對該50元進行若干增減，方屬合理。

比較三個傳統方法

在上述例子中，P公司與S公司之企業行為可能會出現全面的獲利或全面的損失。依可比較未受控價格法，企業損益在P、S公司間的分配方

式,是參照可供比較公司的市場活動。依再售價格法,銷售公司(也就是S公司)被假定為有利潤,然後再將企業所有的收益或損失分配給製造公司(也就是P公司)。在成本加價法下,則先假設P公司必有獲利,然後再將所有的收益或損失分配給S公司。下表整理了P公司以及S公司在三項傳統方法下的所得。

	CUP法	再售價格法	成本加價法
(1) P公司銷售成本	40	40	40
(2) S公司對消費者售價	70	70	70
(3) P公司對S公司售價	47	56	50
(4) P公司利潤[(3)-(1)]	7	16	10
(5) S公司利潤[(2)-(3)]	23	14	20
(6) P、S公司總利潤	30	30	30
(7) 賺取利潤之公司	共享	P公司	S公司

　　若跨國公司集團從事高價值無體財產之產品的製造與銷售,則可能賺取高額的企業利潤。在此情況下,可能無法適用可比較非受控價格法,因為所銷售的商品是獨一無二的。不過在一些案例中,則可以適用再售價格法或成本加價法。如果從事製造的關係企業(上例的P公司)在低稅率國家中製造商品,而從事銷售的關係企業(上例的S公司)將該商品進口至高稅率國家時,這個公司集團可能會偏向適用再售價格法;因為此方法可將企業的高利潤移轉至低稅率的製造國家。反之,如果生產國是高稅率國家而銷售國是低稅率國家,則該公司集團會傾向使用可將企業利潤分配至銷售國之成本加價法。

1.2. 其他方法

利潤拆分法

　　在利潤拆分法下，同一供應鏈之關係人，其全球課稅所得均在計算範圍之內。從而，關係人間課稅所得是依照其對所賺取所得的貢獻比例來分配。此種方法通常運用在於三種傳統方法都無法適用的情形。假如關係企業集團的生產線不只一條，則利潤拆分法可以分別適用於各個生產線上。事實上，此法在適用上有許多不同的方式。此法的特徵在於，它適用在一連串交易所生利潤的總合，而非針對個別的交易。對之，傳統方法則是以個別交易為基礎。以下的例子說明了利潤拆分法的適用。

　　P公司與S公司為從事化學藥品之製造與銷售的關係企業。P公司從事大量研究並使用專利製造藥品，然後將之銷售給S公司。S公司將之重新包裝後貼上價值不菲的品牌名稱，再透過行銷通路進行轉售。由於P公司不出售給非關係人，因此不存在有出售給非關係人之可比較銷售行為。而S公司所銷售這些經過重新包裝的產品，則與非關係人所出售的產品不具可比較性。

　　在這些條件下，有些國家會使用利潤拆分法來建立合理的藥品移轉價格。假設P公司成本為300元，S公司成本為100元，再假設S公司轉售給非關係消費者的價格為600元。在這些事實下，該公司集團取得的淨利潤為200元（600-(300+100)）。假如P公司對企業利潤的貢獻是總淨利的75%，則按75/25的比例進行利潤的分割便十分合理。從而在利潤分割法下，P公司享有150元的利潤，S公司享有50元的利潤。

　　利潤拆分法有很多種的變化方式。其中之一是搭配一種或多種的傳統方法。例如，以傳統方法對例行性活動的一般利潤進行分配，而利潤拆分法則用來分配具高價無形資產之企業利潤。

　　假設上例中的P公司從事例行製造行為，而S公司從事例行銷售行為。P公司毛成本為300元，而非關係公司從事可比較的製造行為時，所

賺取之報酬為成本的20%。依事實下，P公司在成本加價法有60元（300的20%）的利潤分配。S公司有600元的銷售毛利，而非關係公司從事類似行為時，毛利率為10%。依再售價格法，S公司可獲得60元（600的10%）的利潤分配。

依利潤拆分法，進行分配的是剩餘利潤80元（200-(60+60)）。假設實施75/25的分割方式，則在利潤拆分法下P公司享有60元（80的75%）的利潤，總利潤為120元（60+60）。S公司在利潤分割法下有20元的利潤（80的25%），總利潤為80元（20+60）。

為使利潤分割法公平有效地運作，決定合理利潤分配額時，也必須使用公平有效的方法。美國聯邦行政規則與OECD所建議的方法，是去看從事可比較行為之非受控個人之間利潤的拆分。可惜此種資訊總是難以取得。因為利潤拆分法最可能適用於涉及高價無形資產的情形，而依關係人對開發該無體財產的貢獻程度進行利潤拆分較為合理。

交易淨值法與可比較利潤法

交易淨值法（TNMM），有時也稱作可比較利潤法（CPM），是一種在特定情況下有體財產或無體財產之移轉訂價方法。在交易淨利潤法下，納稅人必須就所涉交易，建立其自身或關係人——即受測試方（the tested party）——的利潤範圍。

假如受測試一方所申報的利潤落在此範圍內，則此移轉價格便為稽徵機關所接受。假如利潤落在此範圍外，則稽徵機關便可以進行調整，使利潤落在範圍內，通常會是中間點。

大體上，交易淨利潤法決定受測試者的利潤，是利用非關係人利潤所占特定經濟指標的比例算出。舉例而言，假設非關係人有80元課稅所得，投資的資本為800元；該投資資本被用來作為交易淨利潤法的經濟指標。課稅所得與投資資本的比例便為80：800或10%。假如被測試者有500元的投資資本，依簡易版的交易淨利潤法，其常規交易利潤便是50元

（500×80/800）。

　　要完善交易淨利潤法，納稅人或政府會對一個以上的非關係人進行計算。這種計算做得越多，結果就越可靠。受測試者的常規交易利潤，就是落在由多次計算所決定的範圍之內。要在範圍中選定視為受測試者的常規交易利潤之處，可能需要運用統計方法。假如受測試者為關係企業而非納稅人，則利潤的決定，是併計兩間公司的利潤，再減掉依交易淨利潤法所決定的受測試者利潤。

　　究竟要用納稅人或其關係人作為測試主體，取決於個案的事實與情境。決定測試主體的目的，在於找到一間關係企業，其在商業職能上盡可能地接近作為比較對象之非關係企業。例如，假設A公司於A國製造商品，並出售給完全持有之子公司B公司；而B公司在貼上有價值的品牌後在B國行銷該商品。在此，對A公司適用傳統訂價方法所需的資訊，連對A公司適用TNMM的資訊也付之闕如。不過有對B公司適用TNMM所需的資訊。此時，B公司便是受測試者，無論其是否為納稅人。

　　多年來，美國國稅局在處理移轉訂價爭議時均使用可比較利潤法（CPM），但是缺乏法令的授權。1994年出版的美國聯邦行政規則第482節則特別明文同意美國稽徵機關和納稅人使用。而OECD在1995年關於移轉訂價的報告也支持此法，並稱之為「交易淨值法」（TNMM）。顯然OECD中的某些會員國堅持使用此名稱，用以標榜其也是著眼在交易本身，就像三個傳統方法一樣。事實上，CPM都是用來訂定因一連串交易所產生的利潤。

　　要適用TNMM，納稅人必須決定非關係人從事可比較交易時，可期待的獲利範圍。納稅人有許多種方法可劃定此範圍。方法之一如上所述，是在兩個或以上之非關係人從事於與納稅人類似活動時，所投入資本的報酬回收比例。接著，將各非關係人資本回收的比例，乘上納稅人（在本案

例中則是受測試者）的資本額[7]。方法之二，則是由納稅人決定兩三個關係人交易之營業利潤所占銷售毛額的比率；接著將此一比率適用在自身（或受測試者）的銷售行為之上[8]。方法之三，則是決定兩三個關係人交易之毛利所占營業費用的比率，接著再用這些比率適用在自身的營業費用上[9]。其他的經濟指標也可以使用。

舉例而言，假設受測試者T公司，與A、B公司從事複雜度及性質相似的商業活動。而A、B公司與T公司彼此之間並無關係。A、B公司其營業利潤所占毛額收入的比率分別為0.2、0.3。T公司毛額收入為200,000。在交易淨值法下，T公司的常規交易利潤範圍則是介於40,000（200,000×0.2）到60,000（200,000×0.3）之間。假設交易淨利潤法的各項條件均已符合，則T公司的常規交易利潤範圍將會被視為介於40,000與60,000之間。

一旦交易淨利潤法的範圍確立，就必須選定受測試者在常規交易利潤範圍內的數額。如果適用該移轉價格所得出的利潤落在交易淨利潤的範圍內，美國的稽徵機關通常就會接受納稅人在會計帳簿上所記載的移轉價格。假如納稅人申報的利潤超出此範圍，美國稽徵機關便以該範圍之中間值作為常規交易利潤額。若使用兩名以上非關係人的資料劃定範圍，則依加權平均利潤決定中間值。

交易淨值法與可比較利潤法，均會因所選擇的可比較公司，而為納稅人或稽徵機關所操縱。為避免制度上偏袒任何一方，對可比較公司之選取，有必要建立合理標準。另外也有必要運用各種中性標準，以避免選到獲利不合理的可比較公司，以在常規交易利潤範圍之內決定常規交易利潤。

7　譯註：資產報酬率＝營業利潤／營業資產
8　譯註：營業利潤率＝營業利潤／營業收入
9　譯註：貝里比率＝營業毛利／營業費用

2.企業資源之共享

關係企業之間經常會共同分享資金、信用額度（credit lines）、公司營運總部、專門知識、商標名稱、員工以及其他公司資源。常規交易法要求持有資源之人在分享時，向使用者收取常規交易的費用。理論上，這筆費用必須與非關係相對人所收取的費用相當。實務上，合理的常規交易價格難以訂定。部分原因在於非關係企業之間不常出現可資比較的資源共享行為。

貸款或墊款

以商業借貸為本業之人，其對關係人之貸款或墊款應使用能夠反映當時借款成本的利率。至於非以商業借貸作為本業之關係人，許多國家則規定一個安全港利率，在安全港範圍內的借款利率可以不受調整。例如，一國可能會允許納稅人採用一種與政府之借款平均成本連動的利率。

勞務之履行

若行銷、管理、行政、技術或其他勞務是由關係人一方為他方之利益所為，則該受領勞務之人必須支付一筆在數額上相當於提供該勞務之成本加上合理利潤的費用。假如該項勞務也在交易市場中出售給非關係人，則此項勞務的價格便能參考這些銷售價格來訂定。若此項勞務並非如此出售，則訂定合理的常規交易價格便不容易。有些國家表示其最多只能做到，使所收取的費用至少相當於提供該勞務之直接與間接成本。

有體財產的使用

在提供有體財產如辦公室、設備等給關係人使用時，該財產的擁有者必須收取常規交易的費用。同樣的規則也適用於有體財產的轉租。

無體財產的使用或移轉

如果提供給關係人使用的是專利權等無體財產，該財產的擁有者必須向其收取類似情況下對非關係人所收取的費用。所收取的費用，可以依提

供給非關係人相同或類似財產時的權利金比率來決定。銷售此種無體財產的常規交易價格，則依照該財產使用年限之常規交易權利金之折算價值來訂定。要取得決定常規交易權利金所需的資料，不論是政府或納稅人，一般均不容易。跨國企業經常遭指控使用不合理的權利金比率進行避稅。

在1986年，美國立法規定關係人間權利金的收取比率必須相當於該無體財產所賺取之所得。在常規交易法下，權利金比率通常是依締結契約時已知或可得而知的事實。這種所得相當性的標準要求該比率必須定期調整，以反映當事人在使用該無體財產的實際情況。例如，美國的P公司移轉其專利權以及專門技術予其愛爾蘭子公司，使該子公司有能力製造隱形眼鏡。在所得相當性的要求之下，當事人必須定期調整權利金，以反映該愛爾蘭子公司從事製造與銷售該隱形眼鏡的獲利狀況。

1994年的美國聯邦行政規則，將所得相當性的標準訂得十分狹隘，不太能廣泛適用。OECD在1995年的移轉訂價報告，則是有條件支持此項標準的適用。申述之，若依個案事實與情境，足認此一非關係人常規交易的協議，是將授權使用無體財產所收取的大部分利益歸屬給授權之人，而不會構成一次性買賣或長期授權使用無體財產時，則有適用的餘地。

3. 成本分攤協議

假如公司集團想要開發有價值的無體財產，並與兩個或兩個以上的成員共享利益，其可透過成本分攤的安排，將所有可能使用該無體財產之人納入共同開發者之列，以避免移轉訂價的問題。在此種情況下，全部的使用人自始便是所有權人，毋需透過成員之間的財產移轉行為。美國政府在1996年發布了**成本分攤協議**[10]的使用規則；OECD則在1998年發布其指導

---

10 成本分攤協議（cost contribution arrangements）：一種契約上的安排，使未來之無體財產使用者能協力開發並分攤該財產之成本與共享該財產之所有權。美國的用語，稱此種安排為「成本共享協議」（cost sharing arrangements）。

準則。一般而言，兩套規則都賦予善意之成本分攤協議在稅法上的效果，並對用於避稅目的之此類協議加諸限制。

合於常規交易標準的成本分攤協議，應有以下特質：

- 此種協議必須在訂立之初即以具有法律上可供強制執行的書面契約為之，並且明定該協議的性質、期間以及執行與修正等相關規定。
- 只有在該協議中能主張正當利益之人，才能成為參與者。
- 此契約應要求參與協議之人，合理預估使用該財產之收益，並依比例分攤無體財產的開發成本。
- 協議參與者必須設置適當紀錄成本的帳冊，並說明其預估收益的計算方式。

舉例而言，假設A、B公司是製造小型電子設備的關係企業。A公司在A國營運，B公司在B國營運。A、B公司欲共同開發可降低生產成本的技術。他們以書面契約讓A公司有權在A國使用契約上的任何無體財產權利。B公司則取得在B國的相應權利。假設未來可預期的一般模式為：A公司於A國的銷售量為400，B公司於B國的銷售量為600。在此成本分攤協議之下，A公司同意支付成本的40%，B公司支付60%。他們都同意忠實紀錄其成本。

假設A國採取類似上述指導準則的成本分攤協議規定。在這些條件之下，A、B二公司之間的協議便會被視為善意的成本分攤協議。A國應准許A公司扣除於該協議之下開發該無體財產所支付的數額。此外，A公司應被認為是該無體財產的共同持有人。因此，依A國的移轉訂價規則，A公司不應被認為是支付一筆形同權利金的款項給B公司。因為A公司所支付的若是權利金，就不應該被允許扣除。

關係人間成本分攤協議的規定，應允許參與者作修正，以反映經濟環境的變動。然而，為了合乎常規交易標準，這些規定，必須要求參與者收

取的費用等同於他們所出讓權利的公平市價;同時要求參與者以公平市價支付任何新取的權利。若有新參與者加入,該參與者所造成利益上的稀釋,應依公平市價補償其他參與者。對於一份合格的成本分攤協議進行任何修正均應以書面為之,否則便須遵守最初原始協議的要求。

為防止租稅規避,關係人之經濟行為若符合上述協議的標準時,政府有權將之視為一種成本分攤協議。舉例而言,A公司與B公司共同開發無體財產,但他們並沒有成本分攤協議。A公司支付給在B國的B公司權利金,取得在A國該無體財產的使用權。權利金在A國境內基於A、B二國之間的租稅條約為免稅。A公司主張在A國的課稅所得中可以扣除權利金的部分。此時A國應有權認為兩公司締結了擬制的成本分攤協議,從而拒絕A公司扣除其支付給B公司的權利金。

4. 租稅條約相關規定

OECD稅約範本並沒有詳細處理移轉訂價的問題。OECD稅約範本第9條第1項規定,若「兩企業之間所作成或設定的條件有別於兩個獨立企業之間的所為」時,則允許調整該企業與其關係企業之間的利潤。因此就文義而言,第9條第1項強調的是企業的利潤,不是特定交易中訂定的價格。

第9條第1項的文字是否採取以利潤為基礎的訂價方法,如利潤折分法或可比較價格法,並不明確。第9條第1項所指的利潤,可以泛指所有的利潤,也可以僅就特定交易或特定商業類型中的利潤而言。無論如何,OECD移轉訂價指導準則,納入了以利潤為基礎的各種方法,明確表示了第9條允許在特定情況下採用上述方法。

C. 分支機構或常設機構之所得認定

一外國公司要在一個國家從事大量商業活動,一般而言,該國對這些商業活動或所使用相關公司資產的來源所得,可以進行課稅。以公司型

態存在於一國的方式，通常稱為「分支機構」（branch）。在租稅相關的討論，分支機構就是一個獨立存在的實體。因此我們可以討論一個分支機構如何被課稅、如何計算其所得以及保存其帳冊。但即便如此，「分支機構」只是假設性的概念。其與子公司不同，分支機構並不是法律上實體，不能獨立行動。分支機構的財產與各種活動，在實際上是所屬公司財產與活動的一部分。

當一外國公司在兩個或兩個以上的國家從事商業活動時，將之視為其在各國的分支機構則十分方便。基本上，該公司應就其在各國分支機構之來源所得向各國納稅。為了決定各國課稅所得的額度，公司必須將其課稅所得按比例分配給各分支機構。當然，該外國公司在形式上是各分支機構的納稅人。

各來源國對分支機構所得的處理並不一致。然而，大部分國家在課稅前，都會對分支機構規定一個最低門檻。如果分支機構所屬的外國公司基於OECD稅約範本所訂之租稅條約而享有權利時，例如在該分支機構為一個常設機構（permanent establishment, PE），則來源國可以對該分支機構的所得課稅。在許多情況，若沒有簽訂租稅條約，適用的課稅門檻較低。

外國公司通常以兩種方法分配所得給各分支機構。其一是先計算該外國公司在來源國從事該業務之全球課稅所得，然後再將合理部分歸給該來源國。這種方法是透過一個公式進行分配。例如，美國在分配所得於製造分支機構與銷售分支機構的方式，一般是將所得的一半歸給銷售地，另一半歸給納稅人其製造設備的所在地。

另一種方法是透過估算，利用的是關係人交易的移轉訂價規則。位於來源國的分支機構公司被視為一間關係企業；在來源國的課稅所得，則是估算該分支機構若為一間獨立公司所可能賺取的所得。

關於移轉訂價規則如何適用於分支機構一事，各國沒有詳細的規範。實務上，採用獨立實體法（separate-entity approach）的國家，是以納稅人

在帳冊上所記載的分支機構所得，來計算該虛擬實體的所得；並且在帳載內容不符常規交易標準之時，做相應的調整。

至於常設機構，在適用本章B部分之移轉訂價規則上，產生了概念上與操作上的困難。這些規則基本上只適用於關係人之間。就字面上言，它們不適用於分支機構，因為分支機構無論是否為關係人，均非獨立個體；而在同一公司內各分支機構間並不發生移轉行為。法律上移轉的要件，是所有權的歸屬從一方移轉至他方，而一個分支機構無法持有或占有財產。至於外國公司的分支機構間所謂的財產移轉，其實也只是該公司財產使用權的移轉而已。

要將移轉訂價規則適用於分支機構，必須將分支機構視為法律實體，並在這些虛擬主體之間擬制出各種交易行為。舉例而言，假設外國公司P公司在A國製造商品，並將商品銷售至B國。P公司為了使用移轉訂價規則而要把所得分配於兩個國家之間，因此P公司在B國以分支機構進行銷售一事，會被視為透過子公司（如B公司）為之。無論是透過銷售或代銷（consignment）方式，P公司都會被認為是將商品移轉給該間虛擬的B公司。於是移轉訂價法則將被適用在該名目之移轉行為上。同時還必須假設，此B公司在B國的身分，是以獨立通路商，或以A公司或P公司之代理人進行營運；因為以通路商或代理人身分在市場所賺取的所得未必相同。

依OECD稅約範本第7條第2項所訂之租稅條約規定，可歸屬於常設機構之利潤應取決於該公司之常設機構為一「分別而獨立」（separate and distinct）的主體，而能單獨與公司之其餘部分進行交易。在效果上，此規定意指，應盡可能使用常規交易法來決定利潤是否可歸屬於常設機構。OECD稅約範本第7條第4項則明白表示，締約國習慣以公式分配來決定其常設機構之毛所得與可扣除之費用者，得以繼續沿用。舉例而言，美國就可以使用公式化分配法來分配其介於從事製造與銷售之分支機構間的所得，而不會違反條約上的義務。

　　將常規交易法適用於常設機構則不容易。1994年OECD關於第7條的註釋在此議題上也承認其所生的困難。但不幸的是，其準則所提供的處理方式一般不太管用。此註釋特別強調，除非納稅人所提交之帳冊明顯是用來便利避稅，否則應該重視納稅人向稅捐機構所提交的帳冊。不過，憑藉納稅人的帳冊並不足以表示即有常規交易法的適用，因為在財務會計中，並不強制使用經批准之常規交易法。

　　為了能確保常規交易法在常設機構上適用的一致性，一國的稅務機關必須做出兩種假設。其一，承上所述，他們必須假設分支機構與公司其餘部分分屬個別的註冊登記實體，在名目上，各自持有部分的公司總資產，也享有特定的法律上權利與義務；其二，他們必須假定這些「實體」彼此間確實從事特定交易。基於此二假設，如果它們在營運上如同非受控公司一樣地全然獨立，則對於這些名目實體間彼此提供的商品與服務以及共享的公司資源，稽徵機關便能決定所訂定的價格。

　　要詳述這些假設可能不太容易。例如，假設A公司為A國居民，並在A國製造小型器具並透過其在B國的常設機構銷售到當地。B國應如何決定該常設機構在常規交易法下的利潤多寡？舉例來說，它是否應該假設該常設機構的營運方式是以銷售代理人或通路商，或是其他身分？如果是代理人，則依常規交易法，其可享有銷售佣金，數額相當於一名不具關係之代理人從事類似活動所賺取的數目。若該常設機構為通路商，則依常規交易法，其利潤將取決於在B國實際的銷售價格，減去常規交易之批發價格。

　　OECD在第7條的註釋表示，稽徵機關能透過檢視公司其常設機構的帳冊，而對常規交易法在特定個案的使用，據以作出合理的推論。然而，如上例所示，在許多適用常規交易法於公司內部安排的重要案例中，公司備具帳冊所提供之幫助十分有限。即便這些帳冊含有OECD註釋中所預見之各種推論的線索，但這些推論也未必可靠。分支機構的帳冊通常完全掌

握在納稅人之手，如果締約國提供其境內分支機構租稅優惠，則納稅人可能從其分支機構的帳冊中獲取這些優惠。

如第四章B部分所述，政府與納稅人在適用常規交易法於關係企業時，面臨相當的困難，特別是當企業的利潤主要取決於高價值之無體財產權的使用時；在此情況下，將利潤分配於分支機構與公司其餘部分之間則更顯困難。因為任一部分均未對無體財產權的所有權進行區分。

OECD註釋承認無體財產所有權在常設機構的歸屬有其困難，並表示在計算常設機構所得時，不應扣除公司內部間的權利金所得。同時，此註釋也建議，開發無體財產的成本應透過公式來分配給使用該財產之各公司部門。然而，這些十分合理的規則卻可能與OECD稅約範本第9條第1項所訂之常規交易法產生不一致。

由於「利潤」（profits）一詞並未在任何租稅條約中定義，因此必須適用內國稅法來決定外國公司常設機構所應分配之的毛所得與費用扣除額。這些內國法一般而言不會被租稅條約之條款所推翻，但兩者絕非一致。因此跨國公司透過外國分支機構營運者，多半會面臨雙重課稅的風險。在締約國未能採用一致法則來決定利息扣除額、營運總部支出、研發成本，以及其他不易與特定收入勾稽之款項等的來源時，此種風險特別高。

除了金融服務業外，大多數的跨國企業均透過子公司或其他關係企業進行營運，而非透過分支機構。在某些情況，他們是基於商業考量而偏好使用子公司。不過，租稅也可能是重要的考量。如第七章B部分所述，一間跨國企業可以透過混合實體方式，在一國被視為分支機構，在他國被視為子公司，從而提高租稅利益。

跨國銀行、保險公司及其他金融服務公司，一般是以分支機構來營運全球業務。其原因通常為，分支機構可以滿足資本準備的要求，以保護各國的投資人與消費者。依照OECD稅約範本第7條第2項的註釋，銀行的常

設機構在計算其課稅所得時，可以扣除支付給總部的名目利息費用，並且必須向總部收取墊款的名目利息。根據註釋，銀行與其他金融機構所享有的特殊待遇，其正當性在於「考量墊款的支付及收取與此類企業之日常業務有緊密的連結。」2001年OECD提出一項討論議案，對將銀行各分行視為個別的公司，有其各自的名目資本。但此項提議是否使OECD各國對銀行分行之合理待遇達成初步共識，則尚難確定。

D. 公式化分配與常規交易法的展望

常規交易的標準受到來自學界、受其直接影響之納稅人，以及稽徵人員諸多的批評。納稅人抱怨其經常因此負擔不合理的舉證責任；也造成權責機關無法透過條約解決之雙重課稅問題；而且政府官員在進行查核時也不太遵守它。政府官員則抱怨，此標準過於容許從事跨境交易的納稅人短少納稅，以致於納稅人願意鋌而走險；且鼓勵納稅人採取強硬立場，以期能規避選案或在查核過程中取得較有利的談判籌碼；同時在執行上不僅費時，且成本過高。某些學者則質疑，常規交易法在某些情形下必然產生不合理的結果，因為它並未考慮到企業在整合型事業所享受的利潤。上述這些批評均不無道理。

部分評論家所支持常規交易法的替代方案，為**統一法**[11]也就是一種全球性的**公式化分配制度**[12]。依照公式化分配，同一企業之各關係實體在課稅上被視為單一公司。此一企業的全球所得，是透過預先決定好的公式來分配給此企業從事實質經濟活動的所有國家。假設所有國家均同意適用此

----

11 統一法（unitary approach）：一種公式化分攤制度，當中跨國企業之全球利潤與損失，會依公式而分配至各個組成部門；所依據的公式則參照銷售、資產與發薪名單等各種因素。

12 公式化分配制（formulary apportionment system）：一種將跨國企業之利潤或損失分配給其組成部門的公式，根據銷售、資產與發薪名單等各種因素〔譯按：即統一法〕。

制度，也能接受統一對課稅所得做合理定義，則跨國公司將可僅就其全球所得繳納一次性的租稅。

舉例而言，跨國企業從事製造與銷售商品，依公式化分配法會將一部分的所得——通常是一半——歸屬給從事銷售的各國。而所剩部分將分配在從事製造的各國，其分配標準是依總製造成本、企業的薪資或是兩者的結合。除非該租稅庇護所就是從事銷售或製造的地點，否則只有少數或沒有任何所得將會被歸屬至租稅庇護所的公司。

使用公式化分配作為分配關係企業間的利潤，也有許多問題。預先決定之公式的獨斷，難以反映個別跨國企業的具體情況。此方法同時過度依賴外國的相關資訊。它形同預設歸屬於跨國企業每個成員的利潤均與帳冊所載內容不同，儘管這些內容均為忠實記載，並且合乎公認會計原則。要解決這些問題，實有賴政府間的密切合作。

毋庸置疑的，公式化分配制度對分析家而言有其吸引力。一個設計完備的制度將能消除租稅庇護所的租稅利益，無須透過複雜且難以操作的受控外國公司法則。它直接解決國與國之間對等與否的問題，從而容許弱小國家取得應有的稅收；同時它還有效降低貿易夥伴間惡性租稅競爭的風險。另外，它也避免許多在常規交易法下經常發生的查核困難。與常規交易法不同的是，它不需要透過對毛所得的來源與費用扣除額進行個別協議來防止雙重課稅，因為這些來源法則已被隱含在分配公式當中。

要比較兩個方法，可以對照無體財產權之所得在兩種方法下的差異。公式分配法下所有的所得包含無體財產的所得在內，均分配給製造國或銷售國。反之，常規交易法將此種所得歸屬於持有該無體財產所有權之公司。然而公司集團內的所有權其經濟重要性通常有限。因此在常規交易法下，跨國公司通常可移轉無體財產所有權至租稅庇護所中的關係企業，以規避無體財產權的來源所得稅。

誠如本章C部分的討論，OECD提議各國應對來源於外國公司所設常

設機構之所得適用常規交易法。不過它承認，如果沒有對公司該無體財產之所有權做假設，將無法適用常規交易法。而所提議的假設，便是將這些權利視為由使用這些權利之常設機構所持有。此提議在效果上便類似於公式化的分配。的確，若此一適用於該公司常設機構的提議也同時適用於其關係企業，則常規交易法下租稅規避的可能性將可大為降低。

公式化分配主要用於課稅所得的分配，但它有時也被公司用來擬具帳冊。例如，在依比例分配的公式之下，它就是一個典型的存貨會計法則，決定了公司出售商品的成本。同時公司也使用各種公式來分配營運總部的費用、法律部門的費用，以及研發新產品的成本。

公式化分配無端的惡名，主要是因為政治因素。要理性討論此方法及其替代方案，必須破除各種口號與迷思。常規交易法與公式化分配，不應視為兩相對立的極端，而應該被看成方法光譜上的一部，一邊是可比較未受控價格法，另一邊則是預先決定的公式。

在某些情況下，公式化分配制度會用到常規交易法，反之亦然。常規交易法的近期修正大量仰賴各種公式，而此一趨勢似乎漸漸取得國際共識。因此要判斷究竟是常規交易法會失勢，還是公式化的分配將會取而代之，已不再清楚。任何對其一貼上具有貶意或誤導性的標籤，均無濟於事。

儘管有各種批評，但常規交易法除少數情況外，還是國際間普遍用來解決移轉訂價爭議的方式。誠如前述關於訂價方法的討論顯示，常規交易法的概念模糊，而且在解釋上會遷就各種訂價方法，例如利潤分割法與交易淨利潤法，它們似乎反而比較像公式化的分配，不像常規交易法。

公式化分配見於一些次級政府的轄區，著名如加拿大各省與美國各州。它也曾被提議用於北美自由貿易協定（NAFTA）與歐盟內部之中。歐盟最近正在研議採用某種公式化類型分配，以決定公司在各成員國間境內從事活動之來源所得的數額。詳見歐盟執行委員會研究報告，《內部市

場之公司課稅》（Company Taxation in the Internal Market, 2001）。OECD
最近在金融服務業主要參與者的同意下，同意以公式來處理從事全球性金
融貿易之企業集團內部的所得分配問題。有鑑於此法的後續潛力，以及常
規交易法的問題罄竹難書，公式化分配法將會持續在國際租稅舞台保有一
席之地。

第五章

避稅防杜機制

A. 序論

國際間交易提供了各式各樣租稅規避的可能性。在以下脈絡中，**租稅規避**（tax avoidance）在用語上須與**租稅逃漏**[1]區別。後者視為違法，且通常涉及詐欺或故意隱匿所得的情事；租稅規避則指納稅人以合法方式將應納稅額減至最低，所進行的交易或安排。在某些較具侵略性的租稅規劃中，規避與逃漏的界線並不十分明確，各國對此界線的劃定也有所不同。

透過國際間交易來規避稅捐的方法，無法在此窮盡列舉。不過，下述的例子則提示可能涉及的範圍：

■ 納稅人可將其居住地所在國移至其他稅負較低或沒有稅負的國家。

■ 納稅人可將其境內來源所得分散至在租稅庇護所設立之受控外國實體，如信託或公司。

■ 納稅人可在租稅庇護所設立子公司，以賺取外國來源所得或收取其他外國子公司之股利或其他利潤分配。

■ 若有可資利用的條約，納稅人可經由所設立之外國子公司收取股利，以降低股利之扣繳稅。

不意外的是，大多數國家多半訂有避稅防杜條款以處理特定類型的國際租稅規避行為。有些國家透過外匯管制來規範居住者從事之境外投資與交易行為。儘管外匯管制的手段主要是針對境外投資的經濟效果，但它也

1　**租稅逃漏**（**tax evasion**）：以非法手段減少稅負，通常涉及詐欺性隱瞞或刻意欺騙。

具有防杜國際租稅規避的效果。在過去，英國、澳洲、紐西蘭及蘇聯解體後的新興國家，均廣泛使用各種外匯管制手段。目前趨勢則是朝向自由資本市場發展，而避免使用外匯的管制手段。

國家若不使用外匯管制，則會採行租稅機制來對抗國際租稅規避。以下將擇要說明幾個重要機制，相關內容則在本書其他部分詳述。

各式規避防杜條款與原則

許多國家透過判例建立避稅防杜原則，或是透過立法制定避稅防杜條款；依這些規則，各種交易可能會因此不被承認。這些原則與條款，均普遍適用於各種租稅規避的交易或安排，國際交易也不例外。舉例而言：設立於租稅庇護所而以銷售為業的子公司，若未從事任何實際銷售活動，該公司的存在可能不會獲得承認。

特別租稅庇護所條款

有些國家制定特別條款專門處理租稅庇護所的濫用。例如，德國對將住所移至租稅庇護所之人，加徵一種特別稅；在法國法上，法國納稅人除非能證明該筆交易屬實，否則不得主張扣除其在租稅庇護所之實體所付的利息、權利金或勞務等費用；換句話說，這些費用扣除額之正當性，要由納稅人證明。

移轉訂價規則

大多數國家均訂有各式移轉訂價規則（原文為：intercompany or transfer pricing rules），以防止具關係人身分之納稅人以人為方式操縱訂價高低，將所得與費用移轉至不同管轄地。有爭議的是：這些規則是否適合被歸類為國際避稅防杜條款，或者僅屬於一國基本稅制的一部分。移轉訂價規則在前述章節已有討論。

受控外國公司之立法

許多國家採用受控外國公司條款，以防止消極所得或其他特定類型所得匯入在租稅庇護所設立的受控公司，或防止這些所得在其中不斷累積。

這些條款在本章C部分討論。有些國家針對國外信託也有類似規定。

離岸投資基金條款

許多國家採取離岸或境外投資基金條款來防止居住者投資海外共同基金（foreign mutual funds：美式用語）或單位信託投資（unit trust：英式用語），以遞延國內稅負。這些條款在之後第五章D部分討論。

條約濫用禁止條款

美國堅持將在租稅條約中納入利益上限條款，以防止條約濫用。典型的條約濫用包含：為取得一國之租稅條約利益而由非居民設立法律實體。條約濫用於第六章C部分第2點討論。

資本弱化條款

許多國家採用資本弱化條款來防止居民公司之非居民股東，透過超額的債務性資本，以可扣抵的利息形式（而非不可扣抵之股利）取得公司利益。這些條款在本章B部分討論之。

對財產移轉海外以及移民海外之利得課稅

當增值的財產——也就是在會計上有收益的財產——被移轉至非居民的關係人時，有些國家會將此財產視為已依公平市價賣出；從而該增值的部分必須課稅，否則該增值部分的本國稅捐可能被完全規避。另外，有些國家會在納稅人不再享有居民身分時，對增值部分課稅。這些規定可能十分複雜。由於移居國外的納稅人並未實質處分財產，因此納稅人可能沒有足夠的資金來繳納增值部分的稅捐；因此，如果納稅人針對最後的支付額度提供擔保，則可例外允許稅捐延緩繳納。此外，當納稅人移入的國家是以取得財產之時的原始成本（而非成為居民之時的公平市價）作為計算實際財產處分增益的成本時，還會有重複課稅的問題。

B. 資本弱化條款

當居民公司支付利息給非居民時,除非有例外規定,否則支付者在計算所得時可以扣除這筆費用。通常,非居民的利息無須課稅,或是可依租稅條約而享受較低的扣繳稅率。若此非居民同時為借款人與該居民公司的股東,則居住國的稅基可能因支付的形式為利息不是股利,而受到嚴重侵蝕。

與利息不同的是,居民公司所付的股利一般而言無法作為費用扣除。因此,居民公司賺取所得並將之分配給股東,會被課兩次稅:一次是在公司賺取所得時所課的公司稅;另一次是在分配股利給股東時所課的股利所得稅。如果股東是非居民,則股東所繳的稅通常是以扣繳方式收取稅捐。

許多國家透過各種**設算制度**[2],減輕或消除公司所得分配後之雙重課稅。在設算制度下,公司就其所得所支付的稅,會被設算在股東身上,視為一種可扣抵的稅額,而有別於股東股利所得的應納稅額。在效果上,公司稅被視為一種由公司替股東代繳的扣繳稅。不過只有在少數國家中,非居民股東才能享受此種設算制度的利益。一般而言,已納的公司稅,不能被用來扣抵非居民股東之股利扣繳稅。所以在效果上,儘管是在實施設算制度的國家,非居民股東的股利還是會被來源國課稅兩次。

反之,居民公司賺取之所得,以借款利息形式償還借款人之非居民股東時,只須繳一次稅。因為公司可以主張扣除所支付的利息費用,而且通常只須繳給來源國其支付非居民利息的扣繳稅。與支付股利相較,支付利息給非居民的好處成了某種必然的偏向,有利於非居民投資者對居民公司以債務方式融資。這種偏向將以下述例子來說明。

N公司為一間非居民公司,持有居民公司R公司的所有股份。R公司

2　設算制度(imputation system):一種整合公司所得稅與個人所得稅的方式,當中允許以公司分配股利所繳納之稅捐,抵減個人原應繳納之股利所得稅。

需要100萬資金支應其商業活動。N公司提供這筆資金的方式，可以向R公司額外認股100萬，或貸款100萬給R公司。R公司在尚未支付利息或股利之前的所得為10萬，並將其稅後所得全數作為股利分配給股東。常規的借款利息利率為10%；就所適用之扣繳稅率而言，股利是5%，利息是10%。下表中所做之比較，是以債務或以股東權益之預付費用在租稅效果上的不同。

債務性融資與權益性融資的相對優勢		
	債務	權益
支付利息或股利前之公司所得	100,000	100,000
扣除利息	100,000	
課稅所得		100,000
公司稅（40%）		40,000
股利		60,000
扣繳稅率（10%，5%）	10,000	3,000
稅額總計	10,000	43,000

　　案例所示，就降低來源國稅負而言，以債務支應居民公司的效果遠大於以權益支應。主要原因在於利息費用可以扣除，但股利不能。此外，居民公司可以在任何時點償還借款，毋需觸碰稅的問題；反之，一間公司在償還權益性投資時（無論透過買回股份或減資），無法不去處理股利的課稅問題。

　　為了因應此種對舉債的偏好，不少國家採納各種資本弱化規則。依這些規則，居民公司支付非居民股東的利息，超出舉債額度的部分無法扣除。「資本弱化」的用語所以貼切，在於這些條款只適用在公司權益性資本小於債務性資本的場合。

有些國家採行成文法化的資本弱化規則；有些國家則藉助行政上的各種指導準則或實務操作。另有一些國家則嘗試透過一般避稅防杜條款來解決此問題。各國成文法化的資本弱化規則彼此差異甚大。一般而言，它們具有以下的共通性。

出借人為非居民

資本弱化規則通常只適用於持有居民公司相當比例股份之非居民出借人。持股的比例，從股份的百分之十五到足以控制該居民公司之程度不等。

本國之實體

大多數國家的資本弱化條款只適用於居民公司。然而，透過支付超額利息給關係人以分散利潤一事，也可能發生在居民合夥、信託及非居民公司的分支機構之中。

超額利息之認定

一般而言，資本弱化條款僅適用於居民公司支付給非居民股東之「超額」利息。是否有超額利息，一般參考的是該內國企業中債務和股東權益的比例。換言之，只有在借款利息不合常理地大於股東權益時——其實就是喬裝成債務的股東權益——才不能扣除。另外一種由OECD建議的處理方式，則是考量各種事實與情境因素來界定孰為債務，孰為權益；其中也包含上述居民公司之債務權益比。根據OECD意見，此方法基本上是和移轉訂價的常規交易準則一致，同時避免適用固定債務權益比所生的僵化和獨斷。不過，OECD的方法較難執行，且適用的不確定性較高。

還有另一種方法，也就是以美國為首的收益剝離規則（earnings-stripping rule），參照利息與公司所得之間的關係來決定超額利息的數額。一般而言，在利息超過所得百分之五十的情形，公司無法扣除支付特定非居民或具免稅居民身分股東的利息。美國的收益剝離規則包括安全港條款，在公司債務權益比不大於1.5：1時，則不適用此條款。

債務權益比之計算

資本弱化條款的債務權益比，其計算方式可能是：

(1)一個固定比例；或

(2)對照特定產業或商業部門中所有居民公司的平均債務權益比。

大多數的國家似乎採行固定債務權益比，如2：1或3：1；有時對金融機構則採用較高比例。此比例中債務與股東權益的計算，有待租稅上的政策決定作為補充。例如：是否非居民持有的全部債務都要計算在內，或是只納入實質上之非居民股東？股東權益是否包含實收盈餘，或僅及於股本和保留盈餘？混合型的有價證券如優先股，性質上應歸為債務還是股東權益？等等。

效果

一般而言，適用資本弱化條款的效果，將使超額的利息費用不能被扣除。在一些國家，此種超額利息被視為股利。在其他國家，超額的利息則可向後遞延並逐年扣除。

納稅人透過國際銀行及其他金融中介機構進行公司之間的借貸，長期規避某些國家的資本弱化條款。舉例而言，設立在F國的F公司，借錢給非關係人之銀行B，B將錢轉借給設立在A國的A公司。F公司及A公司均為關係企業集團的成員。B銀行借給A公司的款項毋需受到資本弱化條款的規範，因為該筆款項看似向非關係人的常規性借款。有些國家的資本弱化條款，將此類借貸行為視為與關係人的借貸，以防止運用此類**轉手借貸**[3]避稅。

---

[3] **轉手借貸（back-to-back loans）**：一筆貸款從實際出借人手中經由中介機構後再以借貸形式借給借款人。轉手借貸幾乎總是作為避稅之用。

C.受控外國公司法則

1.概述

　　大多數國家對居民的全球所得，是在扣抵其境外所得中已納外國稅的部分後，再予課稅。然而，若無立法防堵措施下，境外所得如以設立外國公司或信託方式獲取收益，則可輕易地遞延繳納本國稅。正因一般認為外國公司或信託屬獨立課稅實體，從而具支配力的公司股東或信託受益人，在取得公司或信託之分配所得前，均無須課稅。在境外公司或信託所納之外國所得稅較低或免稅的情形，遞延利益最大。因此，若受控外國公司或外國信託設立於租稅庇護所，則遞延問題可能最為嚴重。

　　即便一國使用免稅法而非扣抵法，受控外國公司法則還是能確保境外來源所得的免稅制度不受濫用。舉例而言，給予免稅的國家若考量其居民境外投資的優惠可能大於境內投資時，便會將該低稅率國之消極境外來源所得排除在免稅範圍之外。

　　運用外國實體所生的租稅規避問題，在消極投資所得的部分最為顯著；因為此類所得能輕易被分散至或累積於位居租稅庇護所的海外實體之中。舉例而言，假設A國居民公司從可轉讓有價證券賺取利息所得1,000元，而A國公司稅率為40%。如果該公司在不課稅的租稅庇護所設立一間完全受控子公司，則它可透過移轉該有價證券至該子公司，以遞延其400元的稅負。該筆利息所得也毋須繳納A國的扣繳稅，原因可能是該筆利息並非A國來源所得，或該筆利息免課扣繳稅。不過，就算該筆所得要繳A國的扣繳稅，該公司在公司稅率與扣繳稅率上的差額，也具有遞延A國稅負的效果。

　　如果居住國對受控外國公司之股利所得免稅，則居民公司將能透過自受控外國公司取得境外來源所得的方式，完全規避本國稅。然而，在對全球所得課稅的國家中，居民公司無法以此永久規避稅捐；即便沒有受控外

國公司法則，也是一樣。一般情況下，居住國在受控外國公司分配股利給居民股東時，或當居民股東處分其受控外國公司股份時，會進行課稅。因而，居民公司所獲得的利益，便是股東在收到受控外國公司股利所得前，或賣出受控外國公司股份而賺取所得為止，所能夠遞延之本國所得稅負。在任何個案中，遞延利益的大小取決於：本國稅率與外國稅率的差異、遞延租稅的報酬率，以及遞延期間。依照一般現值的估算標準，遞延的效果與免稅差不多；儘管在投資選擇上二者的優惠效果不同。

許多國家透過詳盡的立法來防止或約束受控外國公司遞延或規避本國稅負。依照這些規定，被居住國課稅之人不是受控外國公司本身，而是由受控外國公司之居民股東，依其持股比例分攤受控外國公司一部或全部所得之應納稅捐。該筆所得的金額大小必須依內國稅法與匯率來決定；不過，這些遵從上的要求，有時對納稅人是沉重的負擔。以下將說明：各國對受控外國公司的定義，與適用受控外國公司法則之課稅所得範圍並不一致。

美國於1962年首先採用受控外國公司法則。這些法則一般指F分項（Subpart F）規則——指所參照的條文段落。F分項規則是仿照美國之外國個人控股公司規則（the foreign personal holding company rules）；其於1937年用以打擊個人使用國外租稅庇護所。在1962年採納F分項規則時，備受爭議。最終頒布的版本中，此規定顯示出兩方的妥協：一方為最初提案的立場（欲消除所有依受控外國公司法則的遞延利益），另一方為以美國為主的跨國公司立場（主張僅需消除消極投資所得的遞延利益）。妥協的結果，基本上是對當前多數類型的消極所得，與一部分能輕易被分散至租稅庇護所之積極營業所得類型進行課稅。1962年後的各項修正，則是強化此規則，並填補其後所生漏洞。

F分項規則至今依舊極具爭議。近年來以美國為主的跨國公司主張：F分項規則的適用範圍較其他國家的受控外國公司法則為廣，致使其處於

不利的競爭地位。有些評論家則表示：應該將該規則擴張適用於所有受
控外國公司的所得，以促進公平並減輕適用該規則所需負擔高額的遵從
及行政成本。為了因應這些業界對F分項規則的不滿，美國財政部在1990
年後期對這些規則進行研究。在2000年年終，發布一份名為「遞延自美
國受控外國公司賺取之所得：政策研究」（The Deferral of Income Earned
Through U.S. Controlled Foreign Corporations: A Policy Study, 2000/12）的
報告。此報告的結論是：F分項規則的基本方針是正確的，而且看不出這
些規則對以美國為主的跨國公司之國際競爭力造成不利影響。

　　自從美國在1962年採納F分項規則以後，許多其他資本出口國也制定
受控外國公司法則來保護其各自的稅基。而從2002年開始，下述的22個
國家均制定受控外國公司法則。此外，其他國家也在研議採納受控外國公
司法則，如：以色列與奧地利。

2002年1月1日受控外國公司俱樂部成員		
United States（1962）	Sweden（1990）	Mexico（1997）
Canada（1972）	Norway（1990）	South Africa（1997）
Germany（1972）	Denmark（1995）	South Korea（1997）
Japan（1978）	Finland（1995）	Argentina（1999）
France（1980）	Indonesia（1995）	Italy（2000）
United Kingdom（1984）	Portugal（1995）	Estonia（2000）
New Zealand（1988）	Spain（1995）	
Australia（1990）	Hungary（1997）	

　　受控外國公司立法的基本結構，反映了相互衝突的兩個政策。一方
面，渴望防杜租稅規避並促進第一章C部分關於公平與經濟效率的傳統目
標。而另一方面，各國一般不願意不合理地干預居民公司在國外市場與外

國居民公司競爭的能力。

　　每個採取受控外國公司措施的國家，都對此兩相對立的政策進行權衡，只是權衡的結果不一。至今尚未有國家完全消除因受控外國公司所取得之遞延利益；然而，紐西蘭的受控外國公司法則已接近如此。他們對由紐西蘭居民所控制的所有外國公司，除設立於清單所列七個國家的外國公司外，就其全部所得課徵所得稅。被列入清單的國家均與紐西蘭簽訂有租稅條約，而且多半對其居民公司課徵高額公司所得稅。

　　儘管個別受控外國公司的法則差異很大，但在大多數國家中此法則的基本結構大致相同。關於受控外國公司課稅的主要結構，詳如下述。

2.受控外國公司之定義

　　除少數例外情形，各國立法對受控外國公司的所得範圍均有界定：必須是來源於：(1)非居民；(2)在課稅上獨立於其所有人之公司或類似實體；(3)受本國股東控制，或本國股東掌握重大利益。各種在稅法上作為導管或穿透的實體如合夥，不在受控外國公司規則的規範之內；因為外國合夥之居民股東須就其合夥所得，依持有部分在居住國納稅。一個實體是否為非居民，取決於居住國之實體居住地原則（如註冊地或管理地，或兩者兼具）。居住地的相關規定，詳見第二章B部分。

　　大多數受控外國公司的相關立法僅適用受特定國內股東控制的外國公司。一般而言，所謂控制，指擁有超過50%已發行具表決權的股份。某些國家將控制的概念延伸，包含：所持股份價值「超過50%已發行具表決權的股份」。有些國家則推定其居民控制外國公司，即使居民掌握的表決權股份低於50%。舉例而言，澳洲和紐西蘭規定，若居民持有外國公司40%以上有表決權股份，且沒有非居民能以表決權控制該公司時，即認為該居民控制此外國公司。不過，尚未有國家採取事實上控制測試，因為要判定是否控制一間股權分散的公司並不容易。要求控制的理由在於公平性。若

居民股東的影響力不足以要求外國公司分配所得，卻就其外國公司之未分配所得課稅，便可能有失公平。

有些國家——法國、葡萄牙、丹麥——拒絕採用既複雜又有侷限的控制測試。其受控外國公司法則所適用的外國公司，為其居民持有該外國公司實質的所有權利益。葡萄牙與丹麥的所有權門檻為25%，法國為10%。

控制包含間接控制。CFC法則不因一間受控外國公司持有在租稅庇護所之另一公司的股份，而免於適用。舉例而言，如果某居民持有某外國公司60%之有表決權股份，而該外國公司持有另一外國公司超過50%之有表決權股份；則第二間外國公司將被視為該居民的受控外國公司。此外，大多數國家均訂定擬制所有權的規定，避免納稅人分散股份所有權給關係人，以規避此法則。舉例而言，如果一居民公司持有40%、另一居民公司持有20%的某外國公司有表決權股份；則當它們為關係企業（例如同時為另一居民公司的完全持有子公司），該外國公司將同時成為此兩間居民公司的受控外國公司。

在某些國家，控制權必須集中於少數的居民股東。舉例而言，澳洲、加拿大與紐西蘭，要求控制外國公司的居民人數為五人以下。在其他國家，甚至由居民股東廣泛持有的外國公司，也被視為受控外國公司。對於所有權集中的要求，關係到控制測試的理論基礎。一旦外國公司被居民股東廣泛持有，這些股東就不太可能有足夠權力要求公司進行利益分配。一個所有權集中的規定要能有效，需要擬制所有權的規定，可能還要各種避稅防杜的規定。

3.指定管轄權或全球法

租稅庇護所，是對受控外國公司課稅的重點。因此，多數國家將其對受控外國公司的立法限縮在被界定並指定為租稅庇護所之所在國，即**指定**

管轄權法[4]。只有加拿大與美國在適用其規則時，是針對自受控外國公司賺取或收取之特定所得類型，不問該公司是否位居租稅庇護所或高稅率國家，此即**全球法**[5]。

依指定管轄權法，居住於經指定為租稅庇護所之外國公司，才是適用受控外國公司法則的關鍵。由於所有居住於非經指定為租稅庇護所的外國公司，均非CFC法則的規範對象，因此指定管轄權法的遵從與行政成本較全球法為低。所減少的遵從成本，其代價是受控外國公司法則之效力，無法及於透過非指定管轄國家之實體所進行的租稅規避行為。

依全球法，外國公司的居住地為何並不重要。全球法的理論在於，所有國家，甚至是一般的高稅負國家，在稅制上均容許對所得課以較低或較優惠的稅率。此外，全球法可以避免採行指定管轄權法國家所可能碰到的政治難題：對欲促進友好關係的國家而言，可能被貼上帶有貶意的標籤。

要操作指定管轄權法，我們必須辨識出租稅庇護所的國家。最常見的方法，就是讓立法機關對租稅庇護所作一般性的定義，然後再由稽徵機關提供一經認定（或否認）為租稅庇護所國家的清單予以補充；不過有些國家的清單並無租稅庇護所的定義。一張合適的清單，對指定管轄權法的成敗至關緊要。如果此清單有重大遺漏，則納稅人很可能會移至所遺漏的國家進行租稅規避，並且得以對抗受控外國公司法則所欲達成的目標。

租稅庇護所的一般性定義，通常建立在外國與居住國稅負的比較之上。如果外國的實際稅負大約等同於居住國，則該外國就不應被視為租稅庇護所；因為它無法用來遞延或規避大額的居住國稅負。本國與外國稅率的比較，可以依據：

4　指定管轄權法（designated jurisdiction approach）：依此法，一國為了將CFC法則適用於該國之CFC居民，而將特定國家視為低稅國。

5　全球法（global approach）：一種適用CFC法則的方法，其適用並不考慮CFC本身是否為該國居民。

■ 名目稅率；

■ 平均的實質稅率；或

■ 特定受控外國公司實際支付的外國稅捐。

以名目稅率辨識租稅庇護所的困難，在於它忽略鉅額的扣除額、免稅額、扣抵額以及外國所可能提供的各種減免規定。使用名目稅率唯一的好處在於，它們容易確定。一個國家的平均實質稅率，是一個相對較佳的判斷指標。然而，實質稅率通常不易確定，必須每年對每個居民公司其受控外國公司之居住國進行確定。此外，一國實質稅率很高，並不必然意謂特定受控外國公司居民在該國無法享受低外國稅負。

某些國家如芬蘭、德國以及西班牙，便使用有效稅率來定義租稅庇護所。舉例而言，德國的CFC法則規定，如果受控外國公司在一國被認為是低稅國居民，指的是該國有效稅率低於25%。在芬蘭與葡萄牙，適用CFC法則的居民其國家的有效稅率分別是低於在芬蘭或葡萄牙所繳稅額的60%。

然而，大多數國家均依據受控外國公司所實際支付的外國稅。舉例而言，法國與挪威其CFC法則的適用時點，是在受控外國公司實際支付之外國稅，低於該受控外國公司作為各該本國居民所應繳稅額的三分之二時。比較受控外國公司實際支付的外國稅與名義上受控外國公司作為居民所可能繳的本國稅二者，在理論上是正確的方法；因為它考量受控外國公司的個別狀況。不過，此種方法賦予納稅人沉重的遵從成本，也就是要計算名目的本國稅負。

由於定義租稅庇護所有其困難，因此多數採取指定管轄權法的國家均提供各自關於符合租稅庇護所定義或不屬租稅庇護所定義之國家清單。此清單可能規定在內國法或由稽徵機關所發布。此清單的目的，是以具體指令規範納稅人與稽徵人員。此類清單的法律重要性不一。在某些情況之下，出現在清單的國家，其地位即如同租稅庇護所或非租稅庇護所；但在

其他情況，此清單可能只具有推定效果，可以推翻。

　　某些採行指定管轄權法的國家認為，通常在高稅負國家中某些特定類型的所得或實體也會享受低稅負或免稅。考量此種情形，他們使用更複雜的方法。一般而言，課徵公司稅較高的國家會被放入非租稅庇護所的清單，而對特定所得或實體適用某些優惠的租稅待遇。在這些國家的受控外國公司居民，只有在不符合特定的優惠待遇，才得以免除受控外國公司法則的適用。要擬具此清單，一國稅務機關必須對全球稅制的運作均有相當詳盡的資訊。

　　全球法在決定受控外國公司的可歸屬所得上，比指定管轄權法更精準。誠如前述，在全球法之下，受控外國公司的居住國為何並不重要。受控外國公司所從事的每筆交易均須受到檢驗，以決定該所得在性質上是否來源於此筆交易。如果受控外國公司含有**受操縱所得**[6]，則該筆所得要歸屬於公司的國內股東，並在其手上課稅；但可以扣抵任何已繳的外國稅。因此，CFC法則也會適用在高稅率國家的受控外國公司之上，因為在特定情況下，這些國家會被用來規避或遞延稅負。

4. 可歸屬所得之定義與計算

　　某些國家使用所謂的**實體法**[7]，對國內股東在受控外國公司的所得進行課稅。依此方法，受控外國公司法則通常會對從事實際營業活動為主的特定受控外國公司提供免稅，此於本章C部分第5點詳述。如果受控外國公司無法適用任何免稅規定，則其全部所得將歸屬於其國內股東。不過，若受控外國公司可適用免稅規定，則包含消極所得在內的全部所得，均不

---

[6] 受操縱所得（tainted income）：受控外國公司在賺取時（而非分配時）之應稅所得，由公司的居民股東繳納。一般而言，受操縱所得包含消極投資所得與基地公司所得。

[7] 實體法（entity approach）：一種適用CFC法則的方法，判斷CFC所得對居民股東而言是全部課稅或全部免稅。

會被歸屬至國內股東。

其餘國家採用的是**交易法**[8]；只有受控外國公司之特定所得類型（即受操縱所得）要被歸入。準此，受控外國公司的每筆交易均必須被分析，以確定其所得是否受到操縱。實體法較交易法不精確，但實體法將受控外國公司之遵從與行政成本降到最低。有些國家採用混合法。例如，有些國家採用交易法，但對被操縱所得低於一定比例之受控外國公司，則給予免稅。

受操縱所得，通常包含消極投資所得與**基地公司所得**[9]。消極所得包含股利、利息、租金、權利金與資本利得。所有採行受控外國公司法則的國家，均將消極所得視為受操縱所得，儘管他們對消極所得的定義不同。由於消極所得的類型容易藉由新型金融工具而轉換成其他類型的所得，因此對消極所得的定義必須從寬認定，以有效防止租稅規避。

或許受控外國公司法則在定義消極所得的最大困難在於，通常被視為消極所得的類型，是否會因為來源於積極營業行為而排除受控外國公司法則的適用。舉例來說，金融機構因經營銀行業務所賺取的利息所得，一般認為是積極營業所得，而排除了許多國家之CFC法則的適用。租金與權利金也同樣可能來源於積極營業行為。例如，經營租車業所賺取的所得，便不適合適用受控外國公司法則。

積極與消極（或被動）的區分在營業所得之中尚未成形。舉例來說，經過妥善的租稅規劃，許多海外租賃可能被設計成具有積極經營的外觀，儘管租賃所得很容易被導入租稅庇護所之中。如果一國的受控外國公司法則無法適用於海外租賃所得，則該國稅基將會受到侵蝕。同樣困難的是，

8　交易法（transactional approach）：一種適用CFC法則的方法，當中只有CFC之受操縱所得（消極所得與基地公司所得）為其居民股東之課稅所得。

9　基地公司所得（base company income）：CFC與關係人在該CFC設立國之外從事交易所生的所得。

對金融機構賺取的利息與個人銀行業務之區分；後者應屬積極營業所得，而金融機構的投資所得則不屬之。

所謂基地公司所得，指任何消極所得以外之所得，但也被CFC法則定性為受操縱所得。基地公司所得的定義通常十分複雜，其範圍也因各國受控外國公司法則之目的不同而難趨一致。

基地公司所得的一個重要構成要件，是其所得來源必須是向受控外國公司設立地所在國以外之處銷售財產、提供勞務；或者說其對象為關係人。在上述情形，透過受控外國公司所賺取的此類所得，主要目的可能是在規避本國稅，而不是基於國際競爭的正當理由。基地公司所得通常也包含受控外國公司之居住國來源所得。

將關係人交易所得納入受操縱所得，通常是為了強化一國的移轉訂價規則。移轉訂價規則有助於避免居民公司將原屬本國的所得，透過對銷售、勞務或其他交易作不合常規之訂價，來匯入其受控外國公司。不過，執行移轉訂價規則十分不易。當一國將匯入租稅庇護所之特定關係人的銷售與勞務所得，視為CFC法則之受操縱所得時，該國便沒有必要適用移轉訂價法則。

當地市場交易的來源所得通常免稅，因為對此類所得課本國稅，反而會影響跨國企業之受控外國公司在該國的競爭力。不過，若受控外國公司的所得並非賺取自當地市場，則遞延本國稅負便不影響受控外國公司在當地市場的競爭力。

受控外國公司任何可歸屬於本國股東的所得，必須依本國稅法與本國匯率計算。此一要求有諸多困難，因為此事涉及外國與本國稅法的差異。一般而言，受控外國公司不被容許將其收益及損失，與由同一本國股東控

制之其他外國公司的收益及損失相合併計算[10]。

5.各種免稅的性質與範圍

　　各國可能有各式免稅規定來限縮其受控外國公司法則的適用。這些規則最重要的部分詳於下述。免稅規定的差異，取決於所採行的方法是上述的實體法或交易法。所有制定CFC立法的國家至少會包含下述免稅規定當中的數種。

實際經營活動之免稅

　　若受控外國公司主要或完全從事實際經營活動，通常都會給予免稅，無論是以明示或默示的方式。使用交易法的國家，誠如前述，則只針對受控外國公司中的受操縱所得。此方法的目的，在於免除大多數積極營業所得的類型。

　　其他使用實體法的國家，則會針對每間受控外國公司個別判斷，歸屬給本國股東的所得不是全有就是全無。對主要或完全從事實際經營活動的受控外國公司，一般也都提供免稅。適用這些免稅的條件為：(1)受控外國公司從事的是特定營業行為；(2)實際存在於該外國；(3)超過一定比例（通常為50%）的所得來源於外國，或來源於非關係人交易，即非屬基地公司所得或消極所得。

　　只有瑞典與紐西蘭不區分積極營業所得與其他所得。依這兩國的規定，所有不可免稅的受控外國公司所得，均可歸屬於國內股東。瑞典其受控外國公司免稅規定較紐西蘭廣。瑞典幾乎免除所有建立在與瑞典簽有租稅條約或其他高稅負國家中受控外國公司的稅負；紐西蘭只對所列舉七個國家之受控外國公司免稅。

10　〔合併（Consolidation(consolidated)）〕容許關係企業—通常指一間母公司及其子公司—併計其所得與損失的法則，從而一間關係人公司的虧損可以抵銷另一間公司的利潤。

盈餘分配的免稅

英國是極少數對分配特定比例所得之受控外國公司提供免稅的國家。若受控外國公司分配股利給居民時要在居民國納稅，則遞延的利益將被消除而無須適用受控外國公司法則。依英國法，分配免稅法適用在受控外國公司於年度終了後18個月內，分配其任何年度之可支配利益50%以上的情形。關於分配免稅的最低限額必須審慎考量，否則容易受到濫用。英國關於分配免稅法的規定在2000年時有修正，以防止調控型公司濫用。

基本免稅額

基本免稅額通常適用在所得（或受操縱所得）未超過一定限額的受控外國公司。基本免稅額的多寡差異很大，許多國家並未有此類免稅規定。加拿大只有在受控外國公司的被操縱所得低於5,000加幣時才有適用。而澳洲的適用情形，則是受操縱所得未超過50,000澳幣與所得總額之5%二者中較低者。

其他免稅規定

英國對公開發行的受控外國公司有免稅規定。此種免稅規定在理論上缺乏正當性。

有些國家對非為避稅或租稅減免而設立的受控外國公司也有免稅規定——即「動機上」（motive）的免稅。不過認定納稅人的動機並不容易。儘管動機免稅與受控外國公司立法目的可能不一致，但它賦予稽徵機關相當大的裁量權，用以決定是否在納稅人符合動機測試時能免予適用受控外國公司的規定。動機免稅使稽徵機關得以用較簡便的方式限縮受控外國公司法則的適用範圍，沒有立法上充滿特例的複雜性。

6. 應稅之本國納稅人

在多數國家中，對受控外國公司課稅的條款同時適用在個人股東與公司股東；而在某些國家則只適用於居民公司；但不適用個人的原因則有待

說明。

　　受控外國公司之未分配所得，幾乎各國均在課稅年度終了時，歸屬給持有受控外國公司股份之居民股東。此種方法看似不公，因為它是針對外國公司全年度所得的比例來課稅，沒有考量只在該年度的部分期間持有股份的情形。但是，此法比決定所得持有期間一事較為簡便。此外，一旦取得受控外國公司股份之人充分理解此一年終原則，其會在設定購買價格時將之納入考量。

　　在多數國家中，受控外國公司的居民股東對持有外國公司未分配所得之股份並不課稅，除非持有股份達到一定比例（通常為10%）。免稅的原因在於，小額組合型投資股東的影響力，不足以要求外國公司分配所得或取得足以計算其所得持有比例之相關資訊。儘管如此，許多國家在決定某外國公司是否受到居民股東控制時，依然會將這些投資組合之股東計算在內。

7. 減免規定

　　一般而言，國家會有減輕雙重課稅的規定，以避免其在操作受控外國公司法則時發生此種風險。由於對受控外國公司所得課稅的基本機制，是針對國內股東就所持有受控外國公司未分配所得的數額課稅。因此，一個股東無論是從受控外國公司獲配股利或處分其公司股份，均可能發生雙重課稅。多數國家對受控外國公司已納稅捐的所得所分配的股利，會提供稅額減免；但甚少有國家對受控外國公司已納稅捐的所得之資本利得提供減免。同理，受控外國公司就其歸屬於居民股東之所得所納的外國所得稅，也會產生雙重課稅的情形。

　　一般而言，受控外國公司的損失不會歸屬到其居民股東之上。大多數國家允許此類損失在計算可歸屬所得時，可以向後遞延數年。

　　對於因適用兩國或兩國以上之受控外國公司法則所生的雙重課稅，大

多數國家均不給予特別減免。舉例來說，假設A公司是A國居民，持有身為B居民之B公司的所有股份。B公司持有一家設立於租稅庇護所之公司的所有股份，並賺取消極所得。假設A國與B國均有受控外國公司法則，則租稅庇護所公司的消極所得，將同時成為A公司在A國以及B公司在B國的課稅所得。儘管依受控外國公司法則，A國應給予A國居民在B國所繳稅額的抵免；但A國也可能認為租稅庇護所公司的消極所得是從A國所移轉出去，而歸屬於A國的課稅所得。適用他國CFC法則所繳的外國稅，有些國家以扣除或扣抵方式提供特別減免。有些國家則不提供減免。這些減免也可透過租稅條約中的共同協議程序取得。此種雙重課稅的問題，隨著越來越多國家採行CFC法則而日益嚴重。

D.離岸投資基金

誠如上述C部分第5點第2項，受控外國公司的立法一般只適用在居民股東所控制的外國企業；在某些國家只適用於少數居民股東所控制的外國企業。此外，許多國家的CFC法則只適用於持有一定比例（通常為10%）的居民股東。因此，在租稅庇護所中設立外國投資公司、共同基金或單位投資信託等，以避免適用此法則就相對容易。此種離岸投資資金，允許居民納稅人延緩繳納其消極投資所得之本國所得稅。離岸基金也允許納稅人透過處分其中一部分，把原本可能是一般所得的部分轉換成為資本利得的形式。

許多國家制定詳細立法，避免透過離岸投資基金遞延本國稅負。對於一些國家，這些規則的目的是在杜絕規避受控外國公司立法。對其他國家而言，離岸投資基金規則有更廣泛的目的，也就是消除所有投資在不適用CFC法則之消極外國公司或信託基金所生的遞延利益。

關於離岸投資基金法則，不妨對照三種投資選項的租稅效果：(1)投

資離岸投資基金；(2)投資國內投資基金；以及(3)外國直接投資（例如購買國外債券或租用海外不動產）。一個居民投資國內投資基金，其稅負與外國投資的差異主要在於，外國基金的來源所得可以遞延本國稅的繳納期限，一直到該居民獲取分配，或處分基金利益之時為止。

相較於外國直接投資，離岸投資基金的利益在於基金內的所得能在基金增值時有效轉換成為資本利得。此種將投資所得轉換為資本利得的情形，也發生在投資居民公司股份的場合。但是，居民公司必須在居住國繳納本國公司稅，而外國公司則不用。

由於離岸投資基金的優惠待遇，使得在許多國家稅制中，給予個人居民投資外國投資基金的待遇，會優於本國投資基金，只要：(1)外國基金所得的外國稅，低於相同數額之居民投資基金所得的本國稅，且(2)外國投資基金保留一定比例的所得。若外國基金所得在外國免稅，且將全部所得予以累積時，其優惠效果最大。不過，此種優惠並無任何合理的政策基礎。

各國為消除或緩和居民在離岸投資基金與國內投資基金在租稅利益上的差距，至少有四種不同的課稅方法，簡述如下。有些國家則在某些情況下綜合運用之。

1. 比照市價法（mark-to-market approach）

參照市價法在本質上是一種以權責發生制為基礎的資本利得稅；其中，居民納稅人之外國基金利益價值有任何增減，均納入納稅人每年的所得計算之中。舉例而言，如果納稅人之離岸投資基金利益在年初為300元，年終為500元，則該納稅人的當年度課稅所得為200元。如果該利益的價值在年終時減少為200元，則容許納稅人認列100元的投資損失。

當離岸投資基金是以有組織的方式積極進行交易時，或是基金本身向投資人公開其單位價值之淨變化量等相關資訊時，適用此方法則比較容易。在其他情況下，投資人基金利息在該年度價值增減的決定則有困難。

2. 設算所得法（Imputed income approach）

依照設算所得或擬制的報酬率，居民納稅人所賺取的所得為投資於離岸投資基金的數額乘上一個特定稅率，不論該基金實際賺取所得的多寡。

舉例而言，如果報酬率是10%，則投資10,000元的個人是依1,000元的擬制所得被課稅。如果該基金沒有進行分配，則該個人在下一年度會有1,100元的擬制課稅所得——即11,000元擬制投資額的10%。

設算所得法的好處是稽徵機關在適用時，毋需取得離岸投資基金所賺所得之相關資訊。壞處則是它對投資人多半會有超課或短課的情形。在納稅人拒絕或無法提供相關資訊時，或許是不錯的備案。

3. 擬制分配法（Deemed distributionapproach）

依擬制分配法，居民股東所需繳納的稅，是依持有外國基金所得的比例為準，不問該基金所得是否分配。此方法類似受控外國公司法則的課稅方式。舉例而言，如果F公司為一離岸投資基金，在某年度賺取100,000元但只分配給股東50,000元時，則持有10%股份之投資人其課稅所得便是10,000元——也就是該年度基金總所得的比例。

擬制分配法在操作上要能公平有效，居民投資人必須取得關於該離岸投資基金的足夠資訊，以計算其持有該基金賺取所得的比例。在許多情況中，這些資訊對小額投資人而言不易取得。

4. 遞延費用法（Deferral charge approach）

所謂遞延費用法，是指投資人在其所得分配時，或其因銷售該基金持分而實現利益時，就其所持有的比例納稅。不過值此同時，投資人也會因一筆被擬制的利息費用而被課稅，以消除納稅人所享有的遞延利益。

為說明遞延費用法的操作，假設T對某一投資基金持有利益。在第一年，T在基金的所得是2,000元，而該基金分配1,000元給T；在第二年，基

金沒有賺錢但將前一年所剩的1,000元分配給T。在第一年，T會因實際收到的1,000元被課稅；在第二年，T除了就1,000元納稅外，還支付一筆遞延費用。如果T就該1,000元要付400元的稅，而對應利率為10%；則遞延費用便為40元。

在居民投資人無法要求離岸基金每年分配利益的場合，此法十分有用。不過當投資人無法得知離岸投資基金每年賺取數額時，就會變得十分複雜。此時，必須對所得何時從基金分配出來而進行若干假設。假設該所得是在分配年度賺取，則不會有遞延費用產生。反之，若所得是在投資開始的年度賺取，便會產生鉅額的遞延費用。實務操作上，稽徵機關與投資人可能被要求假設所得依照比例歸屬於所持有的期間。此種假設雖然不切實際，但不偏袒納稅人或稽徵機關任何一方。

大多數國家對離岸投資基金的立法，一般只適用在賺取消極所得為主或其資產以消極資產（如可轉讓有價證券）為主的外國公司及信託之上。離岸基金所規定的免稅額，通常是提供給主要從事積極營業活動，或是仍會分配近乎全數所得的外國實體。積極與消極營業活動以及積極與消極所得的區別，無法盡如人意，且通常會使規則趨於複雜。

多數國家會規定對處分基金所有權所生之外國稅、實質分配以及資本利得等提供雙重課稅的減免。這些減免機制，在許多地方與受控外國公司之相關所得減免規定大致相同。詳本章C部分第7點。

第六章

租稅條約

租稅條約呈現了大多數國家關於國際租稅規範的重要面向。目前已生效之雙邊所得稅條約已超過兩千個,而且還在增加當中。這些條約大部分是以OECD稅約範本作為基礎。UN稅約範本在內容上雖然近似OECD稅約範本,但另外包括一些OECD稅約範本當中所沒有的條款,以下將針對這兩個稅約範本進行討論。

目前也有一些多邊所得稅條約,不過影響尚屬片面。北歐各國已對租稅徵收的事務簽定多邊協議。此外,OECD及歐洲理事會也支持《多邊稅務行政互助公約》。在1994年重新協商之《關稅暨貿易總協定》,以及《勞務暨貿易總協定》二者,均為1994年《世界貿易組織成立協議》的部分內容;當中規定許多所得課稅的重要條款,主要為了防止藉各種所得稅規定來包裝貿易壁壘,或作為出口誘因。

本章A部分簡介租稅條約的法律性質、與國內法之關係、其目標,以及條約的解釋。在B部分,則詳述影響力極大的OECD稅約範本的主要特徵,使讀者對典型的租稅條約有基本認識。同時我們也討論UN稅約範本中OECD稅約範本所未規範的部分。C部分則分析一些特別議題,如條約濫用、**不予歧視**[1]、紛爭解決與行政互助等。

----

[1] 不予歧視(nondiscrimination):一個為大眾所接受的概念,指一國對於非居民、外國人或由外國持有之本國公司的課稅,在相類似情況受受待遇應相同或在作用上等同於對居民、公民或由本國持有之公司。

A. 概覽

1. 租稅條約的法律性質與效力

條約是主權國家之間的協議。《維也納條約法公約》第2條規定：

> 條約者，乃國家間所締結，並受國際法規範之國際協議（載於一份或一份以上的文件，無論其名稱為何）者。
>
> A treaty is an international agreement (in one or more instruments, whatever called) concluded between states and governed by international law.

租稅條約除賦予**締約國**[2]各種權利，也加諸各種義務。在大多數國家，除非將條約中的條款制定為內國法，否則並不直接對兩國的公民或居民發生效力。

租稅條約與內國稅法之關係，在許多國家中均十分複雜。基本原則是，條約與內國法衝突時具有優越性。在一些國家如法國，此一原則具有憲法上的地位。而在許多國家中，政府基於內國法，顯然可以凌駕租稅條約中的條款。例如，立法優越是議會民主國家的基本法律原則。許多國家法院會要求立法機關在賦予一相衝突之內國法效力前，明確指出其所欲凌駕條約的立法目的為何。同時，法院也會盡可能尋找能夠調和二者衝突的理由。關於租稅條約的各種解釋原則，於A部分第5點詳述。

一般而言，租稅條約適用於所有締約國所課徵的所得稅，包括由省（州）、地方以及其他次級政府所課徵的稅。然而，在一些聯邦國家中，中央政府受到憲法價值或既成傳統的約束，無法以租稅條約來限制次級政

---

2 締約國（contracting states）：作為租稅條約當事人之國家。

府的課稅權，因此，這些聯邦國家的租稅條約僅能適用於國稅，此情形見諸加拿大與美國。從而次級政府所課的稅，有可能不被中央政府允許。例如，在美國一些州政府（加州是最好的例子）針對多國籍企業是採用單一的基礎課稅（即合併申報與公式化分攤），不顧美國政府在條約上所承諾採取的常規交易法。

大多數租稅條約並不進行課稅行為；相反地，它們會以各種方式限制國家的課稅。在效果上，租稅條約主要的作用在減免租稅。而法國和一些仿效法國的非洲國家則是明顯的例外，因為它們就算不依內國法課稅，也會透過租稅條約來達到課稅的效果。

2. 租稅條約的目標

抽象來說，租稅條約的目標在於排除各種租稅障礙，以利跨境的貿易與投資。此一抽象目標，則由許多具體且具有可操作性的目標來補充。

雙邊租稅條約最重要的操作性目標，便是消除雙重課稅。典型雙邊租稅條約的實體規定，大多用於此事。例如租稅條約的突破僵局條款，是將在兩國均具居民身分之人，界定為其中一國的納稅人。同時，這些條款也限制或消除來源國對特定所得類型的課稅，並要求居住國給予來源國稅捐上的減免（例如境外稅額扣抵或境外所得免稅）。有關各種雙重課稅減免機制的討論，詳見第三章C部分。

二戰之後不久，租稅條約的焦點幾乎集中在解決雙重課稅的問題。當時蓬勃發展的多國籍企業面臨沉重雙重課稅的風險；鮮少有國家單方提供雙重課稅的減免，且在當時，條約網絡尚在發展階段。1950年代與1960年代早期，條約解決了大多數雙重課稅的問題；不過如今各國在簽訂租稅條約時，雖多半獲得各國的支持；但一個主要的例外，是在以常規交易法訂定關係人交易轉讓價格的各國，因適用不一致所生的雙重課稅問題。此問題已於第四章詳述。

　　過去強調消除雙重課稅，並不表示忽略了另外一個同等重要的操作型目標，此即租稅逃漏的防杜。此一目標與雙重課稅的消除是相互平衡的。正當雙重課稅構成國際交易的不當障礙時，對租稅逃漏的寬容卻給予從事此類貿易的誘因。儘管打擊租稅逃漏是大多數租稅條約的明確目標，但專門針對此一目的所設計的條文卻十分少見。甚至「租稅逃漏」的用語在一般租稅條約中也不甚明確。有些國家如瑞士，將此用語狹義限縮在刑事上的租稅逃漏。大多數締約國則將此用語較廣泛地擴張至刑事逃漏以外的各種租稅規避類型。

　　除了這兩個主要的操作性目標之外，還有若干輔助目標。其中之一在本章C部分第1點討論的，即消除對外國國民與非居民的歧視。第二個輔助目標則是締約國之間資訊的交換。本章C部分第4點說明的是一般租稅條約中資訊交換的條款。對打擊租稅逃漏而言，資訊的交換是重要工具，也允許各國提供納稅人雙重課稅的適當減免。最後，大多數締約國均在條約中規範彼此稅制互動所生紛爭的解決機制。紛爭解決機制於本章 C部分第3點詳述。

　　租稅條約最主要的效果之一，在於提供納稅人確定性。此種租稅效果的確定性，是便利跨境投資的重要因素。一般而言，租稅條約的平均年限約十五年。因此，非居民投資者會知道，即便來源國的內國稅法變動，但條約中對來源國課稅權的基本限制仍然具有優越性。例如，A國居民A與B國的居民簽訂授權契約，允許其使用無體財產權；即使B國提高其國內法之相關稅率，A會知道，A與B兩國之間在條約中所訂的權利金扣繳稅率依然有效。

3. 租稅條約範本

　　有兩個十分有影響力的稅約範本──經濟合作發展組織（OECD）之《所得與資本租稅條約範本》以及聯合國之《已開發與開發中國家間雙重

課稅條約範本》。此外，多數國家均有各自的稅約範本，通常不會公開，但會提供其他國家作為協商租稅條約之用。而UN稅約範本與其他各國的範本均大量參考OECD的稅約範本。

OECD稅約範本的構想由來已久，始於早期在19世紀的外交條約。這些條約的目的，多半只在確保一國外交使節在他國工作時，不會受到差別對待。而在20世紀初期所得課稅具有重要地位後，便成為這些條約增訂的內容。一次戰後，國際聯盟開始發展一個專門針對所得稅議題的條約範本。此工作於1943年和1946年的條約範本中達到高峰。這些條約並未取得一致同意；研議一個更加廣為接受之條約範本的工作，則由OECD接手。OECD約有30餘個會員，當中多為工業化國家。近年來，墨西哥、匈牙利、波蘭以及斯洛伐克等相繼取得的會員資格。不久之後也很可能有不少亞洲與拉丁美洲國家的成員加入。

OECD條約範本首先於1963年以草案形式出版。其於1977年修正，嗣於1992年再次修正，並改成活頁形式以利日後頻繁的修正。此後在1994、1995、1997、2000與2002年均有修正。財稅事務委員會（The Committee on Fiscal Affairs）由各成員國的資深稅務員組成，負責此一條約範本以及其他各式的國際租稅互助。此委員會的運作，由常設秘書處以及許多工作小組進行。常設秘書處職司租稅事務的成員，如今併入2001年初設立之租稅政策暨執行中心（Centre for Tax Policy and Administration）。工作小組則由各會員國的代表所組成。其中工作小組第一組（Working Party No. 1）即負責條約範本，對條約相關議題作持續性的審查。

另有一本詳細的範本註釋，以逐條方式編排。此範本註釋，對於條約解釋與適用的重要性日增，甚至及於與非會員國間的條約。為了考量非會員國的處境，OECD於1999年對主要之非會員國公開此一範本註釋，如阿根廷、巴西、中國大陸、以色列〔譯按：已加入〕、俄羅斯以及南非等。

OECD稅約範本有利於資本輸出國，對資本輸入國不利。它通常為了削除或緩和雙重課稅，會要求來源國放棄對其居民在他締約國所賺特定所得的稅收之全部或一部。此一特色的前提是兩國間的貿易與投資量約略對等，且居住國對來源國之免稅所得進行課稅。以下的例子說明此點。

A國與B國均為已開發國家，正在擬訂租稅條約。兩國均對其居民的全球所得課稅，且均對其境外來源所得之扣繳稅提供扣抵。有一名A國納稅人A，在B國賺取1,000元的權利金。而B國也同樣有一名納稅人B在A國賺取了1,000元的權利金。在雙方沒有簽定條約的前提下，B國將對支付給納稅人A的權利金扣繳15%的稅；同理A國也會對納稅人B進行相同的事。其後B國允許納稅人B主張扣抵支付給A國的扣繳稅，而A國也會允許納稅人A作出相對應的主張。如果兩國同意透過租稅條約，將對他締約國居民之權利金所得的扣繳稅率降為零，則兩國會因此各失去150元（1,000×0.15）的稅收。不過，他們可以對本國居民多課150元，以拿回這筆稅收。

上述例子中顯示兩個重點。第一，放棄來源管轄權的國家，如果在處理國際雙重課稅的方式是免稅法，則無法透過擴張其居住管轄權拿回失去的稅收。

第二，以居住管轄權交換來源管轄權，並不利於資本淨輸入國。當然，兩締約國彼此的投資量不可能完全相同，若干程度的不對等在所難免，特別是對已有租稅條約網絡的國家而言。如果有一群國家以OECD稅約範本彼此簽署雙邊條約，且重要的是這些國家彼此的投資量能大致平衡；如此一來，一國才能透過其他條約拿回該條約所失去的稅收。

開發中國家的確都是資本淨輸入國，與定義若合符節。此外，大多數開發中國家都採免稅法給予其內國公司雙重課稅的減免。因此，開發中國家在與已開發國家簽訂租稅條約時，未必會因為OECD稅約範本支持居住管轄權而較為有利。因此，開發中國家在聯合國的支持下，設計了自己的

條約範本。

　　UN稅約範本首次於1980年在聯合國發表，並於2001年進行部分修正。它是由「聯合國經濟社會理事會（Economic and Social Council）」於1967年設立之「聯合國已開發與開發中國家間租稅條約專家小組（United Nations Group of Experts on Tax Treaties Between Developed and Developing Countries）」草擬而成。此一聯合國專家小組——現為「租稅事務國際合作專案專家小組」（Ad Hoc Group of Experts on International Cooperation in Tax Matters）——的成果，出版了許多關於UN稅約範本的重要參考著作。此專家小組也出版了詳盡的範本註釋。專家小組的成員為稅務專家以及由各成員國政府所指派的稅務執行人員，均可獨立行使職權。其中15名成員由開發中或經濟轉型國家指派，另有10名成員則由已開發國家指派。UN稅約範本仿照OECD稅約範本架構；當中有許多條款相同或相似。因此，一般而言不將UN稅約範本視為完全獨立的條約範本，而是對OECD稅約範本進行有限而重要的調整；此種說法不無道理。

　　兩稅約範本的主要差異在於，UN稅約範本對來源管轄權的限制較少。例如，UN稅約範本並未特別限制來源國之股利、利息與權利金的扣繳稅率；反而，它是將扣繳稅率的高低交由締約國彼此以雙邊協議決定。誠如本章B部分第2點所討論者，UN稅約範本給了來源國對非居民之營業所得更大的課稅權，它讓納稅人能更輕易在該國設立常設機構。

　　OECD稅約範本的成功是始料未及的。幾乎所有現在的雙邊租稅條約均以此為準。誠如上述，即便UN稅約範本也以其架構作為基礎。此種對OECD稅約範本的廣泛認同，以及所帶來許多國際間課稅規則的標準化，一直是消除國際間重複課稅的重要因素。

　　然而，某方面來看，OECD稅約範本也是其成功背後的犧牲者。它作了一些不討喜的承諾，其中有一些重要條款被刻意模糊化，來掩飾OECD成員國間的不一致。它一直難以反映許多最近的發展，例如外匯的利得與

損失、資本弱化規則、受控外國公司法則、視同外國稅額扣抵、複雜的資金安排、跨國性的公司重組以及公司整合方法等。這些缺點嚴重影響了雙邊租稅條約在排除跨境貿易與投資的租稅障礙，以及國際租稅規避的防杜效果。

透過改變OECD範本來矯正其缺漏，並反映最新發展一事極為困難。原因之一在於各國要能使其條約網絡與新修範本一致，只能重新協商近乎所有現存的條約。另一個原因在於OECD在傳統上是以一致決方式修改條約範本。此種一致決減損了在操作上的重要性，因為會員國對當中任何一處表示反對時，即可對該特定條款註記保留。這些保留規定見諸稅約範本註釋之中。所謂保留，意指該國不欲在其租稅條約中採納範本的特定條款。多數國家均對範本的某些部分表示保留。例如澳洲、加拿大與紐西蘭均對涉及不予歧視的第24條表示保留。同時，許多國家也對涉及權利金的第12條表示保留；他們表示要對權利金課徵扣繳稅。

此外，註釋書也收錄特定國家對註釋中特定部分的觀察意見。所謂觀察意見，通常用來表示特定國家對範本條文或註釋中某部分的解釋，與其他多數成員國不同。表示觀察意見的國家並非拒絕該範本的特定條款。觀察意見的目的，是在指出該國仍然會將該條款納入其條約之中，但會以不同於多數看法的方式解釋適用它。

OECD稅約範本註釋的修正，遠比範本的修正容易。根據該註釋所陳，當中的任何觀點均能表示保留或觀察意見；同時，其解釋與適用必須考量成員國間的所有條約，甚至包括註釋修訂之前所締結者。此種將註釋的新條款適用到過去現存租稅條款的作法，引發了各種有趣的解釋爭議，詳於本章A部分第5點之討論。

4.條約之修正與凌駕

條約一經採納後，還是可以經過締約國彼此的承認來進行修改，不論

修改幅度的大小。通常締約國是以議定書（protocol）的形式修改租稅條約。依據國際法，一個協議一旦被定性為議定書，在性質上便等同於條約，不同的只有名稱而已。因此，它在生效之前，其批准必須準用條約之相關規定。

鑑於實效性，內國稅法必須時常修改或解釋，才能順應新環境。就此而言，租稅條約並無不同。理論上，條約中的條款如有缺陷，適當的補救方式是由雙方共同通過的條約修正案。不過在實際運作上，修正的過程通常十分緩慢並且困難重重。而議定書的協商也與條約一樣，均不免曠日廢時。通常，一旦條約的一部分重新開啟協商，其他部分也因此得以進行協商。

在一定的範圍內，租稅條約的更新可以不用透過正式的修訂程序，而是透過解釋。例如，大多數條約所規範的相互協議程序，均授權兩國權責機關來處理解釋問題。條約解釋的一般原則將於下段探討。

有些國家不時會以立法的方式，來修正或凌駕內國法院對於條約的解釋。此種依據誠信的立法，不能違反該國對其條約中所負的各種義務。通常一國要凌駕其租稅條約時，會與其條約夥伴進行協商以示誠信，並避免誤會。

在過去，特別是在1980年代晚期經常發生的是，美國曾經為了阻止法院挑戰其內國的租稅立法，而制定條款使新立法優越於與其衝突之租稅條約。在大多數情形，美國都會主張其新立法與其所負之條約義務一致，但它並不諱言在某些情形下，此種立法很可能會超出其條款的文義，但不是違背其精神。許多美國的條約夥伴為此表示反感，部分原因在於他們認為這些動作反映了對於條約義務的輕漫。就美國的立場而言，其所關心的問題則是租稅條約能否及時對各種避稅方案作出回應。

就我們來看，除非有特殊情形，否則條約乃是莊重而不應加以忽略的義務。同時，各國必須具有修改其內國稅法的能力，使之符合時代潮流，

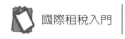

且能澄清解釋上的困難。

5.租稅條約的解釋

　　租稅條約的解釋與內國租稅立法的解釋有若干相似之處。舉例而言，詞語的意義、身處的脈絡，以及使用之目的等等，無論對條約或國內稅法的解釋而言均十分重要。然而，它們存在諸多重大的差異：

　　(1)由於每一個條約均涉及兩個締約國，因此關於解釋的問題，必須同時兼顧兩國彼此的意旨（intention）。

　　(2)租稅條約所涉層面較內國立法廣泛；也就是涉及到兩國政府與兩國之納稅人。

　　(3)通常租稅條約的用語和內國立法不同。例如：OECD稅約範本所使用的「enterprise」〔譯按：本文譯為事業體〕一語，在許多國家的內國租稅立法之中便不會使用。

　　(4)租稅條約在性質上主要為減免稅負；而非增加稅負。

　　(5)影響力十足的OECD稅約範本及其註釋，以及UN稅約範本及其註釋二者，在內國租稅立法中並無相對應的法源。

　　租稅條約的解釋受國際習慣法支配，體現在維也納條約法公約之中。維也納公約的解釋規則適用於所有條約，不以租稅條約為限。除了美國，大多數國家均已簽署維也納公約。甚至連未簽署的國家，也可能受其條款的拘束，因為這些條款是法典化的國際習慣法，對於所有國家都有拘束力。

　　維也納公約第31條第1項，規定了基本的解釋規則：

　　條約之解釋，應參酌條約中各條款之內容以及所規範之對象與目的，以忠於（in good faith）原意（ordinary meaning）。

　　維也納公約第31條第2項的內容，涉及條約的本文（text）以及任何由當事人所作與條約締結相關的協議，以及由當事人一方作成，而為他

方所接受的任何文件。舉例來說，美國對其每份租稅條約均提出技術性說明，而加拿大公開表示接受美國關於美加條約的說明。此外，依第31條第3項規定，當事人其後的協議、其後所作之條約解釋，以及任何國際法上可資適用的規定，均須一併納入考量。第32條則規定，其他視為輔助性解釋工具的資料，包含條約的各項前置作業文件，均只能用來確認依第31條所得出的文義，或僅在第31條產生歧異（ambiguous）、模糊（obscure）、謬誤（absurd）或不合理（unreasonable）結果時，才具有定義的作用。

　　儘管OECD稅約範本和其註釋對條約的解釋十分重要，但它們在維也納公約各條款中的法律定位並不明確。乍看之下，它們似乎是第32條所規定之輔助性解釋工具。若然，則它們的適用情形，只限於在無法適用第31條之解釋原則時作確認，或在第31條規定在意義上有歧異、模糊、謬誤或不合理時作定義。OECD則期待它發揮相當作用。在註釋的導言中，其表示此註釋「能夠……對各公約之適用與解釋大有助益，特別是在爭議的處理。」然而，要將註解視為第31條所規定之條約並不容易；特別是在被解釋的條約早在註釋修正之前已生效，或是在締約國並非OECD成員，無法參與註釋研議過程的情形。

　　儘管OECD稅約範本及其註釋在維也納公約中的地位一直為國際租稅學者所爭論；但其在實務操作上的爭議不大。只要涉及條約的案件，幾乎所有國家的法院均給予稅約範本及其註釋一定的尊重。

　　兩國之間以相同方式解釋租稅條約是重要的——此即相同解釋原則（the principle of common interpretation）——否則一筆所得可能會被重複課稅或無從課稅。例如，假設A國居民S在B國為了C公司的利益而提供勞務。此項勞務創造出C公司所使用的某項工作產出。S自C公司取得一筆款項，依照B國法，該款項被定性為在B國提供勞務的報酬。反之，A國將之定性為一筆允許C公司使用S之產品的權利金。依照兩國的租稅條約，

個人勞務所得須在來源國納稅，權利金則須在居住國納稅。如此一來，除非兩國權責機關共同解決此事，否則S可能會被重複課稅。這個例子便是著名的Pierre Boulez案，該案大致為梗概一名居住在德國舉世聞名的法裔指揮家，其在美國指揮一系列音樂會而收取各式款項。

除了維也納公約的各條款，依據兩稅約範本簽訂之租稅條約，也規定了自己的解釋規則。兩稅約範本中第3條第2項規定，條約中未經定義的用語，除條約內容另有規定，以適用該條約國之內國法為準。因此，第3條第2項規定了一個三階段的適用過程。

(1)在條約中是否規定該用語之定義？

(2)若否，則該用語在內國法之意義為何？

(3)條約之上下文是否規定使用不同於內國法的定義？

第一個步驟其實沒有想像容易。例如，條約中許多定義是「概括式的」（inclusive）。第3條第1項第a款所定義之「人」（person），包含了「個人」（individual）、「公司」（company）和其他「人民團體」（body of persons）。對之，第3條第1項第b款對公司的定義則為「排他式的」（exclusive）（所謂公司，指……）。一般而言，一個概括式的定義，意指該用語具一般文義以及其他經特別列舉的事項。當內國法為概括式的定義時，第3條第2項可否用來界定一般文義的內容（例如人的定義）？甚至，條約所作的定義本身，也內含未經定義的用語。例如，第3條第1項第a款的「個人」與「人民團體」就未被定義。這些用語，是否也得依第3條第2項規定而援用內國法的意義？

要決定一個用語在內國法上的定義也不容易。第3條第2項規定，未經定義的用語，其在本國稅法的意義優先於其他法律。然而，一個未經定義的用語，即便在一國稅法下，其意義也可能超過一種。因此，各種內國法定義中最切合條約本旨者，方為所用。同時要注意，第3條第2項所指，是未經定義之用語在內國法上的「意義」（meaning），不是其「定義」

（definition）。一個用語在一國稅法中可能未被定義，但一定有一般文義
（ordinary meaning）。

　　適用第3條第2項的最後一步，在考量條約的上下文是否規定使用不同
於內國法的意義。為此，我們有必要基於條約目的，來考量一個用語的其
他意義為何，以及何者比內國法的意義更為合適。在此分析中所應考量的
部分有：

■ 相較於內國稅法意義而言，該用語之一般文義；

■ 該用語在他國稅法中的意義；

■ 條約中相關條款之目的；以及

■ 外部資料，如兩稅約範本之註釋等。

　　某些國際租稅學者主張，在適用第3條第2項時，對於未經定義之用
語，應盡可能賦予其有別於內國法之意義，該內國法之意義至多只能作為
最後手段。有其他學者主張，第3條第2項帶有偏重內國法意義的色彩，因
為這些意義只有在「上下文另有規定」（the context requires otherwise）
時，才會被條約意義所取代。他們認為，使用「規定」（require）這個字
眼，加重了欲尋求正當化條約意義之人的負擔。

　　在我們看來，第3條第2項的文字並未表示未經定義之用語應特別採取
內國法意義或條約意義。再者，我們也找不到強烈的政策理由去增設對內
國法上或對條約上意義的偏好。在租稅條約中未經定義的用語，應參照所
有相關資訊以及整體脈絡來加以決定。

　　兩稅約範本第3條第2項另一個重要而有爭議的論點為，一個用語在內
國法的意義，究竟是以條約簽定時的國內法為準（文義靜止說，the static
approach），還是隨著國內法的修正而變（文義流動說，the ambulatory
approach）。OECD稅約範本第3條第2項曾於1995年修正，明白表示該條
項之適用是採取文義流動說。UN稅約範本也於2001年做出相應修正。依
文義流動說，條約便能順應內國法的變動，無須透過條約的反覆協商。文

義流動說的缺點在於,它實質上允許一國變動某部分內國法,來片面修正其與他國的租稅條約。例如,一項實質改變兩國談判結果的內國法修訂,卻非由兩國共同研議,此舉與條約凌駕無異。

B.典型租稅條約的內容

此部分描述的是以兩稅約範本為基礎之典型雙邊租稅條約的主要條款。本章B部分第1點指出條約之當事人以及租稅義務受到影響之人、說明條約的範圍,並簡述關於批准、終止與修正的規定。第2點到第6點,則描述一般租稅條約中各種所得類型的處理。第7點則說明促進條約夥伴間合作以及公平競爭的相關規定。

每份租稅條約均有規定減輕或緩和雙重課稅的條款。兩稅約範本中關於雙重課稅的減免,規定在第23A條(免稅法)或第23B條(扣抵法)。雙重課稅減免的方法,在第三章C部分有所討論。

為防止租稅逃漏或規避,大多數國家的內國稅法均授權稽徵機關,對納稅人與其關係人交易的價格進行調整,以反映相當於與非關係人常規交易之價格。兩稅約範本第9條(關係企業)便規定,締約國「得」——實為「應」——對關係企業的利潤進行重新計算,以符合常規交易的標準。所謂的常規交易標準以及在適用上衍生的問題,在第四章已有所討論。

1.內容、範圍與法律效果

締結雙邊所得課稅條約之兩國,稱為「締約國」。一般租稅條約在第1條(人的範圍)會規定,條約所適用之人為「締約國之雙方或其中一方的居民」。第4條(居民)則參照該締約國之內國法,來具體界定依條約本旨所謂締約國「居民」的範圍。詳如第二章B部分所討論者,典型的條約同時也包含各種突破僵局條款,以避免一個人同時成為締約國雙方之居民。第3條(一般性定義)關於「人」的定義,包含「個人、公司以及

其他人民團體」。OECD註釋建議將慈善基金會歸屬於第3條「人」的範圍。的確，締約國法律所承認之任何法律實體都可能被視為租稅條約所謂的「人」。合夥組織也可能成為典型條約所謂的人，但如果締約國之納稅人為「合夥人」而非「合夥組織」，則該合夥組織便不是締約國之居民。

第2條（相關稅捐）通常規定該條約所規範之各種稅捐。兩稅約範本均規定，條約適用於「代表締約國或其次級政府部門或地方有權機關，對於所得與資本所課徵之各種租稅之上」。有些條約的內容並不及於次級政治團體的所得稅。不過，即便條約一般不及於地方稅，其中不予歧視的條款通常仍有適用餘地。詳兩稅約範本第24條第6項之規定。

典型的租稅條約會明文列舉締約國的各種國稅，有時還及於所適用之地方稅。通常，各國之個人所得稅與公司所得稅均會被納入，少有例外。同時，大多數的條約均規定條約同時適用對所列之租稅的各種修正，從而也適用於與清單上相同或實質上相似的租稅。某些條約會將特定類型的所得與資本課稅予以排除。舉例而言，許多租稅條約便排除了指定作為政府退休金之工薪稅。

一般而言，條約一經批准便即生效，詳兩稅約範本第29與第28條（條約之生效）。各締約國在其國內有其各自的條約批准程序。例如，許多國家規定由政府所協議簽訂之條約必須經國會同意才能生效。一旦這些內部程序滿足後，締約國一般會互換批准文件。通常條約在互換批准文件後的下一個曆年第一天生效。在某些情況，部分條約的生效會早於或晚於其他部分，例如減免來源國優惠的扣繳稅率。

儘管締約夥伴在一開始會設想彼此關係永久不變，但依舊會規定締約任何一方均可要求終止條約。依照OECD稅約範本第30條（條約之終止）以及UN稅約範本第29條，締約國可在下一個曆年開始前單方終止條約，但必須在當年度結束前至少六個月，向其條約夥伴通知終止。晚近的發展，則傾向要求條約夥伴同意新條約在首次互換批准文件後至少須生效五

年。當然，只要締約國彼此同意，還是可以在任何時候終止條約。

2.營業所得

　　關於營業所得的課稅，規定在兩稅約範本第3、第5和第7條。第7條（營業利潤）規定，「締約國之事業體」在他締約國經營事業所賺取之利潤，除可歸屬於該締約國常設機構的部分，一般而言毋須依此條納稅。這種對一國來源管轄權的主要限制，已在第二章C部分有所討論。常設機構的定義則規定在第5條（常設機構）。第3條（一般定義）則將「締約國之事業體」定性為「締約國之居民」。

　　如果締約國之事業體在他締約國設有常設機構，則只有在可歸屬於該常設機構之課稅所得必須納稅。兩稅約範本第7條第2項規定，常設機構之利潤應由常規交易原則決定。以常規交易原則來判斷歸屬常設機構之毛所得及費用扣除額的困難，已於第四章C部分說明。

　　UN稅約範本第7條第1項則使用有限吸引力原則（limited force-of-attraction principle），來決定可歸屬常設機構之所得。依此原則，若事業體在締約國有常設機構，其課稅所得除在該常設機構所賺取之所得之外，還包括相當於透過該常設機構而在該國銷售產品或從事營業活動之所得。對於在來源國追求稅負極小化的公司而言，UN稅約範本所採取的此種方法，毋寧增加了不確定性。從政府的觀點，此原則的好處在於它簡化了稽徵行政，也降低了避稅的可能性。

　　兩稅約範本第5條規定，常設機構通常指「事業體經營其全部或一部事業之固定營業場所」。此段文字的內容，可說原封不動地納入近乎所有的租稅條約中。兩稅約範本例示性地規定了如下各種經常構成常設機構的營業據點：

■管理地

■分支機構

■ 辦公處

■ 工廠

■ 工作場所

■ 礦井、油井、天然氣井、採石場或其他開採天然資源之場所

　　要在締約國內成為「固定營業場所」，其必須在一特定地理位置上營運，並且在該地點從事活動持續一定期間（通常大於六個月）。使用各種設備的場所——如石油幫浦機器所在地——也會構成一個營業場所，儘管該機械並不須由人力操作。一個營業場所要「固定」，則具有一特定之地理位置即可。舉例而言，一事業體只要是定期經營市場內可移動的攤位，則該市場便足以作為該事業體的固定營業場所。至於該事業體是否擁有或是承租該據點，不影響是否構成常設機構之判斷。

　　UN稅約範本第5條的註釋規定，如果事業體使用捕漁船在締約國水域範圍內並作為商業捕魚之用，則這些船隻可能構成常設機構。不過此一議題仍有爭議。在締約國從事電子商務活動，也會產生該事業體在該締約國是否有常設機構的爭議，詳見第七章C部分的討論。

　　OECD稅約範本對常設機構的定義，包含了一些有權以企業名義行事並經常行使締約權之非獨立代理人。大多數租稅條約將此類代理人視為本人之常設機構。

　　UN稅約範本中關於代理人的條款則範圍較廣，也及於代表本人運送並在過程中保管商品之非獨立代理人。某些租稅條約就此部分採用UN的稅約範本。一些評論家則主張，常設機構的定義應同時擴張適用於大多數代表企業從事實際營業活動之非獨立代理人，不論他們是否享有締約權。這些評論者認為締約權在商業上的重要性不高，因為現代的溝通管道使代理人得以即時連繫上在國外的本人。

　　UN稅約範本也規定，在締約國從事保險銷售之事業體，在該國收取

保費或承保在該國發生的風險，應被視為在該國擁有常設機構。然而，保險活動若由獨立代理人進行，便不適用此規定。

　　大多數條約均規定，建地、鑽井區或其他臨時性的工程案預定地等，若其工程已持續進行相當期間，也可能構成常設機構。在OECD稅約範本中，此相當期間最低為一年。在UN稅約範本中則為六個月，並將條款所界定之活動，擴及至裝配地，以及建地或裝配地之相關指揮監督活動。一般而言，開發中國家在其租稅條約中會採取六個月或更短的期間，舉例而言，印度—美國條約之期間為四個月。部分已開發國家間的條約則將期間延長超過一年，例如日本—美國條約的期間為二十四個月。

　　UN稅約範本規定，事業體如果在締約國透過受僱人或其他人員提供個人勞務，而在任何十二個月的期間之內超過六個月，則可能構成該國之常設機構。此條款的主要目的，是用來確保來源國能對持續性的管理或諮詢行為課稅。OECD稅約範本則沒有相對應的規定。

　　在UN稅約範本之下，對於履行個人勞務之所得是依第14條課稅，而非依第5條或第7條。此情形在OECD稅約範本於2000年拿掉第14條之前的版本中亦同。對於獨立性個人勞務之課稅，在本章B部分第3點詳述。

　　根據兩稅約範本的規定，若一設施主要用於購買出口商品、或是用以存放或展示商品、或是存放供其他企業加工的情形，原則上不構成該企業之常設機構。OECD稅約範本例外規定貨品運送之設施不構成常設機構。UN稅約範本則無此例外規定，目的在容許來源國得以對經營倉庫之來源所得進行課稅。另外，如果這些設施是專為「準備性或輔助性」之活動所設置，兩稅約範本則特別將之排除在所定義之常設機構範圍之外。

　　子公司不構成母公司的常設機構，單純只因為母公司掌控了它。同理，母公司也不是子公司的常設機構。這些重要的規則使得大多數的跨國企業在外國從事大量活動時，寧可透過關係企業，而非以國外分支機構或常設機構的形式在海外營運。當跨國企業僅預備在國外進行少量接觸時，

通常是透過獨立的通路商，以避免被該國認為具有常設機構。

　　跨國企業透過子公司進入海外市場早已十分普遍，關於其是否比照分支機構，適用常設機構法則的討論，儘管在稅約範本與條約協商中仍然受到重視，但在實務上的意義不大。銀行或其他金融中介機構則經常運用外國分支機構，因為他們必須具有高額的資本準備金。同時，外國公司在首次進入外國市場時也會利用分支機構；因為它可以利用所可能產生的損失來扣除其在居住國的稅額。中小企業也經常以分支機構在其居住國之鄰近國家營運。

　　操作船舶或航空器之營業所得的課稅，兩稅約範本第8條（船運、內地水路交通與空運）所作限制更大。OECD稅約範本，以及UN稅約範本第8條（選項A），使航運與空運之實際管理地所在國享有排他性的課稅權，甚至在該航運或空運公司於來源國設有常設機構之情形，亦同。許多條約給予事業體之居住國排他性的課稅權。而許多條約則容許來源國可以對純屬內國航運及空運之所得享有課稅權。至於UN稅約範本第8條（選項B），則容許來源國就「非臨時的」航運與空運活動所得課稅。

　　出租動產之所得，OECD稅約範本將之視為營業利潤；因此，這類所得只在納稅人於該國有常設機構，且該租金收入可歸屬於該常設機構時才予以課稅。OECD稅約範本在1963年與1977年的版本中，均把出租動產之所得納入第12條關於權利金的定義之內，因此來源國無法對此筆所得課稅。此一條款在1992年的OECD稅約範本中已被刪除，不過它還是存在於許多租稅條約之中。UN稅約範本第12條則容許來源國對權利金所得課稅，包含出租設備之所得。UN稅約範本同時將影音磁帶之來源所得視為權利金所得。

　　出租不動產之所得，依照兩稅約範本第6條是由來源國課稅。例如，租用公寓大樓是由該大樓所在締約國課稅。關於第6條之討論，於本章B部分第4點中詳述。

3.受僱與個人勞務所得

UN稅約範本第14條（獨立性個人勞務）規定，締約國之居民在他締約國從事「專業勞務或其他具有獨立性之活動時」，除在該他國設有經常提供勞務之「固定基地」（fixed base）者外，在該他國無須納稅。此條款曾規定於OECD稅約範本之中，一直到2000年為止才被移除。由於OECD稅約範本的此種改變，個人與公司在締約國內提供獨立性的個人勞務時，只有在該國設有常設機構，且其所得是可歸屬於該常設機構時，才需在該國納稅。

UN稅約範本第14條以及舊版OECD稅約範本原欲使固定基地的概念，約略等同於第5條固定營業場所之規定。然而，代理人規則以及預備性與輔助性活動之例外規定，是否也用於判斷事業體有無固定基地，則不清楚。「專業勞務」（professional services）的用語包含了醫師、律師、工程師、建築師、牙醫與會計師所提供之勞務，以及各種具獨立性之科學、文學、藝術、教育與教學等活動。UN稅約範本中專業人員與其他從事獨立勞務之人，通常只要一個課稅年度中在該國停留超過183天，或是在來源國的報酬可以主張扣抵，便須納稅，不論是否設有固定基地。

某人在一個國家因受僱而賺取之所得，依OECD稅約範本第15條（非獨立性個人勞務）規定必須在該國納稅，不論該受僱人是否在該國有固定基地。不過，如果受僱人的薪資是由外國雇主所支付，而來源國的雇主無法主張扣除這筆薪資費用，且受僱人於12個月內在來源國停留未超過183天時，此種所得在該來源國便可以免稅。

專業人員與受僱人所得所享受的高額免稅，通常不適用於演藝人員與運動員（及其隨從人員）。詳請參照OECD稅約範本第17條（表演藝術家與運動員）與UN稅約範本第17條（表演藝術家與運動人員）。他們也無法適用於在居民國公司擔任董事收取酬勞（fees）的非居民身上。詳請參

照OECD稅約範本第16條（董事酬勞）與UN稅約範本第16條第1項（董事酬勞及高階主管之報酬）。UN稅約範本第16條第2項則規定締約國保留對其他締約國居民擔任前述締約國居民公司高階主管之薪資課稅權。依第16條的規定，董事或高階主管之所得是否來源於勞務履行地所在之締約國並不重要。

除少數例外規定，個人受僱代表締約國提供勞務，只須向該締約國納稅。詳OECD與UN稅約範本第19條（政府勞務）。當然，某些政府駐外從事外交工作之人員，是依特定協議或國際法上規則而免稅。從而租稅條約無法更動此類的免稅規定。詳兩稅約範本第27條（大使館與領事處成員）。

OECD稅約範本第18條（退休金）規定，個人因過去之僱傭關係所領取之退休金，只能由其居住國之締約國課稅。UN稅約範本則規定一部的來源課稅權。一般而言，政府退休金是由支付退休金之締約國進行課稅，除非領取退休金之個人同時身為締約國居民與其他締約國之國民。詳兩稅約範本第19條第2項。

學生或某些公司之實習生或受訓人員外派至締約國接受教育或訓練，依照兩稅約範本第20條（學生）之規定，在該締約國通常無須就維修、教育或訓練所收取之外國給付納稅。某些租稅條約同時規定訪問教授與教師之互惠免稅。

4. 不動產之所得與收益

各國均希望保留對於出售房地產、在其境內開採天然資源，以及其國內農業等來源所得的課稅權。兩稅約範本第6條（不動產所得）均反映出此一共識，而將「不動產」（immovable property）之來源所得課稅權保留給來源國。至於「不動產」所指為何，一般委由各該財產所在國進行定義；不過此定義通常在理解上，特別及於農、林、礦藏及其他天然資源之所得，第13條（資本利得）明白規定，處分不動產之收益，也可由來源國

課稅。

由於來源國可以同時對不動產之來源所得以及處分該筆財產之收益進行課稅，因此在條約設計上，要將處分不動產之收益定性為所得或是資本利得較佳，其實不太重要。因此，這種定性交由內國法決定即可。至於非屬不動產之財產所得與收益的情形，兩稅約範本也比照相同方式處理。

許多國家會在其租稅條約中明定，若公司資產主要為不動產，來源國保留對處分該公司股份之收益的課稅權。UN稅約範本第13條第4項也訂有此類條款。此條款是用來防止納稅人藉移轉財產至受控外國公司，再透過交易處分公司股份，以規避不動產收益的來源課稅。在UN稅約範本及在其他實際的條約當中，此規則也適用於合夥與信託關係當中對利益的處分。為防止輕易規避此條款，各國應在其內國法及所簽訂之條約當中規定，當公司、合夥或信託關係所處分之利益主要來自不動產時，應予課稅。

5. 特定投資所得之扣繳稅率減免

大多數租稅條約的主要目標之一，便是規定來源國針對股利、利息以及權利金等支付給他締約國居民之所得，享有扣繳稅率之減免。誠如前第2章C部分所述，這些稅率的減免，目的在於提供來源國與居住國之間稅收分享。

OECD稅約範本期待各締約國在符合彼此國家利益的前提下，會透過相互協議對來源課稅作限制。不過，它也強烈建議締約國對來源國之稅率所作的限制，能符合下表所列之稅率標準。

OECD稅約範本所訂最高扣繳稅率			
支付關係企業之股利	支付其他人之股利	利息	權利金
最高稅率　　5%	15%	10%	0%

來源：OECD稅約範本第10條（股利）、第11條（利息）及第12條（權利金）。

　　OECD稅約範本提議的最高稅率——特別是權利金零稅率——是大多數開發中國家無法接受的。為了反映開發中國家的利益，UN稅約範本對扣繳稅率並未提出具體上限。但是它確實考慮對扣繳稅率作出限制，而允許由締約國間的協議來達成。大多數與開發中國家簽訂之租稅條約中，其最高扣繳稅率均遠超出OECD稅約範本的標準。例如開發中國家所訂權利金之最高扣繳稅率，一般不會低於百分之十五。

　　許多租稅條約對最高扣繳稅率的適用基準較OECD複雜。例如，通常租稅條約當中會分別就產業權利金、文藝作品之著作權權利金，以及播放電影之權利金等，訂出不同稅率。近來的租稅條約，多半對電腦軟體相關權利金的課稅有特別規定。OECD稅約範本註釋中有規定相關細節，不過許多國家均對註釋當中的某些部分表示不願遵守。

　　對扣繳稅率所作的各種限制，通常不會牴觸由常設機構賺取營業利潤之課稅，以及由固定基地賺取獨立個人勞務所得之課稅。舉例而言，銀行透過常設機構所賺取之利息所得，來源國可以用營業所得之稅率課稅，而非以利息所得之特別稅率為之。詳OECD稅約範本第7條第7項與第11條第4項以及UN稅約範本第7條第6項與第11條第4項。

6. 其他的所得類型

　　許多租稅條約將上述以外之所得類型的課稅權，保留給產生該筆所得之納稅者的居住國。OECD與UN稅約範本第13條（資本利得）的大致內容為，除可歸屬於常設機構之收益，或是因轉讓不動產所生之收益外，資本利得之課稅權應保留給居住國。OECD稅約範本第21條（其他所得）便納入此種剩餘規則，內容亦為：在條約中其他條款所未規定之所得，其課稅權一律由居住國享有。UN稅約範本第21條（其他所得）則有保留規定，使來源國有權對未經提及之所得進行課稅。第21條在近年來的重要性日增，原因在於新型金融工具所衍生出的諸多所得類型。在一個參照

OECD稅約範本之租稅條約中，如有利用契約安排，將看似傳統類型之所得，調整成條約所未規定的類型時，會排除其來源所得之課稅權。

在一些條約中，會針對某一締約國居民向其他締約國居民所支付之贍養費（alimony）與子女扶養費（child support payments）之課稅進行規範。贍養費之課稅權一般是由受領者的居住國來享有；而子女扶養費之課稅權則由支付者之居住國所享有。

7.公平交涉與合作

一般在租稅條約當中，都有許多條款是用來促進締約國間的公平交涉與合作。為了降低締約國居民或國民受到他締約國不公平對待的風險，大多數條約均有條款要求各締約國同意，禁止對他締約國之居民與國民不公平地歧視。詳兩稅約範本第24條（不予歧視）。儘管不予歧視的目標值得追求，但不易達成。典型不予歧視條款所涉議題，詳本章C部分第1點。

締約國同時也希望在條約中建立爭端解決機制，處理因稅制互動或本身條約運作所生的紛爭，以促進公平交涉與合作。詳兩稅約範本第25條（相互協議程序）。相互協議條款所涉議題，將於本章C部分第3點詳述。

幾乎所有租稅條約均規範締約國間租稅行政之合作。兩稅約範本第26條（資訊交換）均規定「為履行此公約之條款，或履行與本公約所規範之租稅其相關締約國內國法之必要資訊」的交換。兩稅約範本目前並未規範關於租稅徵收或執行上的互助，不過此事指日可待。資訊交換與互助合作的討論，詳本章C部分第4點。

C.條約相關之特別議題

1.不予歧視

一般而言，法律上對國家課稅管轄權不會有重大限制。因此一個國家

可以對非居民課徵比居民更高的稅。然而，事實上大多數的國家對非居民的租稅待遇等同於居民。約束國家不對非居民作不公平待遇的最重要原因，可能是非居民的報復以及其投資意願的減損。

　　法律上對抗租稅歧視的最重要保護機制，便是雙邊租稅條約中的不予歧視條款。即便是在《關稅暨貿易總協定》當中的不予歧視條款，通常也會規定租稅歧視必須透過雙邊租稅條約處理。一個租稅條約中典型的不予歧視條款，禁止締約國對條約夥伴之公民或居民課予較其公民與居民更為不利或有害之租稅效果。條約當中不會定義何謂歧視或何謂不予歧視。一般而言，歧視指的是基於不合理、無關或獨斷之理由對人進行差別對待。反之，不予歧視意指平等（即在作用上相同）或中立的待遇。

　　兩稅約範本第24條第1項從不同面向禁止對外國國民或非居民的歧視：

　　(1)第24條第1項禁止基於國籍的歧視。因為大多數國家並不以國籍作為課稅的基礎（美國是主要的例外）因此，此條款對於法律實體特別重要。

　　(2)第24條第3項禁止對透過常設機構從事營業活動之非居民的歧視。此類非居民的待遇，不能低於在締約國從事相同事業之居民所受的待遇。

　　(3)第24條第4項要求各國所允許居民支付締約國居民的費用扣除額，等同於支付本國居民的允許額度。在效果上，此條款在不予歧視層面所提供的保護比較間接，因為受到法律直接保護的受益人是內國企業。某些評論家則表示資本弱化的規則，可能會違反此類不予歧視條款。資本弱化的規定於第5章B部分詳述。

　　(4)第24條第5項的規定，確保了資本由締約夥伴之居民所持有或控制的本國居民公司、合夥與其他實體，在待遇上不能低於由本國企業所持有或控制者。不過要重申，受到直接保障的是本國居民實體。

　　關於對抗租稅歧視，兩稅約範本第24條提供了重要但效果有限的保

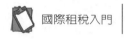

護。此外，一些國家如加拿大，拒絕給予非居民相同於居民的租稅待遇（**國民待遇**[3]）。取而代之的是，他們同意在租稅條約中對特定之締約國居民給予**最惠國待遇**[4]，但仍非國民待遇。最惠國待遇確保的是，締約國居民的待遇等同於其他外國之居民，但它不保證所享受的待遇會等同於國內納稅人。

2.條約濫用

在所得稅條約中，只有締約國居民（在某些情況下為國民）才有資格享受其利益。納稅人為非締約國之居民或國民，通常會在其中一個締約國設立公司或其他法律實體作為導管，引入在其他締約國所賺取之所得，以獲取條約條約的利益。此種做法被租稅專家稱為條約濫用。儘管納稅人可能會透過條約濫用取得各種無法透過其他方式享有之特別租稅利益，但是大多數的條約濫用多半涉及納稅人試圖獲取股利、利息與權利金扣繳稅率之減免。

一個典型的條約濫用，涉及利用位居條約國非關係人之金融中介機構，為無法享受條約利益之納稅人進行投資。假設T為TH國之居民，該國為一租稅庇護所，而未與A國簽訂租稅條約。A國與B國簽有租稅條約，當中A國允許就支付給B國居民之利息扣繳稅率從30%降為0%。T投資B公司一百萬；B公司為B國居民，係一獨立之金融中介機構。B公司使用該一百萬購買非關係人之A國製造商所發行之債券。該製造商就此債券支付B公司利息十萬。B公司主張該十萬元的利息，基於A國與B國所簽定之租稅條約而免繳A國之扣繳稅。從而，B公司支付T十萬，扣掉一些手續費，

---

3 國民待遇（national treatment）：一國對非居民或外國人的待遇，不低於其本國居民或公民所受之待遇。

4 最惠國待遇（most-favoured-nation treatment）：一國對他國居民或公民之待遇，不低於第三國之居民或公民所受之待遇。

便成了T當初投資所獲得的收益。

此例運用了一般所謂的連續借款來極小化稅負。身為中介金融機構之B公司，透過A國與B國所簽訂的租稅條約完全規避了A國的稅；同時，其也規避了大量的B國稅，因為其從A國收取的毛所得十萬可以用支付給T的費用來抵銷。

另一個典型的條約濫用例子，則是運用在締約國設立的受控公司。舉例而言，假設上例中的T，在C國設立了一個完全持有之關係企業C公司。T以200萬向C公司認購股份，而C公司用該筆錢購買在A國之幾家上市公司的股票。C公司收到40萬的股利。A國與C國訂有租稅條約，將A國支付給C國居民股利的扣繳稅率從30%降至15%。C公司身為C國居民，則主張適用條約利益，減免原應繳納的股利所得稅。而C公司在C國也無須納稅，因為依據該國內國稅法，不對外國股利進行課稅。

國際租稅社群在抑制此種條約濫用的動作不甚積極。兩稅約範本未有規定任何打擊上述租稅條約濫用類型的條款。確實，許多國家基於維護國家利益，顯然容忍租稅條約的濫用。美國對於積極採取國際行動抑制條約濫用一事，一直居於領導地位。租稅條約濫用的問題，對於簽訂不同扣繳稅率之租稅條約的國家如美國，情形更為嚴重；因為納稅人會傾向運用對自己最有利的條約。近年來由於越來越多國家將之視為對其內國稅基的重大威脅，因此防杜租稅條約濫用的運動似乎逐漸受到重視。

美國近年來所簽訂的租稅條約中，均納入「利益限制」（limitation on benefits）條款，用以抑制條約的濫用。此條款的基本方針是拒絕讓此類締約國居民公司享有條約上的利益，因為它在實際上只是一間第三國居民的導管公司。

美國在個別租稅條約中所規定的利益限制條款，各有差異。一般而言，締約國之居民公司，如果在他締約國獲取所得，是由於在其居住國從事積極之交易或營業行為（而非投資），則可以享受條約的利益。

　　無法符合積極營業測試（active-business test）之公司，必須同時符合下述兩個條件，才能享受條約利益：

　　(1)公司毛所得的主要部分，不得作為支付利息、權利金，或用來清償其他不得主張條約利益之個人的債務；且

　　(2)公司50%以上之股份（依表決權數與價值）必須直接或間接由符合特定資格之人所持有——通常為締約國任一方之居民。

　　第一個條件是用來打擊上述條約濫用的第一個例子，第二個條件則在用來解決上述的第二個例子。

　　美國租稅條約的利益限制條款，通常比上述的討論更為複雜。大部分的複雜性涉及對符合資格之人的定義。一般而言，符合資格之人的清單包含締約國之個人居民、美國公民、公開交易公司（及其特定子公司）、慈善基金會以及締約國本身（包含其次級政治部門與地方自治團體）。

　　條文最長，內容最為複雜的利益限制條款，是在美國－荷蘭租稅條約當中。其內容長達數十頁。大多數的條款均是為了使美國對抗條約濫用的政策，以及荷蘭促進歐盟經濟整合之政策間的相互協調所必要。舉例而言，一間荷蘭公司能夠享受條約利益的情形是，其股份30%以上是直接或間接由具有資格之人所持有；或是超過70%的股份是由具有資格之人和歐盟成員國之特定居民所持有，而這些成員國已與荷蘭和美國簽訂有全面性所得稅條約並且已經生效者。另有所謂的安全性檢驗機制，針對無法達到條約所訂各種制式化的標準，卻欲享受相同條約利益之個人；可以說明所主張之條約利益並非濫用條約或有違條約意旨，以說服來源國之權責機關，取得該條約的利益。

3.紛爭之解決

　　大多數的租稅條約均訂有相互協議程序，以解決租稅條約所生的各種紛爭。締約國居民如果認為締約國之一方或雙方之行為，將造成其負擔與

條約所訂內容不同的稅負時，可以向其居民國所屬「權責機關」表示異議。權責機關一般為該國之稅務局或財政部（國庫部門）的官員。權責機關會針對納稅人之不服作成決定；若其主張有理由，則會嘗試提供合理救濟。若該權責機關無權自行解決紛爭，則可透過與他締約國之權責機關進行協商，以尋求解決紛爭。

　　兩稅約範本之紛爭解決機制規定在第25條（相互協議程序）。此條款規定，權責單位將致力於解決所移交受理之事。然而，他們並無義務達成協議，即便如此可能造成納稅人雙重課稅的結果。

　　儘管納稅人有權向居住國之權責機關表示不服，但不能直接參與兩締約國所屬權責機關間的協商程序。某些條約會規定，納稅人有權個別向兩權責機關表示意見。一些較新式的條約會規定，在沒有其他可資解決紛爭之方法時，權責機關可以將爭議交付仲裁。在此情形下，納稅人可以向仲裁者表示意見。在過去曾有歐洲共同體成員國間關於移轉訂價的爭議，透過多邊仲裁協議而達成協商的例子。儘管近年來交付仲裁頗受青睞，但至今鮮有援用該條款之實例。

　　提交權責機關之爭議類型繁多。某些涉及條約文字的確切解釋，某些則涉及證明納稅人課稅能力之相關事實。或許最複雜的爭議，是涉及跨境交易所應適用的常規交易標準。基於各種原因，這些爭議經常難以解決，其中包括所涉及的稅額十分龐大。兩稅約範本第9條第2項規定，當一國依常規交易標準調整關係企業之移轉價格時，如他國同意此種調整方式，則該他國必須就利潤進行相對應的調整，以避免雙重課稅。移轉訂價已於第4章詳述。

　　某些國家之內國法規定，跨國公司可以事先向稽徵機關申請，對其與關係企業之間交易的訂價方法進行正式許可。對於此程序所作成之行政裁決，一般被稱為預先訂價協議。在大多數情形，國內稽徵機關偏好透過權責機關程序，與一個或多個以上條約夥伴聯合發布預先訂價協議。此種透

過稽徵機關之間協商所作成之聯合性預先定價協議,首見於澳洲與美國,當時是要為蘋果電腦公司訂出一個彼此都能同意的訂價方法。

預先訂價協議是一種避免未來紛爭的協議。然而,條約所明確賦予權責機關的權限,僅用於解釋已然發生的爭議。因此,權責機關協商聯合性預先訂價協議一事,是否在現有租稅條約文字之合理解釋範圍內,則未臻明確。

4. 行政互助

一國稽徵機關通常在獲取居民海外活動相關資訊的過程倍極艱辛,更遑論去檢證該資訊的正確性。舉例而言,許多包含租稅庇護所在內的國家,均制定嚴格的銀行保密法。租稅庇護所之國家鮮少與已開發國家簽訂交換租稅資訊用途的條約。1980年間美國與租稅庇護所簽訂若干資訊交換之協議,但這些協議是針對毒品走私者洗錢之用,不及於避稅或逃稅案件。直到最近,為了響應OECD關於惡性租稅競爭的計畫,許多租稅庇護所國家與OECD各國簽訂了較具重要性的資訊交換協議。

儘管不涉及租稅庇護所,對於取得資訊以及查核居民納稅人所申報自外國之來源所得也特別困難。許多國家則透過在其租稅條約中納入資訊交換條款,來解決資訊取得的問題。

兩稅約範本第26條(資訊交換)規定,所交換的是「履行本協議條款或履行本協議所涉租稅之相關締約國內國法所必要的資訊」。UN稅約範本則清楚表示,所交換之資訊,除可作為締約國執行稅法執行之用,更可用於打擊租稅規避。

兩稅約範本中的資訊交換,可因締約夥伴的具體要求、自動資訊交換協議的簽訂,或是依締約國自發性的主動提供而發生。實際的條約,對於所訂資訊交換的範圍各有寬窄。例如,某些租稅條約規定資訊交換範圍及於所有內國租稅,其他則可能限縮在履行條約條款的必要範圍內。

　　締約國稅務部門依資訊交換條款所取得的資訊必須保密；不過在訴訟程序中，則允許公開此類資訊。依照資訊交換條款的規定，締約國並沒有義務代表締約夥伴，執行違背其本國法律或實務，或致使商業機密或類似資訊外露的行政程序。當資訊的揭露可能「違反公共政策」時，締約國通常能依據逃脫條款（escaping clause）拒絕提供被要求的資訊。在銀行保密法較為嚴格的國家，資訊交換條款的作用不大；因為這些國家並沒有內國法的授權，無法取得納稅人資金活動等較為有用的資訊。

　　一般而言，國家並不公開租稅條約中資訊交換條款之使用。不過，似乎只有少數國家會經常性並整體性地運用此種交換條款。某些國家顯然僅在少數場合發動或甚至從未發動。大多數的稅務部門均深感自身業務繁重，因而除非是特殊情形，否則都不太願意投入大量資源代表其他國家追索欠稅。

　　而與其等待外國政府心不甘情不願的幫助，通常稅務部門寧願自己主動查核。然而依照國際慣例，除非經過他國政府邀請，否則一國稽徵機關不能以查核納稅人資料為目的造訪他國。某些國家認為此種造訪必須得到納稅人同意，否則有欠妥適。有些國家則透過聯合性的查核計畫來解決，意指兩國稅務機關同時針對特定納稅人（及其關係企業）進行查核。

　　一旦稅務部門對納稅人進行查核並作出欠稅核定後，便必須進行徵收。但是稅務部門通常會面臨在外國執行上的困難。多數內國法都會規定，外國之租稅裁決不具有執行力。當然此種內國法的規定可透過租稅條約進行調整，只是大多數租稅條約並未規定關於徵收與執行上的互助。但是這種情況正在迅速改變，特別是在歐盟一些成員國之間。

　　兩稅約範本均未針對徵收互助進行規範。然而兩稅約範本的主事者正在研議新條款，以規範稅務徵收的合作。少數國家，特別是北歐各國，均已同意提供徵收上的協助，不論是在租稅條約中納入合適的條款，或是透過個別的協議等方法。比利時與荷蘭也在許多近期的租稅條約當中，協議

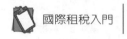

訂定關於互助徵收的條款。

　　由OECD與歐洲理事會所研議的《稅務行政互助公約》是一個多國稅約範本；其規範了稅務徵收的廣泛互助。此公約範本更規定了公約所涉租稅之相關法律文件在送達上的互助。如今，此公約的簽署國已達到法定數量而生效。然而，仍有許多國家尚未簽署，包含歐洲之領導國家如德國與英國。

　　1995年美加租稅公約議定書規定了一種新機制，允許一國得以用徵收本國租稅的方式，來徵收他國租稅。此一勇敢的提議是遲來的正義。它將可以防止納稅人以改變居住國的方式來規避在原居住國的稅負。

第七章

新興議題

本章處理國際租稅三個重要新興議題。置於本章討論，只因它們近年來的重要性日增，但三者在內容上並無任何交集。而這些議題卻不時觸及先前各章的相關部分。

本章A部分論及OECD關於惡性租稅競爭的提案，用以抑制政府各種鼓勵或保護國際避稅與逃稅之行為。B部分論及納稅人利用混合實體減少應納稅額；此種實體在一國被視為公司，在另一國卻被視為透明實體。C部分討論隨著電子商務成為國際貿易的重要一環，其對徵稅者所加諸的各種挑戰。

A. 惡性租稅競爭

1. 序論

過去數十年來租稅庇護所在數量與使用之增長十分驚人。許多發展助長了租稅庇護所的普及與使用，如：

■ 外匯管制的解除，以及跨境貿易及投資的開放。

■ 通訊、運輸以及金融服務的進步。

■ 租稅庇護所其所採取之彈性商業策略與嚴格銀行保密規定。

■ 侵略性的行銷行為。

設置已久的租稅庇護所，已十分熟練地將其服務行銷至世界各地，並滿足各種可能之租稅規劃需求。較新的租稅庇護所則是嘗試分一杯羹。

近年來許多高稅負國家引進特定低稅制度來與租稅庇護所競爭。一些

高稅負國家如荷蘭與瑞士等，一直以來便十分擅長於迎合此一利基甚大的市場。運用在荷蘭與瑞士的控股公司來享受參與免稅額、稽徵彈性以及廣泛的租稅條約網絡等，一直是租稅規劃實務上行之有年的操作模式。近年來許多其他國家則是運用營運總部、控股公司、境外所得等制度以及各式租稅優惠。大量使用低稅制度與租稅庇護所競爭一事，OECD謂之「競相沉淪」（race to the bottom）。而此事促成了OECD與歐盟各種對抗惡性租稅競爭的提案。

經過兩年多的努力與艱困的協商，OECD終於在1998年4月發布《關於惡性租稅競爭報告》。但瑞士與盧森堡不願支持此報告。歐盟則於1997年12月通過關於惡性租稅競爭的行為準則（歐洲共同體執行委員會著，《處理歐盟惡性租稅競爭之配套方案》）。儘管兩個提案互為補充，但歐盟的行為準則遠為寬廣，因為它並不侷限於地理空間中可移動的各種活動。OECD的報告則侷限於地理上可移動的各種行為，包含各種金融服務。此報告承認惡性租稅競爭也會發生在不具移動性之行為中，例如製造行為與個人儲蓄行為；但這些活動是在等待未來行為的發動。非移動性活動之租稅競爭較不嚴重，但處理難度較高。

儘管OECD的報告是針對惡性租稅競爭，但此用語並未在報告中做定義。對於惡性租稅競爭缺乏定義一事是可理解的，因為它無法被精確定義。不過，其一般文義在報告脈絡中是清楚的。在報告中所批評的租稅操作手法，是那些不僅無助於財政收入之傳統政府政策，甚且助長了對其他課稅管轄區稅法漏洞的濫用。此種濫用通常造成租稅競爭模式偏離常軌，終而產生前述競相沈淪的現象。

OECD報告標題中所使用的「競爭」一字，可能會造成誤解；因為它會讓人以為OECD試圖消除政府間所有形式的租稅競爭。在正值全球自由貿易與資本主義的太平盛世，某些人顯然相信競爭必然是好的，不可能造成傷害。OECD的立場則比較微妙。它一方面支持有助於提高效率、減少

傷害的租稅競爭模式，例如在1980年代末期降低全球稅率，擴大稅基的競爭模式。而另一方面，此報告也適度批評那些在國內立法制定「竊取」他國稅基的國家。

2. 辨識惡性租稅競爭

OECD報告將所欲抑制的惡性租稅競爭分為兩類：

■ 租稅庇護所

■ 惡性優惠稅制（harmful preferential tax regimes）

此兩種惡性競爭的主要差異在於，租稅庇護所無意防止惡性競爭的持續；而惡性優惠稅制的國家，在其他國家同樣有意願削除惡性競爭時也能受益。但確實有某些惡性優惠稅制國家會成為惡性租稅競爭的受害者。

租稅庇護所

根據OECD報告，租稅庇護所是一國對移動性活動（mobile activities）〔譯按：如國際運輸、無體財產等〕之所得僅課徵名目性租稅或提供免稅；不過此活動還須同時符合下述三個特別要件之一：

■ 未與他國進行實質的資訊交換。

■ 以不透明方式提供納稅人租稅利益。

■ 給予租稅利益的條件，並不要求非居民在該庇護所內從事實質活動。

前兩者涉及居民國為求自保而對抗惡性租稅競爭的能力。如果給予的租稅利益是透明的，例如在租稅庇護所；且如果居民國能取得其居民關於境外活動的相關資訊，則居民國便能單方面保護其稅基。但如果提供租稅利益的國家是以較不明顯的方式進行，則對採取防禦措施的國家便十分棘手。舉例而言，一個國家表面上可能有健全的稅制，但卻允許以個別核示或協商方式減免應納稅額。第三個要件則嘗試指出，租稅庇護所方便規避了居住國的稅負，因為它容許未經實際經營活動而賺取的所得在庇護所「列帳」。無論如何，只具備名目課稅或免稅的要件，尚不足以將一個國

家定性為租稅庇護所。

隨著惡性租稅競爭報告的出版，OECD創設了「惡性租稅操作論壇」（下稱「論壇」），其由所有成員國的代表組成，同時被賦予提出租稅庇護所清單的責任。一開始，OECD致信47個依據報告所採標準可能被認為是租稅庇護所的國家。這些國家的稅制與法制受到該論壇的調查，並且也與相關租稅庇護所召開多次會議。最終，OECD在2000年6月發表最新版本關於惡性租稅競爭的研究成果《邁向全球租稅合作—— 致2000年部長理事會報告書及財政事務委員會之建議書》（Towards Global Tax Cooperation — Report to the 2000 Ministerial Council Meeting and Recommendations by the Committee on Fiscal Affairs）。在該報告中，潛在租稅庇護所的清單降為35國。

不願合作之租稅庇護所的最終清單在2002年4月發布。只有七個國家名列其中：安道爾、列支敦斯登、賴比瑞亞、摩納哥、馬紹爾群島、諾魯以及萬那度。自2000年7月，原先清單內35個國家中的25個已同意與OECD合作互換資訊，但並未同意消除其惡性的租稅操作。此外，三個原先列入清單的國家，已因其稅制有重大改革而不再列入。

惡性優惠稅制

OECD報告發覺，高稅負國家的部分稅制，也與傳統的租稅庇護所一樣，會對移動性的活動造成傷害。因此，只對租稅庇護所嚴格執行，將使得移動性活動移轉至高稅負之成員國或提供優惠稅制的非成員國中。報告中所採取辨識惡性優惠稅制的標準，與辨識租稅庇護所的標準之近似程度令人不解。兩者基本的差異在於，租稅庇護所不存在須予保護的稅基，也無意防止租稅的惡性競爭；然而在優惠稅制國家中，不僅有應予保護的稅基，且有意防止租稅的惡性競爭。

惡性優惠稅制對相關所得的要求為低稅率或零稅率。此種低稅率的原因，可能來自於低稅率、稅基狹小，或各種實務上的操作。除了低稅率的

要件外，構成一個惡性優惠稅制，尚須符合下述條件之一：

■ 該稅制必須與本國經濟隔絕（ring-fenced）（即在經濟效果上獨立）；
　或

■ 該國並未與其他國家進行實質資訊交換；或

■ 此稅制不具透明性。

　　承如上述，透明性與資訊交換的條件，同樣適用於租稅庇護所的辨識。而缺乏透明性與實質資訊交換，會影響一國對抗惡性優惠稅制的能力。至於第三個條件——對外隔絕——則意指該國提供優惠稅制無須顧及成本，因為居民無法享受此利益，而非居民也被禁止完全投入本國經濟。換言之，此種稅制試圖在不衝擊本國稅基情況下竊取外國稅基。

　　此外，另有其他因素應予考量，雖然它們或多或少與上述四個主要因素有關。這些因素包括：人造稅基、無法適用移轉訂價準則、所有境外所得的免稅、可議價的稅負、廣大租稅條約網絡、銀行保密、提倡避稅工具，以及在該國缺少實質活動。

　　為了處理惡性優惠稅制，成員國除瑞士、盧森堡外，均同意遵守報告所採的準則。這些準則是透過論壇實施。一般而言，此準則要求承諾（至今尚未完全被遵守）不再採納任何惡性稅制，而且在五年之內辨識出並消除任何現存之惡性租稅操作。

　　2000年6月的進度報告則列出了61個由成員國所辨識出可能合乎1998年報告所列之惡性判準。這些稅制包含了著名如比利時協調中心（Belgian co-ordination centres）、荷蘭對非正式資本（informal capital）的裁決以及美國境外銷售公司（其後被取代為另一個出口獎勵稅制）。後續的工作將針對控股公司的相關制度。同時，論壇也提議對各種原屬低稅制的惡性判準發布注意要點。

3.反制措施

　　該報告建議了一長串的反制措施清單，以供各國應對租稅庇護所與低稅制度。這些方案有：

■單方面的反制，如：受控外國公司法則、海外投資基金法則、要求租稅核示公開以及對參與免稅法的限制等。

■租稅條約的反制措施，如：針對惡性操作強化行政互助及資訊交換，以及對構成惡性租稅操作之實體或所得拒絕給予條約利益。

■國際互助的反制措施，主要包含：設置負責提交租稅庇護所名單之論壇，以及在成員國內實施前述的準則。

　　此報告顯示各國應對不願合作之租稅庇護所與惡性低稅制度進行聯合反制，無論它們是在成員國或非成員國內。但OECD要如何執行這些聯合性的反制措施則尚不明確，特別是有些成員國早已單方面採取嚴厲的反制措施並行之有年，而其他國家則否。

4.近期發展

　　惡性租稅競爭的議案之所以重要，是因為它開啟了國際互助打擊重大逃稅與避稅的先河。不過，OECD的行動也有爭議。過去一直有評論家質疑OECD淪為富裕國家的卡特爾，並對小型而未開發的國家發號施令；同時，它也被指控僅將課稅限縮在特定稅制類型（即所得稅），且只課以最小限度的稅率。然而，其他評論者則對OECD的提議表示歡迎，認為是國家採取保護其國內稅基想當然爾的下一步。

　　任何重大租稅政策的新提案都會具有政治色彩，惡性租稅競爭的計畫亦然。2001年5月美國財務卿保羅・歐尼爾（Paul O'Neill）指出，美國不會支持OECD關於惡性租稅競爭的當前處理方式。他表示，OECD應將焦點置於資訊交換上。得不到美國政府的支持，OECD其惡性租稅競爭的計畫成效便會存疑。

　　企業為因應全球化而採取一種全球觀點來經營公司。經濟學者與商業評論家不斷建議，企業如要存續與發展，必須採取新的全球觀、擁抱新技術，並且將世界看成一個單一市場。同時，他們也建議政府正視此一現狀，避免制定影響國際競爭力的政策，這當中也包括租稅政策。OECD報告中關於惡性租稅競爭的內容，與此並無不一致。

　　然而，政府必須要認知到，除非採取有效的反制措施，否則所採取便利全球化的各種措施──減少貿易壁壘、開放資本市場、流通自由──將可能衝擊其課稅主權。政府不應只因跨國公司營運的全球化，而被迫放棄其公司稅之課稅主權。

　　為了確保各國政府課徵公司所得稅之能力，他們必須透過一種全球式合作。稅務的多邊合作，一直以來都困難重重；儘管世界租稅組織（World Tax Organization）已在貿易相關租稅的協調取得重大成就，而OECD與UN在推廣稅約範本也獲得些許的成就。各國政府一般不願意共同行動，因為不希望失去其對租稅政策的主導權。不過，各國政府必須了解到，全球化本身即是對主權的威脅。在全球經濟下，對租稅政策全然單方面的處理方式早已過時，不僅有副作用，也成效不彰。

　　各國政府日後所面臨的挑戰，是在各種稅制間取得一種合作與競爭的平衡。某些合作形式如今已是各國達成傳統租稅政策的目標所必要；而某些競爭形式則有助於走向最理想的課稅方式。合作與競爭間比例的拿捏並不容易。不過，惡性租稅競爭的提議則是此長征之途中重要的第一步。

B. 混合實體

1. 何謂混合實體

　　「混合實體」一語，通常指一種法律關係，其在一國被視為公司，但在另一國卻通常被當成合夥組織，而視為透明不存在。舉例而言，依照A

國法，可以設立一種企業組織型態，其成員享有個人利益，且負擔有限責任。A國基於課稅目的，可能會將此種組織視為合夥，而對其成員或合夥人所得之持有比例課稅；反之，依B國法，該組織可能被定性為一間公司，而為一個與其成員或股東相互分離之獨立實體；而該組織須就其組織本身的所得納稅。如果該組織的成員有一人或多人為B國居民，則該組織在兩國所受的不同待遇將產生出許多租稅規劃的可能性。

運用混合實體進行租稅規劃，是一種跨境租稅套利的例子，跨境租稅套利涉及利用兩個或兩個以上國家間納稅人本身或在交易上的稅負差異，另一個跨境租稅套利的例子則是雙效租約，已於第一章D部分詳述。

所謂的混合實體，有時也用來指較新的實體類型，通常稱作「有限擔保公司」（corporations limited by guarantee）。公司價值的「所有人」（owner），也就是擔保人（guarantor），是依照契約享有權利與義務。不過擔保人沒有投票權，也無權享受股利分配。公司股份由具董事選任權之股東所擁有，但其收受股利之權利也十分有限。股利可以支付給與公司無關之人（也就是擔保人的關係人）。這些股東通常是信託公司，提供各種財富管理與遺產規劃的服務。許多租稅庇護所立法允許設立此類實體，特徵則與生前信託近似。此類實體涉及的租稅議題暫且不在此討論。

「混合實體」也用來指各種信託關係，因為某些大陸法國家並不承認信託，同時，混合實體也不應與「混合金融工具」混淆。例如，一種金融工具在一國可以被視為債務憑證（debt instrument），但在他國被視為一種優先股。這些混合工具也廣泛用於租稅規劃。然而，在此的討論僅限於被視為獨立納稅主體一事，通常在一國被視為公司；在另一國則被視為透明實體，通常被視為合夥。

2. 混合實體的類型

混合實體的種類繁多，一個實體是否為混合，取決於所涉國家之內國

法，及其在各國稅法上的定性。在此舉出三種類型，說明國際租稅規劃運用混合實體獲取租稅利益的情形。

依法國法，一個集合公司（societe en nom collectif, SNC）具有獨立法人格，儘管各合夥人就其債務與義務負有共同連帶責任。不過，依法國稅法，集合公司能選擇以公司身分納稅；因此，如果他國將一個法國集合公司視為合夥，則享有該法國集合公司利益之該國居民就會被視為合夥人。從而，如果此法國集合公司借款作為營業之用，則在計算該公司所得時便可以扣除借款的利息費用。同時，如果該集合公司所有人之居住國將之視為透明，則該所有人本人也可主張利息費用的扣除。在效果上，集合公司能被用來獲取兩國之利息扣除費用，從而大為降低融資的稅後成本。此種規劃便是以混合實體從事雙效融資的例子。

許多國家承認「隱名合夥」（silent partnership）；雖然它們彼此差異甚大，但是基本上都可用契約來加以調整。隱名合夥人將資產交給合夥管理人，並依出資比例賺取盈餘。隱名合夥不被視為一個實體。合夥人管理名義上持有隱名合夥人所轉讓之資產；但在計算合夥管理人之所得時可以扣除此部分，不過可能要繳納扣繳稅。如果隱名合夥人的居住國將該隱名合夥關係視為合夥，並對營業所得採取屬地主義；則除了扣繳稅外，在任何一國均不須納稅。

在1998年英國的Memec PLC v. IRC案[1998]STC 754（Court of Appeal）中，Memec為英國公司，其持有一德國公司股份，進而擁有旗下兩家德國營運公司之股份。該兩間營運公司在德國繳納營業稅（trade tax）；但Memec從上層的德國子公司所收取的股利，卻無法（以股東身分）主張以所繳營業稅扣抵英國稅。因此，Memec與德國公司成立隱名合夥，主張以合夥人身分直接從兩家營運公司收取股利，可以扣抵該筆營業稅。英國上訴法院認為，德國隱名合夥並非英國法下的合夥，且該筆來源所得有經過契約調整；因此該筆營業稅無法扣抵。

近年來，混合實體的使用在美國稅法下已十分氾濫。在1997年以前，依美國稅法定性的公司或合夥組織是基於四個要素，其中之一為有限責任。租稅規劃者一般會操作這些要素，以取得所欲成為的實體資格，儘管該資格無法完全避免美國稽徵機關的質疑。在1990年間，運用**有限責任公司**[1]的情形十分普遍。有限責任公司是依各州之特別成文法設立，通常作為租稅庇護所之用。此類公司僅對投資人負有限責任，但美國稅法將之視為合夥關係。

1997年的重大轉變，在於美國政府採用**工具箱法則**[2]；依這些法則，納稅人可以選擇成為各種實體類型。原本透過操作四個要素來取得定性的方式，如今則改由納稅人自行在工具箱中選取所規定的組織型態。此外，納稅人還可選擇將一間公司的分支機構視為完全控制之子公司，或將完全控制之子公司視為分支機構等──各種在過去法律架構下無法獲致的結果。

某些明顯為公司的實體如所謂的當然公司（per se corporations），則不適用工具箱法則。此一法則所適用的對象，包括：有限責任公司、合夥、聯合投資、分支機構以及其他商業實體。而一旦做出選擇，五年內就無法改變。

美國的工具箱法則最初是作為簡化國內租稅規劃與稽徵之用，然而此種新規定所帶來的諸多效果，則非美國稽徵機關當初所能預料。或許出於偶然，它還使得以混合實體進出美國的投資方式更具吸引力，且更具確定性。舉例而言，一間美國企業要以雙效融資進行併購或擴張，便可用以下方式規劃。

1　有限責任公司（limited liability companies, LLCs）：依某國稅法被認為是透明實體（如合夥），但依該國一般法律，實體內之投資人則負有限責任。

2　工具箱法則（check-the-box rules）：美國稅法在大多數情形下均容許納稅人自行選擇其實體在稅法上被視為公司、合夥或分支機構。

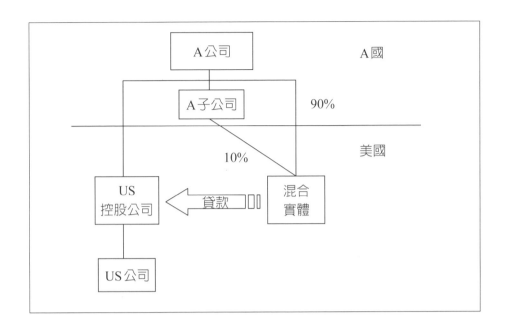

　　A公司為A國居民，其欲取得US公司的所有股份；而US公司為在美國從事積極營業之美國公司。A公司與其完全控制之子公司——A子公司，亦為A國居民——在美國設立一個符合美國法之混合實體（合夥或有限責任公司）或租稅庇護所。A公司擁有該混合實體90%的利益，而A子公司擁有其餘的10%。依照美國稅法，該混合實體被視為一間公司。然而，經申請依美國工具箱法則進行選擇後，該混合實體被視為合夥關係。A公司設立一間完全控制之美國子公司，稱為US控股公司，用以取得US公司的股份。A公司與A子公司向一間在A國的銀行借款，以購買US公司的股份，其後他們將借來的錢付給該混合實體。此混合實體把該筆資金出借給US控股公司，作為購買US公司股份之用。

　　此種安排的租稅效果如下：

■ US控股公司所付利息，在合併計算包含US控股公司與US公司在內的美國境內集團所得時可以扣除。

■ 該混合實體就所收取之利息在美國無須繳稅，因為它被視為合夥關係。

■ 該筆利息必須繳美國扣繳稅，因為它支付給A公司與A子公司。

■ 該混合實體無須繳A國稅，因為它被視為非居民公司（假設依A國受控外國公司法則，該利息無須課稅）。

■ A公司與A子公司所付借款利息在計算其A國所得時可主張扣除。

　　一般而言，美國會透過與A國訂定條約的方式，來提供利息扣繳稅率的減免。然而1997年6月30日依照內地稅法典第894(C)條所發布的暫時性命令則認為，若因混合實體在美國被視為獨立納稅實體致使他國無法對該筆款項課稅時，得拒絕給予條約中扣繳稅率的減免。因此，用此種結構在美國投資已不再能夠有效避稅，因為該利息須繳納30%的扣繳稅。

　　要規避此30%稅率的方法之一，可能是利用美國所謂「反向混合實體」（reverse hybrid）。在此情形，A公司與A子公司設立美國法上的混合實體，並選擇被視為在美國稅法下的公司。此混合實體自美國銀行借款並將所借資金作為購買US公司股份之用，而US公司是從事積極營業活動之美國居民公司。此種安排被稱作反向混合實體，只因該混合實體依美國稅法被視為一間公司。

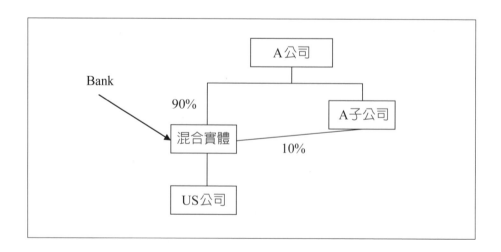

此種反向混合實體的租稅效果如下：

■ 支付銀行的利息在併計混合實體以及包含混合實體與US公司在內的美國集團之所得時，可主張扣除。

■ 無須繳納美國扣繳稅，因為該筆利息是支付給美國居民。

■ 支付銀行的利息，在計算A公司與A子公司之A國課稅所得時，可主張扣除。

在2002年6月，美國國稅局發布關於反向混合實體的終局性命令。其中，在美國的反向混合實體，將無法主張扣除支付給非居民關係人之利息費用。依美國稅法與租稅條約，此類款項被視為股利；而此種擬制性的規定，僅適用於從關係人之美國公司所收取的款項。

以混合實體從事租稅規劃是一種勇於嘗試的行為。它牽涉到國內外的稅法、公司法與商法，以及各種租稅條約的交錯適用。此種規劃的報酬可能很高，但也存在高度的風險。舉例而言，在第一個混合實體的例子中，如果混合實體在A國被視為居民，或如果其在美國被視為A公司與A子公司之常設機構，則此種安排的效益便會喪失。此外，混合實體所繳納之美國稅，將無法扣抵任何依A國受控外國公司法則對A公司與A子公司所課之A國稅；因為繳納美國稅的人，是A公司與A子公司，而非該混合實體。

C.電子商務

1.序論

網際網路的發展與普及是20世紀末主要的科技革新之一，其便利了個人與企業從事各種活動。網際網路首先由美國研究型大學在政府──國防部之先進研究計畫署（the Defense Department's Advanced Research Projects Agency）──的資助之下進行研發。它當初是用來促進研究者彼

此的溝通，並作為重大戰爭時的安全通訊系統。而隨著網際網路在範圍與影響力的擴張，其商業潛力為大大小小的賣家所發現利用，促成了進一步的擴張與開發。如今則是由商業帶動網際網路的發展。

　　透過網際網路所從事的商業行為被稱為電子商務，簡稱E-Commerce。各種主要的電子商務，則如下所示。

■ 銷售傳統消費性商品，如：書本、電腦及週邊設備、辦公用品、電子產品、汽車與服飾。

■ 銷售消費性勞務，特別是旅遊服務，如：飛機班次、汽車租用、與旅館住宿；以及金融服務，如：線上銀行業務與線上金融交易（如股票、債券及其他金融工具等）。

■ 銷售與傳送數位化商品，如：軟體、文件檔案與音樂。

■ 企業間銷售產品與勞務，即企業對企業（B2B）的銷售行為，無論是否以電子方式傳送。

■ 銷售或授權線上娛樂活動，如：連線至電腦遊戲、賭博與情色網站。

■ 銷售或授權連線至線上資料庫與線上商業軟體。

■ 商品廣告、提供產品開發之相關資訊，以及產品之技術支援。

2. 網路的特性

　　網際網路是一個由電腦與電腦網絡所構成之遍布全球的鬆散網絡系統。它便利了電腦與電腦間的溝通就像過去的網絡，只是少掉了一些傳統網絡的特徵如共有與共管的概念。因此，它有時稱為虛擬的網絡。沒有任何組織或政府擁有或支配網際網路。構成網際網路的各式網絡，透過彼此間的溝通以符合國際間承認的協定，而這些協定則由全世界的非營利國際組織來擴充與修訂。

　　從商業觀點來看，網際網路最重要的部分是全球資訊網，是網際網路中最具創新性、發展最迅速的一塊。當人們談論瀏覽網際網路，通常是指

在全球資訊網上瀏覽各式網站。使用者能以某種程度的匿名形式瀏覽網際網路，儘管近年來已透過網際網路活動追溯到使用者為何人。

網站是相關聯電腦檔案之集合，直接連結至網際網路伺服器的硬碟之中。在使用者電腦螢幕上所顯示的各種檔案，稱為頁面。網站的每個頁面都有獨一無二的位址，稱為通用資源定位器〔譯按：通稱網址〕。使用者所欲首先觀看的稱為首頁，主要是作為目錄，提供關於網站的基本資訊，並可以連結至網站其他之部份或全部頁面。一個網站可能只有文件，也可能有多媒體的資源如動畫、音效、音樂或影像等。多媒體的功能通常置於伺服器中硬碟的資源檔案夾內。網頁則以超文字的鏈結呈現，點擊滑鼠即可產生連結，也用以連結多媒體的資源。要將網站的頁面顯示於電腦上，使用者必須具有網頁瀏覽器，如Internet Explorer 和 Netscape Communicator等。瀏覽器可以透過使用其首頁的通用資源定位器來定位網址的所在；接著它會解讀網頁含有的資訊，並以一種可供瀏覽的形式呈現這些資訊於使用者的電腦螢幕之上。

許多網站允許使用者與網站進行一定程度的互動。舉例而言，許多網站允許使用者觀看網站所有人拍賣商品的型錄、向這些商品下單訂購以及以信用卡支付這些商品。用來連結網站的軟體會處理此筆訂單、決定所要求的商品是否有庫存、計算運費，並決定潛在使用者的信用狀況。整個過程是互動式的──亦即，使用者對網站所提供的資訊表示回應，而該網站也對使用者所提供的資訊作出回應。

網際網路所仰賴的技術並非一成不變。當前技術的重大革新與實質進展是高速進行的。美國有將近兩百間研究型大學，與產業夥伴和美國政府機構協力共同開發更快速、更聰明也更為強大的網際網路，稱為二代網路（Internet 2）。儘管二代網路的重點，是在提供科學與教育上的需求，但該計畫所隱含的商機吸引了產業夥伴的注意力。

網際網路在未來的發展，使用者目前所享有的有限匿名性，在許多商

業交易類型中可能會減少或消失。企業在網際網路進行銷售行為，一般會要求使用者提供更為可靠與安全的連結。基於信用及其他目的，他們希望能夠辨識其交易對象，而為使客戶安心，他們也希望消費者能夠確實辨認出他們是誰。同時，他們也期待在網路壅塞時能讓特定消費者優先連結。鑑於網際網路的龐大商業投資量，二代網路將能實現他們的想法。

3. 電子商務與連結點

一般而言，一國對外國人之電子商務來源所得課稅所適用的國內稅法，與其他類型所得相同。外國公司或其他納稅人，除非在該國有特定連結或居住一定期間，否則一般無須向來源國納稅。常見的連結法則，便是該外國納稅人必須在該國擁有一個固定的營業場所（也就是常設機構）。在連結法則的適用下，一國必須在不同情況之下，決定何種電子形式的存在足以構成固定營業場所。

類似爭議也存在於租稅條約之中。基本上，租稅條約會限制締約國對其他締約國之居民其境內商業活動之來源所得的課稅能力。誠如第二章C部分所示，締約國居民之營業所得（包含電子商務所得在內），並非其他締約國之課稅所得；除非該居民在該他締約國擁有常設機構。要符合設立常設機構的要件，納稅人必須在該國有固定營業場所，且該固定營業場所從事的活動，必須不屬於特定之預備性或輔助性等在條約中一般給予之免稅範圍內。

接下來的問題是，電子商務活動是否構成該國條約當中所謂的常設機構？若是，這些活動是否屬於免稅之輔助性活動範圍？OECD以及評論者對這些問題的處理，主要涉及下列活動：

■ 在一國以網站從事電子商務。
■ 使用一國電腦設備，如伺服器，來儲存或提供電子檔案的連結，或以其他方式協助納稅人從事企業營運。

■在一國使用代理人，如網路服務提供者（Internet Service Provider, ISP），以取得網際網路之連結，或進行網站管理。

依OECD範本之租稅條約，外國納稅人如在一國有常設機構，須就可歸屬該常設機構之營業所得納稅。許多國家在其內國稅法中均仿照此法，但在某些國家，事業體之境內營業所得即便無法直接歸屬於其常設機構，仍須在該國納稅。

若納稅人的網站被視為一常設機構，則透過該網站之銷售所得將可歸屬於該常設機構。同時，若納稅人之伺服器或其他電腦設備被視為常設機構，則可歸屬於經營該伺服器或設備的利潤將須在來源國納稅。

網站作為虛擬辦公室

當前一個關於電子商務來源所得課稅之重要議題是：外國納稅人透過網站從事實質商業活動，若該網站出現在國內電腦螢幕上，課稅上應如何處理。單就企業與其消費者的互動而言，網站與實體辦公處的差別不大。因此，一個功能有效運作的網站有時被稱為虛擬辦公處。其在稅法上的問題是，虛擬辦公處是否構成租稅條約中常設機構法則所謂的固定營業場所，或者是否構成內國稅法中連結法則下所謂的固定營業場所。

網站的銷售行為是構成電子商務的重要部分。網站給予遠端賣家直接連結至在該國擁有網際網路之所有消費者。潛在消費者可以登入遠端賣家的網站、從線上型錄選取要購買的商品，並在線上下單，然後以個人信用卡支付價款。如果這些電子銷售行為被看成是透過常設機構或其內國法上相應的規範對象時，則該電子銷售行為在來源國便具有可稅性。不過，如果虛擬辦公室不被視為常設機構，則電子商務來源所得將可避免來源國的課稅，同時也可能避開其他地方的課稅。

OECD稅約範本第5條註釋在2000年的修正版本中表示，網站不構成常設機構。根據此一新版註釋，常設機構必須在一個國家有「物理上的存

在」，但網站「沒有形體」，無法具有物理性。兩個OECD國家，葡萄牙與西班牙，反對此種物理上存在的標準。非屬OECD成員且關心自己來源課稅權的國家也反對此標準。UN稅約範本對於電子商務相關的議題尚未進行修訂。然而，在2001年9月日內瓦的會議中，聯合國專家小組表示研究此事的意向，並且會持續發展自己的立場。

從來源國的觀點，是希望能針對其境內電子商務來源所得進行課稅。而關鍵的議題是，出現在潛在消費者電腦螢幕上的網站檔案，是否構成銷售者的常設機構。OECD稅約範本的條文文字對此議題的表示不多。該條文排除單純作為廣告媒介之網站構成常設機構；但並未禁止運作如同實體辦公室的網站，不能構成常設機構。如果網站出現在電腦使用者的螢幕上，即構成常設機構；則透過網站在網際網路所完成的交易，在其所在國便具有可稅性。

有些評論家建議網站如作為一個常設機構，是位於主控該網站之伺服器所在國；但OECD則強力懷疑此項建議的實益。位於伺服器之上的不過是各種電腦檔案的集合。儘管這些檔案具有物理上的存在，而且也不構成無體財產；但它們無法成為一間辦公室，或是發揮辦公室的功能。無論如何，將伺服器上的網站檔案視為常設機構，所獲得的租稅利益相當有限；因為網站的所有人可輕易將伺服器移至遠處。

從政策觀點而言，只有在網站發揮傳統辦公室的功能時，才應被視為常設機構。而一個網站如果確實作為一虛擬辦公室之用，則有強烈的政策理由支持其被視為常設機構。此種功能判斷標準，有助於平等對待電子商務與傳統商務二者的租稅待遇，也能避免因兩種商業之待遇不同所生的競爭問題。此外，來源國對電子商務課稅，可以減少納稅人將電子商務所得移轉至租稅庇護所來規避租稅的機會。只是，決定網站是否具有虛擬辦公室功能，以及確認該虛擬辦公室來源所得多寡一事，有執行上的困難。而與銷售給企業實體相比，這些問題在零售業的情形更嚴重；因為企業實體

一般會記帳，保存了向遠端銷售者的購買紀錄。

　　而即便網站被視為辦公室或固定營業場所，也未必當然構成常設機構。從事準備性或輔助性功能之固定營業場所既然免稅，也同樣適用於虛擬辦公室。一般來說，虛擬辦公室要構成常設機構，只有在屬於非臨時性從事商品或勞務的實際銷售行為的情形。在來源國有目的性地利用市場，是網站被視為常設機構的基本前提。單純作為電子型錄的網站則不構成常設機構，就像遠端賣家在一國擁有一般型錄，並無法在該國構成其常設機構。其他各種活動如：各種商品或勞務的廣告、市場資訊的蒐集，以及提供產品資訊給消費者等，也不足以使網站被視為常設機構。

電腦設備之存在作為連結

　　許多國家的內國稅法規定，除少數例外情形外，納稅人擁有並使用不動產或設備，並在一國從事實際商業行為者，將足以與該國產生連結而課稅。用以從事實際商業活動的設備，無論是電腦或電腦的周邊亦同。例如在一國使用伺服器來從事實際商業活動，至少在某些情形足以被認為具有納稅能力。但這些情況取決於不同國家內國稅法的規定。

　　OECD稅約範本第5條註釋在2000年修訂版本中規定，電腦設備若存在於某國，在某些情形構成常設機構。該註釋的立場為，電腦設備要構成常設機構，必定是「固定」在某一個位置。而要被固定，它必須實際存在於某處一段期間。而該設備在一定範圍之內移動（如在辦公室之內），將不會影響對常設機構的判斷。同理，除非該設備實際上已移至他處，否則它的能動性並非所問。另外，此設備要構成企業的常設機構，表示該企業從事商業活動的處所會在該設備所在之處。而一個企業的各種活動，如果可以合理解釋為僅具有預備或輔助性質，通常就不會構成常設機構。

　　在某些場合中，一間公司可能會運用自動化的電腦設備，而在無需人力介入下正常營運。許多評論家建議，此種自動化設備不應構成常設機構。但OECD稅約範本註釋採取反對立場。它將自動化電腦設備，比照石

油、天然氣業者所使用的自動幫浦設備。此類幫浦設備長期以來即被視為常設機構，但它也沒有人力的介入。

網路服務提供者（ISP）的租稅地位

一個ISP是否為用戶的常設機構，在大多數情形之下可以透過代理人規則來解決。條約的規定也是取自許多國家的內國法，認為代理人如果可以獨立經營日常業務，則未創設與用戶本身之間的連結。在大多數情況下，ISP在稅法上為獨立代理人。如果它僅提供大眾網路連結的服務，則它的納稅地位大概就像提供通話服務的電話公司而已。OECD稅約範本註釋在2000年的修訂本中採取相同的立場，認為對網站的管理行為並不必然使ISP構成用戶本身之常設機構。此種觀點似乎爭議較少。

然而在某些情況下，ISP的業務與其用戶之業務關聯性甚大，以至於被視為非獨立性的代理人，而可能構成常設機構。舉例而言，如果一間外國公司在該國設立一間獨立公司作為其ISP；無論其是否具有排他性，該ISP將會失去作為獨立代理人的地位，而被視為非獨立的代理人。將ISP定性為非獨立代理人，並不必然導致其成為用戶本身的常設機構。依OECD稅約範本所訂的租稅條約，非獨立代理人只在有權代表用戶本身締約並且經常為之的情形，才會構成常設機構。依UN稅約範本所訂的租稅條約，則是在代理人擁有締約權或有存放商品供用戶出售的情形，將非獨立代理人視為常設機構。

一個ISP不會因為其不是消費者的常設機構，而得以避開所得稅負。一般而言，它擁有用以履行其核心業務功能的電腦設備。因此，它在該國會有常設機構，且無法適用關於預備性或輔助性活動的免稅規定。

4.電子商務所得的特性

電子商務來源所得之定性，在適用租稅條約條款時十分重要。舉例而言，如果所得被定性為營業所得，則依OECD稅約範本第7條，只有在該

企業於該國有常設機構且其所得歸屬於該常設機構時，才是來源國之課稅所得。營業所得是就淨值課稅，扣除了賺取該筆所得的各種成本。承上，OECD稅約範本註釋建議，常設機構不應包含作為虛擬辦公處的網站。因此，多數電子商務的來源所得一旦被定性為營業所得，將無法成為來源國之課稅所得。

若所得被定性為權利金所得，則依OECD稅約範本第12條課稅。此條款規定權利金所得在來源國免稅。然而在實務上，許多國家均允許來源國課稅，但其稅率有一定上限，如10%。UN稅約範本則允許來源國就權利金課稅，稅率交由各締約國協議。許多依照UN稅約範本所訂之最高權利金稅率為10-30%。

在許多例子中，電子商務之來源所得定性問題不大。舉例而言，我們很清楚，以網路銷售個人實體財產的所得為營業所得。而使用含有營業相關資訊之資料庫所支付的權利金，便是權利金所得。不過，許多電子商務的類型則有定性上的問題。OECD長期與從事電子商務的企業合作，共同開發電子商務所得的定性準則。2001年由OECD成立之技術顧問團（technical advisory group, TAG）所發布的報告表示，大多數電子商務所得的類型都應該被定性為營業所得。只有在極為明顯的例子中才應該被定性為權利金所得。

另一個重要的定性問題，是將電子遊戲或其他軟體移轉至個別消費者的零售行為。一般而言，軟體是被包裝在具有某種媒介的盒子當中，如：用來傳送軟體的磁片和一本關於安裝與操作的使用手冊。從購買的一方來看，此種交易可能被視為一種銷售行為，在實質上與從網路購買衣服、電子設備或其他有形個人財產相同。然而從銷售方的觀點，要將交易定性為法律上的授權行為，以主張如同權利人就其授權使用之法律上保護，則有困難。一般情況是，購買者會被要求在打開包裝盒之前對授權表示同意，並在安裝軟體時再次被要求同意。若來源國在稅法上將此筆交易視為一種

授權行為,則所得將被定性為權利金所得,來源國便可能就所得總額依協議之最高稅率課稅,即使銷售者在該國沒有常設機構。

除條約上的重要性,電子商務來源所得的定性,在一些使用CFC法則遏阻租稅庇護濫用的國家也具重要性。CFC法則的立法在第5章C部分則有詳述。舉例而言,受控外國公司的權利金所得通常被視為受操縱所得,須在股東取得之年度課稅;反之,許多形式的營業所得則不適用此法則。

參考文獻

Books & Monographs

Alpert, H. & K. van Raad, eds. ESSAYS ON INTERNATIONAL TAXATION, IN HONOR OF SIDNEY I. ROBERTS. Deventer, the Netherlands: Kluwer (1993).

Arnold, B. & P. Dibout. "General Report: Limits on the use of low-tax regimes by multinational businesses: current measures and emerging trends," LXXXVIb CAHIERS DE DROIT FISCAL INTERNATIONAL 21-89. The Hague: Kluwer Law International (2001).

Arnold, B. THE TAXATION OF CONTROLLED FOREIGN CORPORATIONS: AN INTERNATIONAL COMPARISON. Toronto: Canadian Tax Foundation (1986).

Ault, H. COMPARATIVE INCOME TAXATION: A STRUCTURAL ANALYSIS. The Hague: Kluwer Law International (1997).

Burns, L. & R. Krever. INTERESTS IN NON-RESIDENT TRUSTS. Sydney: Tax Research Foundation (1997).

Commission of the European Communities, Committee of Independent Experts on Company Taxation. CONCLUSIONS AND RECOMMENDATIONS OF THE COMMITTEE OF INDEPENDENT EXPERTS ON COMPANY TAXATION (the "Ruding Committee Report"). Luxembourg: Office for Official Publications of the European Communities (1992).

Commission of the European Communities. A PACKAGE TO TACKLE HARMFUL TAX COMPETITION IN THE EUROPEAN UNION (1997).

Doernberg, R. & K. van Raad. U.S. TAX TREATIES. Deventer, the Netherlands: Kluwer (1991).

Easson, A.J. TAXATION OF FOREIGN DIRECT INVESTMENT. The Hague: Kluwer Law International (1999).

Edwardes-Ker, M. TAX TREATY INTERPRETATION. Dublin: In-Depth Publishing Limited (1994) (updated looseleaf).

Edwardes-Ker, M. THE INTERNATIONAL TAX TREATIES SERVICE. Dublin: In-Depth Publishing Limited (1977) (updated looseleaf).

European Union Commission Staff Paper. COMPANY TAXATION IN THE INTERNAL

MARKET (2001).

Gillis, M., ed. TAX REFORM IN DEVELOPING COUNTRIES. Durham and London: Duke University Press (1989).

Giovannini, A., R.G. Hubbard & J. Slemrod, eds. STUDIES IN INTERNATIONAL TAXATION. Chicago: University of Chicago Press (1993).

Harris, P.A. CORPORATE/SHAREHOLDER INCOME TAXATION AND ALLOCATING TAXING RIGHTS BETWEEN COUNTRIES. Amsterdam: IBFD (1996).

Hussey, W. & D. Lubick. BASIC WORLD TAX CODE AND COMMENTARY, 2nd ed. Arlington, VA: Tax Analysts (1996).

Huston, J. & L. Williams. PERMANENT ESTABLISHMENTS: A PLANNING PRIMER. Deventer, the Netherlands: Kluwer (1993).

McDaniel, P. & H. Ault. INTRODUCTION TO UNITED STATES INTERNATIONAL TAXATION. The Hague: Kluwer Law International (4th rev. ed. 1998).

McIntyre, M. THE INTERNATIONAL INCOME TAX RULES OF THE UNITED STATES. Charlottesville, VA: LEXIS Publishing (updated looseleaf, 2nd ed. 2000).

Martha, R.S.J. THE JURISDICTION TO TAX IN INTERNATIONAL LAW. Deventer, the Netherlands: Kluwer (1989).

Musgrave, P. UNITED STATES TAXATION OF FOREIGN INVESTMENT INCOME: ISSUES AND ARGUMENTS. Cambridge, MA: Harvard Law School International Tax Program (1969).

OECD Committee on Fiscal Affairs. CONTROLLED FOREIGN COMPANY LEGISLATION. Paris: OECD (1996).

OECD Committee on Fiscal Affairs. HARMFUL TAX COMPETITION: AN EMERGING GLOBAL ISSUE. Paris: OECD (1998).

OECD Committee on Fiscal Affairs. MODEL TAX CONVENTION ON INCOME AND ON CAPITAL. Paris: OECD (1992) (updated looseleaf).

OECD Committee on Fiscal Affairs. OECD TRANSFER PRICING GUIDELINES FOR MULTINATIONAL ENTERPRISES AND TAX ADMINISTRATIONS. Paris: OECD (1995).

OECD Committee on Fiscal Affairs. TAXING PROFITS IN A GLOBAL ECONOMY: DOMESTIC AND INTERNATIONAL ISSUES. Paris: OECD (1991).

OECD Committee on Fiscal Affairs. TAX SPARING: A RECONSIDERATION. Paris: OECD (1998).

OECD Committee on Fiscal Affairs. TOWARD GLOBAL COOPERATION—REPORT TO THE 2000 MINISTERIAL COUNCIL MEETING AND RECOMMENDATIONS BY THE

COMMITTEE ON FISCAL AFFAIRS. Paris: OECD (2000).

Pagan, J. & J.S. Wilkie. TRANSFER PRICING STRATEGY IN A GLOBAL ECONOMY. Amsterdam: IBFD Publications (1993).

Pechman, Joseph A., ed. COMPARATIVE TAX SYSTEMS: EUROPE, CANADA, AND JAPAN. Arlington, VA: Tax Analysts (1987).

Piltz, D.A. "General Report: International Aspects of Thin Capitalisation," LXXXIb CAHIERS DE DROIT FISCAL INTERNATIONAL 83-139. The Hague: Kluwer (1996).

Pires, M. INTERNATIONAL JURIDICAL DOUBLE TAXATION OF INCOME. Deventer, the Netherlands: Kluwer (1989).

Rapakko, A. BASE COMPANY TAXATION. Deventer, the Netherlands: Kluwer (1989).

Slemrod, J. THE TAXATION OF MULTINATIONAL CORPORATIONS. Boston: Kluwer Academic Publishers (1996).

Sprague, G. & M. Boyle. "General Report: Taxation of Income Derived from Electronic Commerce," LXXXVIa CAHIERS DE DROIT FISCAL INTERNATIONAL 21-63. The Hague: Kluwer Law International (2001).

Tanzi, V. TAXATION IN AN INTEGRATING WORLD. Washington, D.C.: Brookings Institution (1995).

Terra, B. & P. Wattel. EUROPEAN TAX LAW, 2nd ed. Deventer, the Netherlands: Kluwer (1997).

Thuronyi, V., ed. TAX LAW DESIGN AND DRAFTING. The Hague: Kluwer (2000).

United Nations Department of Economic and Social Affairs. UNITED NATIONS MODEL DOUBLE TAXATION CONVENTION BETWEEN DEVELOPED AND DEVELOPING COUNTRIES. New York: United Nations (2001).

United Nations Department of Economic and Social Affairs. TAX TREATIES BETWEEN DEVELOPED AND DEVELOPING COUNTRIES, THIRD REPORT. New York: United Nations (1972), ST/ECA/166, Sales No. E.72.XVI.4.

U.S. Department of the Treasury. SELECTED TAX POLICY IMPLICATIONS OF GLOBAL ELECTRONIC COMMERCE (1996).

U.S. Department of the Treasury. THE DEFERRAL OF INCOME EARNED THROUGH U.S. CONTROLLED FOREIGN CORPORATIONS: A POLICY STUDY (2000).

van Raad, K. NONDISCRIMINATION IN INTERNATIONAL TAX LAW. Deventer, the Netherlands: Kluwer (1986).

Van Weeghel, Stef. THE IMPROPER USE OF TAX TREATIES. The Hague: Kluwer (1998).

Vogel, K. KLAUS VOGEL ON DOUBLE TAXATION CONVENTIONS, 3d ed. Deventer, the Netherlands: Kluwer (1997).

Vogel, K. & R. Prokisch. "General Report: Interpretation of Double Taxation Conventions," LXXVIIIa CAHIERS DE DROIT FISCAL INTERNATIONAL 55-85. Deventer, the Netherlands: Kluwer (1993).

Articles

Arnold, B., "Comments on the Proposed Adoption of a Territorial Tax System in the United States," 25 TAX NOTES INT'L 1091-94 (2002).

Horner, F., "Do We Need an International Tax Organization?" 24 TAX NOTES INT'L 179 (2001).

McLure, C., "Taxation of Electronic Commerce: Economic Objectives, Technological Constraints, and Tax Law," 52 TAX LAW REVIEW 269-423 (1997).

McIntyre, M., "Design of a National Formulary Apportionment Tax System," 1991 NTA-TIA PROCEEDINGS 118-124 (1991).

McIntyre, M., "U.S. Taxation of Foreign Corporations in the Digital Age," 55 BULLETIN FOR INTERNATIONAL FISCAL DOCUMENTATION 498 (2001).

Norr, M., "Jurisdiction to Tax and International Income," 17 TAX LAW REVIEW 431 (1962).

Peroni, R., J.C. Fleming & S. Shay, "Getting Serious About Curtailing Deferral of U.S. Tax on Foreign Source Income," 52 SMU LAW REVIEW 455 (1999).

Rosenbloom, H.D., "Tax Treaty Abuse: Policies and Issues," 15 LAW AND POLICY IN INTERNATIONAL BUSINESS 763 (1983).

Surrey, S., "United Nations Group of Experts and the Guidelines for Tax Treaties Between Developed and Developing Countries," 19 HARVARD INTERNATIONAL LAW JOURNAL 1 (1978).

Tillinghast, D., "A Matter of Definition: 'Foreign' and 'Domestic' Taxpayers," 2 INTERNATIONAL TAX AND BUSINESS LAWYER 239 (1984).

Periodicals

Bulletin for International Fiscal Documentation (monthly). Address: International Bureau of Fiscal Documentation, PO Box 20237, 1000 HE Amsterdam, The Netherlands.

Cahiers de droit fiscal international (annual). Address: Kluwer Law International, Distribution Centre, PO Box 322, 3300 AH Dordrecht, The Netherlands.

EC Tax Review (quarterly). Address: Kluwer Academic Publishers, PO Box 989, 3300 AZ Dordrecht, The Netherlands.

European Taxation (monthly). Address: International Bureau of Fiscal Documentation, PO Box 20237, 1000 HE Amsterdam, The Netherlands.

International Tax Review (10 issues per year). Address: Euromoney Publications PLC, Nestor House, Playhouse Yard, London, EC4V 5EX UK.

International Tax and Public Finance (6 issues per year). Address: Kluwer Academic Publishers, PO Box 989, 3300 AZ Dordrecht, The Netherlands.

Intertax: The European Tax Review (monthly). Address: Kluwer Academic Publishers, PO Box 989, 3300 AZ Dordrecht, The Netherlands.

Journal of International Taxation (quarterly). Address: RIA, 395 Hudson Street, New York, NY 10014.

Tax Management International Journal (monthly). Address: BNA Tax Management Inc., 1250 23rd Street, NW, Washington, DC 20037-1166 USA.

Tax Notes International (weekly). Address: Tax Analysts, 6830 North Fairfax Drive, Arlington, VA 22213 USA.

譯者跋

　　本書作者為加拿大教授Brian Arnold與美國教授Michael McIntyre所合著，以不失雋永的文字呈現國際稅法的基本問題。此種合作的意義，除了意謂此領域所涉議題殊值吾人共同關注，似乎也表示國際租稅社會的形成，並非少數成員所能完全決定。

　　另執教以來，曾有心願以組織團隊方式，讓同學以不同觀點學習法律知識，並藉以提升其外語能力；同時也體會合作共事的重要性。本書堪稱成果之一；而另一份私心，在於對此領域有初步掌握。只是宏願如此，千里之行依然始於足下；而此段漫漫長路，才正要啟程。

（一）從國際比較到企業規劃

　　自兼課生涯之初，便曾開授「國際租稅專題研究」課程，未料其時已與之結下不解之緣。當時課程規劃，首先比較各國稅制，進而理解本國稅制定位，最後逐步納入對國際環境的觀察。猶記林子傑、邱祥榮、陳薇芸、陳靜慧、許慧儀、黃源浩、楊小強、潘英芳、鍾芳樺、鍾騏、戴芳、Yuri Grbich、Nolan Sharkey等（依姓名筆劃與字母）諸多同門暨學界師友，百忙之中情義相挺，分就其留學國與所學各擅所長，對日後教學研究有極大啟發。

　　從學習角度觀之，上述方式有其優點，可從「比較」觀點審視本國稅制，更有機會與各國專業人士交流。就探討內容而言，廣義或可謂之「國際」，似仍重在內國面向的比較；待其後構思「企業租稅策略」課程時，才發覺國際租稅議題處處可見企業身影。

（二）舊制度與大革新

　　惟首次接觸本書，是在某個坐客北國的冬天。自己身為新鮮人，儘管

教授親切如故，但事實與規範的複雜程度未有絲毫減損。事後親向教授坦誠，便獲推薦此書。

本書一如任何作品，無法即時反映瞬息萬變的國際租稅動態，但或許正是作者所言，其乃作為初學者以及實務工作者迅速入門之用。而本書重要的基本理念與思考架構，正體現作者洞見與內容，歷久而彌新；譯介經典的心願也油然而生。

近年國際間諸多倡議，或將國際稅法秩序帶入新的形成期，然而正如任何舊制度的變革，總有歷史軌跡可尋，終要靠著前人的肩膀。多邊工具以雙邊協議作為基礎的設計方式，或許即一適例。

（三）內國稅法國際化

不意初入此境，已然發覺即在法律領域，亦不免有隔行如山之嘆；著手實行之後，始知團隊負責人的執行能力至為關鍵；一意孤行結果，方知領導者須具備宏觀視野與豁達氣度；而曲終人散之際，才得以體會階段性任務的意義以及另起爐灶的勇氣和韌性。

投入國際租稅領域伊始，實非計畫之中；甚至囿於個人淺見而數度欲予排斥。其後屢獲師長鼓勵，並因緣際會之下參與系上國際法中心事務，才有機會慢慢接觸相關領域；特別在翻譯與討論過程中，從比較法觀點思及內國稅法理論在國際稅法層次的適用與深化，特有引人入勝之處。至於本譯初稿，則幸得諸多前輩、同學的指教，並在團隊堅持下始克草成。

（四）跨域整合及社會實踐

只道是好事多磨，2018年初正欲交稿之際，又一場國際盛會的修煉與洗禮，使自己腳步再行放慢。其間與業界交流討論，筆者方知當初所譯每一句話，再度容有不同解釋可能。

實則，每個法律分支，都有與其密不可分的相鄰學科有待學習。從企業理解國際租稅，不僅涉及對經濟會計與財務金融的基本認識，更蘊含國

際政治與外交談判的思維。而透過與他人對話，法律人則更能了解自己為所能為之處。

只是新發的體悟夾雜著深切反省，似仍抵不過苦戀那段曾經擁有的念舊之情；要待好一陣子心猿意馬之後，才有勇氣一步一腳印，重返救贖真理之路。

而或許正是德諺所說：

Und jedem Anfang wohnt ein Zauber inne, der uns beschuetzt und der uns hilft zu leben.

（從事任何事務的開端，總有股莫名的力量默默保護著我們，並助我們一臂之力）

這股督促的力量，我認為來自研究團隊長期凝聚而生的認同感。儘管各自終站不盡相同，但對於真正有意義、有價值之事有所共識，便能放下年齡、背景與定見，一同將事情推至更高境界；進而在各擅所長的合作默契中認識自己、並提升自己，當然也適時彌補主持人的缺陷。主事者可以是任何人，能確保參與者在過程中於知識、語言以及溝通等層面有收穫，已足堪快慰；得以親身見證此事，實屬幸事。

（五）專業分工與集團綜效

在此必須特別感謝五南出版社劉副總編靜芬小姐對後輩的提攜以及丞嫻、雅茹與佳瑩的盛情美意。另外，吳凌瑄、陳怡婷與高彬修付出甚多。侯承志、陳育群、王秀元、吳京穎、張翔凌、林益德、蕭凱元、徐薏筑、黃韻璇、蔡承翰、黃禹豪、王靖昀、陳美娘、黃奕超等均曾在不同階段貢獻心力。游幕先生提供翻譯及術語上的啟發，盼能有所持續。賜序推薦之師長前輩，元駿至為感激，學子迴響可茲明證。恩師葛克昌教授在學術路上不吝提攜，家人無怨無悔的支持，或許正是人之為人的可貴之處。只是譯者學殖尚淺，疏漏不免，自咎文責之餘，還盼讀者不吝指正。

　　最後，且容略述本書因緣之便，再次對團隊的付出與辛勞，致上最深感謝與最高敬意。真正感受擁有，原來是在互道珍重的時候；值此分道揚鑣之際，衷心祝福大家在各自路上捕捉到專屬的風景。或許你們終將知道：這一站辛苦，是為了下一站幸福；深盼與各位共勉。

國家圖書館出版品預行編目資料

國際租稅入門/Brian J. Arnold, Michael J.
McIntyre著；藍元駿譯. --初版. -- 臺北
市：五南, 2018.11
　面；　公分
譯自：International tax primer
ISBN 978-957-763-198-5（平裝）
1.國際租稅　2.國際租稅法規
579.943　　　　　　　　107021246

4N02

國際租稅入門
International Tax Primer

作　　者 ─ Michael J. McIntyre, Brian J. Arnold

譯　　者 ─ 藍元駿

發 行 人 ─ 楊榮川

總 經 理 ─ 楊士清

副總編輯 ─ 劉靜芬

責任編輯 ─ 林佳瑩、高丞嫻

封面設計 ─ 王麗娟、姚孝慈

出 版 者 ─ 五南圖書出版股份有限公司

地　　址：106台北市大安區和平東路二段339號4樓

電　　話：(02)2705-5066　　傳　　真：(02)2706-6100

網　　址：https://www.wunan.com.tw

電子郵件：wunan@wunan.com.tw

劃撥帳號：01068953

法律顧問　林勝安律師事務所　林勝安律師

出版日期　2018年11月初版一刷

定　　價　新臺幣420元

This is a translation of International Tax Primer, second edition, by Brian
Arnold and Michael McIntyre, published and sold by Wu-Nan Book Inc.
by permission of Kluwer Law International BV, Alphen aan den Rijn, The
Netherlands, the owner of all rights to publish and sell same.

※版權所有・欲利用本書內容，必須徵求本公司同意※